厦门大学数据挖掘研究中心
厦门大学管理学院 MBA 中心

大数据丛书

2

谢邦昌 朱建平 王小燕 著

Excel
在大数据挖掘中的应用

The Application of Excel
in Big Data Mining

厦门大学出版社
XIAMEN UNIVERSITY PRESS

国家一级出版社
全国百佳图书出版单位

图书在版编目(CIP)数据

Excel 在大数据挖掘中的应用/谢邦昌,朱建平,王小燕著.—厦门:厦门大学出版社,2016.5

ISBN 978-7-5615-6012-9

Ⅰ.①E…　Ⅱ.①谢…②朱…③王…　Ⅲ.①数据处理-表处理软件　Ⅳ.①TP274

中国版本图书馆 CIP 数据核字(2016)第 065182 号

出 版 人	蒋东明
责任编辑	吴兴友
封面设计	王　琳
美术编辑	李夏凌
责任印制	吴晓平

出版发行 厦门大学出版社

社　　址	厦门市软件园二期望海路 39 号
邮政编码	361008
总 编 办	0592-2182177　0592-2181253(传真)
营销中心	0592-2184458　0592-2181365
网　　址	http://www.xmupress.com
邮　　箱	xmupress@126.com
印　　刷	厦门市万美兴印刷设计有限公司

开本	787mm×1092mm　1/16
印张	21.25
插页	2
字数	500 千字
印数	1~3 000 册
版次	2016 年 5 月第 1 版
印次	2016 年 5 月第 1 次印刷
定价	55.00 元

本书如有印装质量问题请直接寄承印厂调换

厦门大学出版社
微信二维码

厦门大学出版社
微博二维码

前言

　　21世纪是大数据的时代，又是"互联网＋"的时代，借助于计算机存储和分布式计算带来的便捷，信息呈爆炸式增长，各行各业时刻都在生成、收集并处理大量的数据，依赖大数据分析技术的时代悄悄来临。从谷歌推出的流感预测，到百度的市场物价预测和春运的迁徙动态图，能察觉到大数据分析已深入我们的生活。数据挖掘作为大数据分析的核心技术，面对这些繁杂又冗余的大数据，其性能、速度、可视化程度都受到了时代的挑战。

　　Excel是当前使用最普遍、入门极快的电子表格软件，它能轻易地完成大量数据的统计分析、处理与制图，不仅功能强大，还操作简单。最新版本Microsoft Office Excel 2013是Excel发展历程中一个里程碑级的产品，对比Excel 2010，它非常适用于"大数据"和"互联网＋"时代下的数据挖掘工作。它提供了数项让人眼前一亮的新功能，包括Power Query，Power View，Power Map和PowerPivot。

　　为了提升Excel的数据挖掘和统计分析能力，微软公司提供了一个免费的SQL Server 2012数据挖掘外接程序。通过该程序，Excel 2013能够快速地完成许多专业数据挖掘软件才能完成的任务。在大数据处理非常频繁和迫切的时代，许多学者在学习或工作中面临数据挖掘模型如何实现的难题，因此，我们编写了本书，旨在用最简单的Excel 2013软件工具，轻松、快速地实现复杂的数据处理、分析和挖掘工作。

　　本书的编写以统计原理为主线，以数据挖掘模型的应用为目的。全书共19章，基本内容和特点体现为：第1篇包括第一章至第四章，概述数据挖掘在大数据时代的重要性，详细总结常用的数据挖掘理论和技术的一般概念、方法技术，并总结了常用的数据挖掘软件和工具的特点和适用性，使读者获得清晰的数据挖掘观念。第 2 篇从第五章至第十七章,详细地讲述了数据挖掘加载项的配置要求和安装过程。接着从理论、操作、实例展示三个方面重点讲述了数据挖掘加载项的 9 种数据挖掘模型的使用,包括决策树、贝叶斯概率分类、关联规则、聚类分析、时序聚类、线性回归、Logistic 回归、神经网络聚类、时间序列分析。内容全面,涵盖了目前学术界和实业界主要的数据挖掘技术和方法。同时,通过实例操作介绍多种数据挖掘辅助技术,包括关键影响因素、类别检测、从示例填充、预测、异常值检测、应用场景分析。第 3 篇为实例篇,包含第十八、十九章,以台湾房屋信用贷款数据和台湾健康食品行业数据为例,应用第 2 篇中多种数据挖掘方法,在 Excel 2013 数据加载项上展开实例分析,通过详细的操作演示和结果解释,读者可获得实际的数据挖掘经验,并能迅速在自己的学习和工作中加以应用。最后为附录部分,通过详细的操作示范,讲述了 Excel 2013 的四大特色数据分析功能,包括 Power Query,Power View,Power Map 和 PowerPivot。

本书适合多层次多专业的读者,如数据、统计、经济金融、工商管理等专业的本科生、研究生学习,还适合于非统计类从事相关数据分析的人员阅读。

本书由台北医学大学谢邦昌教授设计整体框架,并同厦门大学朱建平教授、湖南大学王小燕助理教授共同撰写。在本书编写过程中,厦门大学研究生范新妍、黄晓雯、张悦涵为本书第 2 篇部分章节和附录的资料收集和录入,以及部分案例的整理做了大量的工作。谢邦昌和朱建平教授对本书进行了修改和总纂,台北医学大学邓光甫教授审阅了全书。

本书在编写和出版过程中,得到了厦门大学数据挖掘研究中心、台北医学大学大数据研究中心、厦门大学管理学院 MBA 中心、湖南大学金融与统计学院和厦门大学出版社的支持,陈丽贞和吴兴友同志为本书的组稿、编辑做了大量的工作,在此表示衷心感谢! 编写一本好的书并不容易,尽管我们努力想奉献给读者一本满意的书,但仍有达不到读者各方面的要求的地方。书中难免有疏漏或错误之处,恳请读者多提宝贵意见,以便今后进一步修改与完善。

本书的编写和出版得到了国家社会科学基金重大项目"大数据与统计学理论的发展研究"(13&2D148)的资助。

作者
2016 年 1 月

CONTENT

BIG DATA

第三篇 实例

第一篇

BIG
DATA

基本知识

BIG DATA

第一章
大数据与数据挖掘

随着云计算、电子商务、网络技术的飞速发展,数据种类和规模在金融服务、零售、科研、医疗保健、能源、交通等诸多行业飞速增长。2006 年全球新产生的数据量大约为 180 EB,2011 年达到 1.8 ZB,有研究机构预测到 2020 年这个数字将增长到 35.2 ZB,大数据时代伴随而来,它成为继"云端"以后在 IT 界深入人心的流行词汇。

1.1 大数据的定义

"大数据"一词最早出现在 1997 年迈克尔·考克斯的论文中,直到 2008 年 9 月,《科学》杂志发表论文"Big Data:Science in the Petabyte Era",大数据一词开始广泛传播。如同"云端"一样,在出现之初并没有给它明确的定义。大数据到底是什么,它极其复杂,至今还没有一个得到普遍认同的官方定义。

大数据不仅仅等于数据量大,亚马逊大数据科学家 John Rauser 将其定义为"任何超过一台计算机处理能力的庞大数据量";Informatica 中国区首席产品顾问但彬认为"大数据=海量数据+复杂类型的数据",其规模和复杂程度超过了常用技术按照合理的成本和时限捕捉、管理以及处理这些数据集的能力;维基百科将其描述为"任何由于规模庞大且高度复杂而难以通过现有数据库管理工具或者传统数据处理应用进行处理的数据集"。

通俗地说,大数据是现有的一般技术难以管理的海量数据。"现有的一般技术难以管理",一方面是由于大数据的结构极其复杂,传统的关系数据无法管理;另一方面是大数据在量方面的急剧增加,导致查询数据的反应时间超过容许范围。

1.2 大数据的 4V 特征

顾名思义,大数据具有数据量大的特征,但这不是它的全部,一般而言,它具有以下四个特征:

大量性(volume):是指数据量的庞大性以及规模的完整性,主要体现在存储和计算两方面,其单位从 TB 上升到 PB 级别,在互联网时代,社交网络、电子商务等把人类带入了"PB"新时代。这与数据存储和网络技术的发展密切相关。据统计,互联网一天产生的全部内容足以制作 1.68 亿张 DVD,一天发出 2 940 亿封邮件以及 200 万个帖子。

多样性(variety):它不仅仅具有量的剧增性,同时也有数据复杂性的提升,主要是指大数据包含的数据类型繁多。电商和物联网的发展,使得它不再局限于传统的结构化数据,还包括半结构以及非结构化数据,如文本、音频、图片、搜索记录等,后者所占比例高达 85%。

高速性(velocity):主要体现在大数据的增长速度快,以及传输和处理速度快。大数据通过云计算,可以在短短几十分钟内,将传统模式下十几天才能完成的数据存储完毕。

价值性(value):这主要体现了大数据的应用价值。但是它的价值性具有稀疏性、不确定性和多样性。数据量大并不意味着它们都是有效的,这其中大部分数据都是噪音,价值密度很低。数据量增长的同时,隐藏的有价值信息并没有相应比例增长,从而获取有用信息的难度加大。

1.3 大数据的预测魅力

大数据的预测目前主要体现在商业价值上,已有相关的公司利用大数据技术进行研究。国内最有代表性的有三家公司,分别是百度、阿里巴巴以及腾讯。具体来说,大数据应用到了如下方面:

(1)大数据预测世界杯赛事

在世界杯紧张进行的同时,百度、谷歌、微软以及高盛等科技公司都推出了赛事预测平台,百度预测结果尤为亮眼。在小组赛阶段,百度以 58.33%的准确率居首,在淘汰赛阶段,百度和微软全程预测 16 进 8 及 8 进 4 的比赛,准确率 100%;谷歌预测了 12 场比赛仅一场错误,准确率为 91.67%。百度在这场预测大赛中领跑,其大数据研究院利用百度大数据搜索过去 5 年内全球 987 支球队的 3.7 万场比赛数据,并与乐彩网等建立数据战略合作伙伴关系,将博彩数据融入预测模型,同时考虑了团队实力、主场优势、最近表现、世界杯整体表现和博彩公司赔率等五个因素。这意味着大数据已取代章鱼保罗来掌控赛事预测。

(2)百度迁徙

百度作为技术型公司,已诞生了多个大数据背景下的产品。百度迁徙是百度在 2014 年春运期间基于大数据技术推出的一个品牌项目。它基于 LBS 大数据进行全样本的数据处理、分析和挖掘,在业界首次实现了全程、动态、即时和直观地展示人口迁徙的轨迹与特征,并实现可视化。

(3)疾病预测

基于用户的搜索数据以及购物行为,并结合天气、环境和人口流动等因素,百度与中国疾病预防和控制中心合作,就流感、肺炎、肺结核、性病这四种疾病,对全国每一个省份以及大多数市区的活跃度和趋势图等进行了全面的监控。这是继世界杯预测后百度大数据预测的又一款产品。用户可以查看过去 30 天以内的数据以及未来 7 天的预测趋势。

(4)市场物价预测

CPI 表征物价的浮动情况,但是目前的 CPI 存在偏差性,仅仅编制一个物价总指数显然不足以准确反映不同收入阶层的实际价格水平。同时,CPI 存在较长的时滞性,会弱化它的信息反馈功能。大数据时代数据的获取不再是问题,数据更新速度更快,这为统计调查提供了海量的原始资料。大数据可以帮助人们了解未来物价走向,提前预知通货膨胀或经济危机。阿里巴巴团队通过阿里 B2B 大数据提前预知亚洲金融危机,这是市场物价预测的典型案例。

此外,阿里巴巴在业务驱动下,已通过大数据着手分析各种用户消费行为,"云端＋大数据"已成为它的重要战略。阿里巴巴会记录淘宝和天猫的每一笔消费记录,交易及信用数据成为它的一手资料,从而建立其数据库。而云平台阿里云是阿里巴巴支撑大数据的主要组成部分,在网购高峰期如 2013 年的"双十一",75％的交易都是在阿里云平台上运行。

大数据的预测应用还有景点预测、城市旅游预测、高考考研预测、金融预测、票房预测、选举预测、奥斯卡获奖预测等等,大数据的预测魅力将在各个领域得到体现。

1.4 数据挖掘定义

"Data mining is the process of seeking interesting or valuable information in large data bases."

数据挖掘(data mining)是近年来数据库应用领域中相当热门的话题。数据挖掘指在数据库中,利用各种分析方法对累积的大量历史数据进行分析、归纳与整合等工作,以提取出有用的信息,找出有意义且用户有兴趣的模式(interesting patterns),供企业管理层进行决策。

数据挖掘指找寻隐藏在数据中的信息,如趋势(trend)、模式(pattern)及相关性(relationship)的过程,也就是从数据中发掘信息或知识(也称 knowledge discovery in databases,KDD),也有人称为数据考古学(data archaeology)、数据模式分析(data pattern analysis)或功能相依分析(functional dependency analysis),目前已被许多研究人员视为结合数据库系统与机器学习技术的重要领域,许多产业界人士也认为此领域是一项增加各企业潜能的重要指标。

事实上,数据挖掘并不只是一种技术或一套软件,而是一种结合多项专业知识的应用。但我们对数据挖掘应有一个正确的认识:数据挖掘工具是从数据中发掘出各种可能的假设(hypothesis),但并不帮你证实这些假设,也不帮你判断这些假设对你的价值。

1.5 数据挖掘的重要性

数据挖掘领域蓬勃发展的原因在于：现代的企业大都搜集了"大量数据"或"高维数据"，包括市场、客户、供货商、竞争对手以及未来趋势等重要信息，但是"信息超载与非结构化"，使得企业决策单位无法有效利用现存的信息，甚至使决策行为产生混乱与误用。如果能通过数据挖掘技术，从大量的数据库中，挖掘出不同的信息与知识出来，作为决策支持，必能增强企业的竞争优势。

1.6 数据挖掘功能

一般来说，数据挖掘功能包含下列五项，这些功能大多为已成熟的计量及统计分析方法：

（1）分类（classification）

分类是指按照分析对象的属性分门别类，建立类组（class）。例如，将信用申请者的风险属性，区分为高度风险申请者、中度风险申请者及低度风险申请者。方法有决策树（decision tree）、记忆基础推理（memory-based reasoning）等。

（2）估计（estimation）

估计是指根据既有连续性数值的相关属性数据，以获取某一属性未知之值。例如按照信用申请者的教育程度、行为方式来估计其信用卡消费量。使用的技巧包括统计方法上的相关分析、回归分析及类神经网络方法。

（3）预测（prediction）

预测是指根据对象过去的观察值来估计未来。例如由客户过去刷卡消费量预测未来的刷卡量。使用的方法包括回归分析、时间序列分析及神经网络方法。

（4）关联分组（affinity grouping）

关联分组是指从所有对象选择有相关性的对象组合。例如超市中相关盥洗用品（牙刷、牙膏、牙线），放在同一货架上。在客户营销系统上，可用于发现交叉销售（cross-selling）的产品组合。

（5）聚类分组（clustering）

聚类分组是指将异质总体的个体分成同质性的类别（clusters）。换句话说，其目的是识别出组间的差异，并选择出相似个体归入一类。同质分组相当于营销术语中的细分（segmentation）。但是，聚类假定事先未知分类情况，由数据产生各个类别。使用的技巧包括 k-means 法及集聚（agglomeration）法。

1.7 数据挖掘步骤

数据挖掘的过程会随不同专业领域的应用而有所变化,而每一种数据挖掘技术也会有各自的特性以及使用步骤,针对不同问题和需求所发展出的数据挖掘过程也会有差异,如数据的完整程度、专业人员支持的程度等都会对数据挖掘过程有所影响(蔡维欣,2003),因此造成数据挖掘在各领域间运用和规划整个流程上产生差异,即使是同一产业,也会因为不同分析技术结合不同涉入程度的专业知识,而产生明显的差异。因此对于数据挖掘过程的系统化、标准化就显得格外重要,如此一来不仅可以较容易跨领域应用,也可以结合不同的专业知识,发挥数据挖掘的真正作用。

数据挖掘的完整步骤如下:

(1)理解数据与所要做的工作

(2)获取相关知识与技术(acquisition)

(3)整合与检查数据(integration and checking)

(4)去除错误或不一致的数据(data cleaning,数据清洗)

(5)建立模型与假设(model and hypothesis development)

(6)实际数据挖掘工作

(7)测试与验证所挖掘的数据(testing and verification)

(8)解释与使用数据(interpretation and use)

由上述步骤可看出,数据挖掘牵涉了大量的准备工作与规划过程,事实上许多专家都认为整个数据挖掘过程有 80% 的时间精力是花费在数据准备阶段,其中包括数据清洗与格式转换甚或表格的链接。而数据挖掘只是整个数据挖掘过程中的一个步骤而已,在进行此步骤前还有许多的工作要先完成。

1.8 数据挖掘建模的标准 CRISP-DM

CRISP-DM 是 Cross-Industry Standard Process for Data Mining 的简称,中文翻译为"数据挖掘跨行业标准过程"。CRISP-DM 是由欧洲委员会与几家在数据挖掘应用上有经验的公司共同筹划组织的一个特别小组所提出的,该小组在 1997 年到 1999 年研究后于 2000 年提出该数据挖掘标准化过程,并加以推广。该组织的成员包括了数据仓储供货商 NCR、德国汽车航天公司 Daimler-Chrysler、统计分析软件供货商 SPSS 和荷兰的银行保险业者 OHRA。该组织除利用 NCR 与 SPSS 在数据挖掘应用的经验之外,也观察参与实验的厂商的实际操作过程,从而整体规划设计,在 2000 年推出 CRISP-DM 1.0 模型。在整体规划下,经由实际分析,把数据挖掘过程中必要的步骤都加以标准化,

CRISP-DM 模型强调完整的数据挖掘过程,不能只针对在数据整理、数据呈现、数据分析以及建构模型上,仍需要对企业的需求问题进行了解,以及后期对模型的评价与延伸应用都是一个完整的数据挖掘过程不可或缺的要素。CRISP-DM 是从方法学的角度强调实施数据挖掘项目的方法和步骤,并独立于每种具体数据挖掘算法和数据挖掘系统。

CRISP-DM 分为六个阶段(phase)和四个层次(level),六个阶段为:

(1)了解业务(business understanding)

本阶段主要的工作是要针对企业问题和企业需求进行了解确认,针对不同的需求做深入的了解,将其转换成数据挖掘的问题,并拟定初步架构。在此阶段中,需要与企业进行讨论,以确保分析人员对于确保企业问题有非常清楚的了解,从而可以正确地针对企业问题拟定分析过程。

(2)了解数据(data understanding)

此阶段包含建立数据库与分析数据。在此阶段必须收集初步数据,了解数据的内涵与特性,选择要进行数据挖掘所必需的数据,进行数据整理及评估数据的质量,必要时再将分属不同数据库的数据加以合并及整合。数据库建立完成后再进行数据分析,找出影响预测的最重要数据。

(3)数据预处理(data preparation)

本阶段与了解数据阶段为数据处理工作的核心,这是建立模型前的最后一步数据准备工作。数据预处理任务很可能要执行多次,并且没有任何规定的顺序。

(4)建立模型(modeling)

针对已清洗筛选的数据加以分析,配合各种技术方法加以应用,针对既有数据建构出模型,替企业解决问题;面对同一种问题,有多种可用的分析技术,但是每种分析技术都对数据有不同的限制和使用要求,因此需要回到数据预处理的阶段,重新转换需要的变量数据加以分析。

(5)模型评价(evaluation)

从数据分析的观点看,在开始进入这个阶段时已经建立了看似是高质量的模型,但在实际应用中,随着应用数据的不同,模型的准确率肯定会变化。这里,应该关注是否遗漏了某些重要的业务问题。在这个阶段的结尾,可以对数据挖掘结果加以解释和评价。

(6)实施(deployment)

一般而言,建模完成并不意味着项目结束。模型建立并验证可用后,有两种主要的使用方法。第一种是提供给分析人员做参考,分析人员通过检查和分析这个模型后提出方案建议;另一种是把此模型直接应用到不同的数据集上。此外,在应用了模型之后,当然还要不断评价它的效果。

四个层次(level)分别为阶段、一般任务、具体任务、过程实例。每个阶段由若干一般任务组成,每个一般任务又分为若干具体任务,每个具体任务由若干过程实例来完成。其中,上两层独立于具体数据挖掘方法,是一般数据挖掘项目均需实施的步骤(What to do?),这两层的任务将结合具体数据挖掘项目的环境(context)影响到下两层的具体任务和过程。所谓项目的环境是指项目开发中密切相关、需要综合考虑的一些关键问题,如应用领域、数据挖掘问题类型、技术难点、工具及其提供的技术等。

1.9 大数据时代数据挖掘面临的挑战

大数据技术主要集中在四个方面:数据收集、整合、数据挖掘和应用。大数据时代数据从 TB 上升到了 PB 级别,数据丰富、信息匮乏的现象越来越突出,对数据分析工具的需求更为强烈,因此,数据挖掘的地位更为重要。大数据分析可分为五个部分:可视化分析、数据挖掘算法、预测性分析、语义引擎、数据质量和数据管理。数据挖掘作为核心部分,集中在寻找可视化方法,发现学习模式,得到便于用户理解和应用的结果。对这些原生态的碎片化、异构型数据的挖掘,是目前大数据技术面临的巨大挑战,具体表现在以下几个方面:

(1)传统的数据分析方法主要是针对结构化数据,而大数据中半结构或非结构化数据占85%;传统方法要求数据的高度一致性和容错性,数据挖掘技术中的聚类、关联分析等一系列方法面临新的挑战。如何加强对各种非结构化或半结构化数据如文本、视频、图像等的挖掘,是大数据时代下面临的一个重要问题。

(2)由于数据类型多样化,所以挖掘算法的有效性和可伸缩性是实现数据挖掘的关键。现有数据挖掘的算法适合小数据集,大型数据库的数据可能无法同时导入内存,随着数据规模的增大,算法的有效性是数据挖掘的瓶颈。

(3)跨行业的数据分析。不同行业对大数据分析的需求不同,但是各种关联领域数据的收集与共享还存在很大障碍。如何对跨行业的数据进行挖掘,是对传统方法的一大挑战。

(4)互联网时代下的非结构化数据是原生态的,往往价值低且冗余性强而噪音大,数据的形式化约束也越来越松。因此数据挖掘工作应更强调真实性和及时性,及时发现大数据的应用和价值。网络环境下的数据挖掘技术,特别是怎样在网络上建立数据挖掘和知识发现服务器,实现可视化的数据挖掘,具有重要的意义。

第二章
数据挖掘运用理论及技术

2.1 回归分析

回归分析主要用处在于寻找两个或两个以上的变量间互相变化的数量关系,并解释这种相关性,亦可用以通过控制自变量来影响因变量,达到所谓以价制量的效果。当然,也可进一步通过回归分析来进行预测。考虑自变量的选取时,必须要注意所选出的自变量与因变量是否存在着因果关系。

2.1.1 简单线性回归分析

最简单的回归,只包括了一个因变量 Y 与一个自变量 X。若存在线性关系

$$Y_i = \beta_0 + \beta_1 X_i + \varepsilon_i, i = 1, 2, \cdots, n$$

其中:

Y_i 为因变量(dependent variable;response variable);

X_i 为自变量(independent variable);

ε_i 为误差项。

这样的关系,叫做线性模型(linear model),而 β_1 则是模型中的参数(regression parameter),又叫做回归系数(regression coefficient)。

2.1.2 多元回归分析

在研究变量间关系上,影响因变量 Y 的自变量 X 往往不只一个,而有 k 个,如影响小麦产量的因子有雨量 X_1、气温 X_2、湿度 X_3、土壤肥力 X_4 等自变量。又如影响人们体重的因素有食物摄取量 X_1、运动量 X_2 及睡眠时间 X_3 等自变量,而因变量与自变量间也可以通过数学模型表示:

$$Y_i = \beta_0 + \beta_1 X_{i1} + \beta_2 X_{i2} + \cdots + \beta_k X_{ik} + \varepsilon_i, i = 1, 2, \cdots, n$$

该式中,各自变量皆为一次幂式,称为多元线性回归模型,其中 β_0 为截距,β_i 为回归系数。

2.1.3 岭回归分析

当自变量间存在多重共线性时,这些自变量就不适合放入同一模型。当自变量间存在高度多重共线性时,可能导致回归系数方差增大,使得即使某一自变量确实与因变量相关也不能被有限样本数据检验出显著性,从而建立一个没有效率的回归模型。所以需要在建模前,对自变量间的多重共线性进行检查,才能避开这一问题。最直接的方法是同一模型中避免选取有高度相关的自变量,也可以利用统计方法克服,例如本节介绍的岭回归估计。

多重共线性就是自变量间存在相关性,假设有 m 个自变量被考虑放入一回归模型中,如果只利用简单相关只能测定两个自变量间的相关程度,因此利用某一自变量与其他 $m-1$ 个自变量间多元回归判定系数来判断多重共线性程度。若第 i 个自变量与其他 $m-1$ 个自变量的估计回归式为:

$$\hat{x}_i = s_i + t_1 x_1 + \cdots + t_{i-1} x_{i-1} + t_{i+1} x_{i+1} + \cdots + t_m x_m ; i = 1, 2, \cdots, m$$

其中,s_i 为第 i 个多元回归模型的截距项;

t_m 为第 i 个多元回归模型的回归系数。

此模型得到的回归判定系数为:

$$R_i^2 = \frac{SSR_i}{SSTo_i} ; i = 1, 2, \cdots, m$$

因此可以定义出一个方差膨胀因子(VIF,variance inflation factor)来作为测度多重共线性的指数:

$$VIF = \frac{1}{1 - R_i^2} ; i = 1, 2, \cdots, m$$

当 $R_i^2 = 0$ 时(第 i 个自变量与其他 $m-1$ 个自变量间不相关),则 $VIF_i = 1$;当 $R_i^2 \rightarrow 1$ 时(第 i 个自变量与其他 $m-1$ 个自变量趋近于完全相关),则 $VIF_i \rightarrow \infty$,故 VIF_i 具有测度多重共线性的能力。

因为 VIF_i 反映了标准化回归系数 b_i' 与标准化模型均方差 MSE_S 间的比例大小,因此能测度出自变量间多重共线性而导致 b_i' 方差膨胀的能力。m 个自变量可以计算出 m 个 VIF 值,其中若是最大的 VIF 值超过 10,则认为自变量存在着高度多重共线性。当自变量数目过多时,可以对 m 个 VIF 值求取平均数:

$$\overline{VIF} = \frac{1}{m} \sum_{i=1}^{m} VIF_i$$

若 $\overline{VIF}$ 明显大于 1,则认为多重共线性存在。

VIF 值的计算可以利用自变量的相关系数矩阵来求得:

$$(r_{XX} + k\mathbf{I})^{-1} r_{XX} (r_{XX} + k\mathbf{I})^{-1}$$

其中，r_{xx} 为自变量的相关系数矩阵，k 为最佳压缩系数，I 为单位矩阵。当 $k=0$ 时，VIF_i 值是上式的矩阵对角线元素，并可以计算出 $\overline{VIF}$ 值来判断自变量之间存在的多重共线性程度。在判断出自变量存在着高度多重共线性时，可以利用上式，调整不同的 k 值（$0<k<1$），来求得在不同 k 值的 $\overline{VIF}$ 值，并找出 $\overline{VIF}$ 值最接近 1 的 k 值来作为线性转换量 Z 的 k 值。

2.1.4 Logistic 回归分析

回归分析是利用一系列的现有数值来预测一个连续数值的可能值。若将范围扩大亦可以利用 Logistic 回归来预测类别变量。Logistic 回归包括了相当一大类的问题，它可以讨论类别、定量的自变量对一个类别变量的关系是否独立；不独立时又会具有什么形式的关系，线性或是非线性的关系等。当因变量是一个 0/1 型数据（即只取 0 和 1 两个值），$y=1$ 的概率 $p=P(y=1)$ 就是要研究的对象。如果有很多因素影响 y 的变动，则这些因素就是自变量。其中既可以包含分类变量，也可以包含数值变量。最重要的一个条件是 $\ln[p/(1-p)_k]=a_0+a_1x_1+\cdots+a_kx_k$，即 $\ln[E(y)/(1-E(y))]$ 是 $x_1,\cdots,x_k$ 的线性函数，上式称为线性 Logistic 回归。而如果 $\ln[p/(1-p)_k]=g(x_1,\cdots,x_k)$ 是一个包含若干参数的非线性函数，则相应的模型称为非线性 Logistic 回归模型。

2.2 关联规则

关联规则可以用以发现在大量数据中变量间的关联性。随着大量数据不停地收集和储存，从大量商业交易的记录中发现有趣的关联关系，可以帮助许多商业决策的制定，如商品组合设计、交叉销售等。

关联规则中最典型的一个例子，就是购物篮分析。该方法通过记录客户放入其购物篮中不同产品之间的关系，分析客户的购买习惯，了解商品被客户同时购买的概率。例如，在超级市场，客户购买牛奶的同时购买面包的可能性有多大？通过此关联规则的考察，可以协助零售商拟定产品组合的营销策略，例如可以帮助零售商有选择地规划商品的摆设地点和促销组合，由此引导客户购买商品组合，提升销售量。

2.3 聚类分析

聚类分析是一种分类的方法，目的是将相似的事物归类。聚类分析可以将变量分类，但更多的应用是通过对客户特性做分类，使同类中的事物相对于某些变量来说是相同的、相似的或是同质的，而类与类之间却有着显著的差异或是异质性。聚类分析主要是在检验某种相互依存关系，主要是客户间特性的相似或是差异关系；通过将客户特性进一步分割成若干类别而达到市场细分的目的。

在该方法中,所有客户所属的类别是事前未知的,而且类别个数也是未知的。通常为了得到比较合理的分类,首先必须采用适当的指标来定量地描述研究对象之间的同质性。常用的指标为"距离"和"相似系数"。假定研究对象均用所谓的"点"来表示。在聚类分析中,一般的规则是将"距离"较小的点或是"相似系数"较大的点归为同一类,将"距离"较大或是"相似系数"较小的点归为不同的类别。

若用 X 与 Y 表示 s 空间中的两个点,如果是对变量聚类,那么 X 和 Y 分别表示两个变量,其维数 s 就是样本量 n;如果是对样本做聚类,则 X 和 Y 分别表示两个个体,维数 s 就是聚类变量的个数 k。

常用的距离指标为欧氏距离(Euclidean distance)

$$D(X,Y) = \sqrt{\sum_i (X_i - Y_i)^2}, i = 1,2,\cdots,s$$

常用的相似系数指标为:

余弦系数(cosine)

$$S(X,Y) = (\sum_i X_i Y_i) / \sqrt{(\sum X_i^2)(\sum Y_i^2)}, i = 1,2,\cdots,s$$

皮尔森相关系数(Pearson correlation)

$$S(X,Y) = \sum_i Z_{xi} Z_{yi} / (s-1), i = 1,2,\cdots,s$$

其中 Z_{xi} 和 Z_{yi} 表示 X 和 Y 的标准正态得分。

而常用的聚类分析方法分为两大类:层次聚类法(hierarchical clustering)和非层次聚类法(non-hierarchical clustering),其中层次聚类法又称系统聚类法,可以用树状结构来表示聚类过程。

层次聚类法具体又可以分为聚集法(agglomerative clustering)和分割法(divisive clustering)两种。聚集法是先将所有的数据各自算成一类,将彼此间距离最小或是相似系数最大的数据合并成一群,再将该群和其他群中距离最小或是相似系数最大的合并,持续合并,直到所有的数据皆合并为一群为止。分割法正好相反,先将所有的数据看成一大群,然后分割成两类,使一群中的数据点尽可能远离另外一群,再继续分割,直到每一数据都成为单一群体为止。

连接法(linkage methods)是最常用的聚集法,它是根据事先定义的群与群之间的距离计算法则,将各个群逐步合并。由于聚类间距离的定义不同,连接法又可以分为三种:

• 单一连接法(single linkage):也叫作最短距离法或是最近紧邻连接法,两个群之间的距离定义是分别来自两类中的元素间的最短距离,并依此类间距离选择最靠近的类来合并。

• 完全连接法(complete linkage):也叫作最长距离法或是最远紧邻连接法,两个类间的距离定义是分别来自两类中的元素间的最长距离,并依此类间距离选择最靠近的类来合并。

• 平均连接法(average linkage):也叫华德法(Ward's procedure),其分群想法与方差分析类似。即在聚类过程中,使类中元素的离差平方和尽可能小,而类间离差平方和尽可能大。

• 重心法(centroid method):两个类之间的距离定义为该两类的重心间距,然后与连接法类似,将类逐步合并。

而非层次聚类法,亦称为逐步聚类法、k-means 聚类法或是快速聚类法,该类型的聚类法又可以分成序列门限法(sequential threshold method)、平行门限法(parallel threshold method)以及最佳分离法(optimizing partitioning method)。其中序列门限法事先规定一个门限值,选取一个中心点,将与该中心点的距离在门限值之内的所有点都归入同一类;然后再选取一个中心,对还没有归类的点重复该过程,直到所有点都归入某一类为止;而平行门限法与序列门限法类似,所不同的只是所有的聚类中心是同时选取的,将门限范围之内的点归到离中心最近的那一群;而最佳分离法则是允许重新将已归类的点分到其他类,以使总体的分类标准达到优化。分类标准可以事先规定,例如取同一类别中的距离平均值等。

2.4 判别分析

数据挖掘中的分类功能,是在已知分类下,对样本建立判别准则。可以对新样本进行判别并归类。例如,根据消费者的一些背景数据,如何判定哪些消费者会是忠诚客户? 或者忠诚客户与非忠诚客户在人口的基本特征方面到底有哪些不同? 如何区分价格敏感型的客户和非价格敏感型的客户? 哪些心理特征或生活方式特征可以作为判别或是区分的标准? 这些问题的通性在于:都需要根据从个体所测定或观察到的一些指标来判断个体属于哪种类型及总体。

判别分析就是一种研究如何判断个体所属类别的多元统计方法。具体来说,判别分析中的因变量或是判别准则是类别变量,而自变量或预测变量基本上是尺度变量。分析的过程就是建立自变量的线性组合,使之能最恰当地区分出因变量的各个类别。例如,因变量为某种产品的价格敏感型用户和非敏感型用户,而自变量为对一组消费观念的态度得分的李克特五分量表,而在判别分析中可进行的主要有:

• 建立判别函数,即找到能最恰当地区分因变量类别的自变量的线性组合;或确定事后概率,即计算每个个体落入各类的概率。

• 检验各类别在预测变量方面是否存在显著差异。

• 确定哪些预测变量是区分类别差异最重要的变量。

• 根据预测变量值对个体进行分类。

• 对分类的准确程度进行评估。

判别分析模型用一个或几个判别函数来表示,在两个类别的情况下只需一个判别函数。最简单的也是比较常用的判别函数为线性函数:

$$D_i = b_0 + b_1 X_{1i} + b_2 X_{2i} + b_3 X_{3i} + \cdots + b_k X_{ki}$$

其中:

D = 判别得分,D_i 表示对应于第 i 个个体的得分。

b = 判别系数或权重,b_j 表示对应于第 j 个自变量或预测变量的系数。

X = 自变量或预测变量,X_{ij} 表示对应于第 i 个个体和第 j 个自变量的值。

根据所收集样本的数据,可以计算出一个判别临界值 D_c,作为判定某个个体归属到哪一个类别的基准。在判别分析中有一基本的假设:每一个类别都是取自一个多元正态总体的样本,而且所有正态总体的协方差矩阵或是相关矩阵都假定是相同的。在数据挖掘的实际应用中,常用的办法是将原始数据抽样,并分成两部分,其中一部分作为训练样本,求解判别函数,再利用另外一个样本(测试样本),来检查判别的效果。

2.5 神经网络分析

神经网络的相关研究及其应用范围在近年来发展极为迅速,其应用的领域包括工业工程、商业与金融、社会科学及科学技术等。其最大优点除了在于可应用于建构非线性模型外,对于传统统计方法在建构模型时所要求的许多假设条件亦可弥补。神经网络的原始想法与基本构造皆与神经生物学中的神经元构造相似。根据 Freeman(1992) 的定义,神经网络是模仿生物神经网络的信息处理系统,通过使用大量简单连接的人工神经元来模仿生物神经网络的能力。而在一个网络模型中,一个人工神经元将从外界环境或其他人工神经元取得信息,依据信息的相对重要程度给予不同的权重,并予以加总后再经由人工神经元中的数学函数转换,输出其结果到外界环境或其他人工神经元当中。其工作原理可整理如图 2-1:

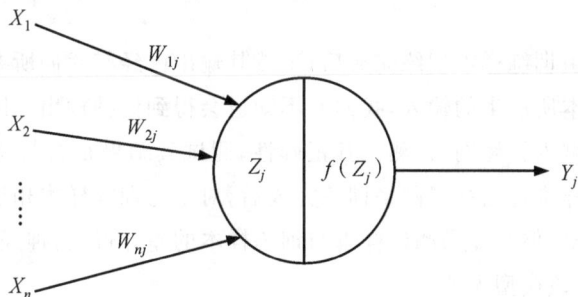

图 2-1 神经网络工作原理

- X_n：称为神经元的输入（input）。

- W_{nj}：称为键值（weights），神经网络的训练就是在调整键值，使其变得更大或是更小，通常由随机的方式产生介于 +1 到 -1 之间的初始值。键值可视为一种加权效果，其值越大，则代表连接的神经元更容易被激发，对神经网络的影响也更大；反之，则代表对神经网络并无太大的影响，而太小的键值通常可以移除以节省计算机计算的时间与空间。

- Z_j：称为加法单元（summation），此部分是将每一个输入与键值相乘后加总。

- $f(Z_j)$：称之为激活函数（activation function），通常是非线性函数，具体形式多样，其目的是将 Z 的值做映射得到所需要的输出。

- Y_j：称为输出（output），即我们所需要的结果。

将上述的神经元组合起来就成为一个神经网络。目前为止，学者提出了许多适用于不同问题的神经网络模型。常见的神经网络算法有：反向传播网络、霍普菲尔网络、半径式函数网络。这些神经网络并非适用所有的问题，我们必须针对欲解决问题的不同选择适当的神经网络。要使得神经网络能正确地运作，则必须通过训练的方式，让神经网络反复地学习，直到对于每个输入都能正确对应到所需要的输出，因此在神经网络学习前，我们必须分割出一个训练样本，使神经网络在学习的过程中有一个参考，训练样本的建立来自实际系统输入与输出或是以往的经验。神经网络的工作性能与训练样本有直接的关系，若训练样本不正确、太少或是太相似，神经网络的工作区间与能力将大打折扣。换句话说，训练样本就是神经网络的老师，因此，训练样本越多、越正确、差异性越大，神经网络的能力就越强。

神经网络训练的目的，就是让神经网络的输出越来越接近目标值。亦即，相同的输入进入到系统与神经网络，得到的输出值亦要相同。神经网络未训练前，其输出是凌乱的，随着训练次数的增加，神经网络的键值会逐渐地被调整，使得目标值与神经网络的输出两者误差越来越小。

学习率在神经网络的训练过程中是一个非常重要的参数，学习率影响着神经网络收敛的速度，若学习率较大则神经网络收敛的速度将变得较快，反之，较小的学习率会使得神经网络的收敛速度变慢。选择太大或太小的学习率对神经网络的训练都有不良的影响。

当神经网络经由训练样本训练完成后，虽然其输出已经与我们所要求的数值接近，但对于不是由训练样本所产生的输入，我们并不知道会得到何种输出。因此，我们必须使用另一组全新的样本进入神经网络，测试其正确性，测试其结果是否与所要求的值接近，而此样本则称为测试样本。当神经网络训练完成后，对于与训练样本相近的输入，神经网络亦能获得合理的输出，但是如果测试样本与训练样本的差异过大，神经网络仍是无法输出正确的数值，则表示该模型无效。

2.6 决策树分析

决策树是同时提供分类与预测的常用方法。经由一连串的问题和规则将数据分类，你可以经由相似的模型来推测相同的结果。决策树的数据分析方法是用树形图来表示数据受各变量影响情形的预测模型，能利用树形图的分割自动确认和评估分类。经由树形图可获取数据中的群组，再通过获益图，可方便地在不同类别间做成本和效益的比较，并找出最佳获利的分类。

决策树分析应用层面较为广泛，如建构专家系统、动力控制等，其主要功能是经由已知分类的事例来建立树状结构，所产生的决策树可以转化为规则，与神经网络不同。规则可以用文字或数字来表达，所建立的决策树模型也能用于预测。

而常用的决策树方法有 CHAID 以及 CART，其中 CHAID 全名为卡方互动检视法，该方法在数据分析时，常会遇到变量间不仅具有相关关系，而且具有交互影响关系，当两个或是两个以上变量间存在交互影响现象时，某一变量数值的改变所引起的反应，将受其他变量数值大小影响。在商业领域，研究人员通常不能确定哪几个变量间存在交互影响关系，且预测变量数目众多，模型变得庞大复杂，加上预测变量间的交互影响关系可能为乘法关系，亦可能为非乘法关系，大幅增加其运算困难。而 CHAID 决策树只限于处理分类变量，如果是连续变量则必须先进行离散化处理，转换成为分类变量，才可以使用。

CHAID 分析流程如下（黄登源，2003）：

(1)针对每一变量计算其所有可能把原样本一分为二的分割方式，以找出一个最佳分类模型。所谓"最佳"是指数据经过分割后，准则变量的组间方差为最大。假设 Y 代表准则变量，样本数为 n，如果对预测变量则一无所知，则 $\overline{Y}$ 可为最佳估计值，而 Y 的误差平方和为：

$$\sum (Y_i - \overline{Y})^2 = \sum Y_i^2 - n\overline{Y}^2$$

假设将原样本区隔成两组，各组所含样本数为 n_1 和 n_2，所有样本的平均数为 $\overline{Y}_{..}$，各组准则变量的平均数分别为 $\overline{Y}_{1.}$ 和 $\overline{Y}_{2.}$，Y_{ij} 为第 i 组的第 j 个样本。其误差平方和为

$$\sum_{i=1}^{2} \sum_{j=1}^{n_i} (Y_{ij} - \overline{Y}_{..})^2 - \sum_{i=1}^{2} \sum_{j=1}^{n_i} (Y_{ij} - \overline{Y}_{i.})^2 = n_1\overline{Y}_{1.}^2 + n_2\overline{Y}_{2.}^2 - n\overline{Y}_{..}^2$$

若通过分割，则误差平方和将会降低，若此值为正，表示 $n_1\overline{Y}_{1.}^2 + n_2\overline{Y}_{2.}^2$ 大于 $n\overline{Y}_{..}^2$，亦即经过分割成两组后，其同构性已提高。而所谓最佳的分割方式是指可使分割后减少的误差平方和为最大，即 $n_1\overline{Y}_{1.}^2 + n_2\overline{Y}_{2.}^2$ 与 $n\overline{Y}_{..}^2$ 的差为最大。

(2)比较各预测变量在"最佳分割方式"下的组间方差，然后找出一个组间方差最大的变量，即为最佳的预测变量。

(3)用最佳预测变量的最佳分割方式把原始数据分成两组。

(4)将分割后两组样本的每一组设为唯一原始样本,根据上述步骤,进行分割工作。

(5)重复上述步骤,直到找到最佳分割为止。

在实际应用时,通常需要事先指定一些控制参数或限制条件,以适时停止分割过程。譬如分割后所减少的准则变量的误差平方和必须超过所设水平,才可以继续分割;或是当任一组样本的误差平方和必须高于所设的水平,才可以继续分割;研究人员也可以针对原始样本分割的组数加以限定,或是增加每组中的样本有多少笔数据等限制条件等。

2.7 其他分析方法

而另外一种为分类与回归树(CART),该算法是由 Brieman(1984)提出的。采用来自经济学的分散度量法,CART 借助一个单一输入变量函数,在每一个节点分隔数据,以建构一个决策二叉树。此方法就是将一个包含所有数据的矩形区域以递归的方式不断地将不同属性的数据分开,最后同属性的数据将会被区分在相同的区块中,在每个区块中分别利用回归方式配适不同的统计模型,而决策树也就是二元树的应用,是在分类时的决策判断过程以树状结构来表示,而且样本须够大,主要是根据某一准则变量而将整个样本划分成若干同构性高的类别,加以应用。需注意的是,决策树的阶层数不宜过多或是过少。如果太少,即表示分割过程太早结束,所建构的模型也未必产生良好的分类规则;相反的,如果阶层过多,则表示其分割过多,所产生的规则也会失去其原始功用。

上述各种分析方法总结在表 2-1 中。

表 2-1　各项分析方法整理

类别	模型	摘　要
分类技术	分类	•根据一些变量的数值做计算,再依照结果做分类。 •用一些根据历史经验已经分类好的数据来研究它们的特征,然后再根据这些特征对其他未经分类或新的数据做预测。
	聚类	•将数据分群,其目的在于将类间的差异和群内成员的相似性找出来。 •与分类不同的是,分析前并不知道会以何种方式或依据来分类,所以必须要配合专业领域知识来解释分类的意义。
	传统技术(统计分析)	•因子分析——约简变量 •判别分析——分类 •聚类分析——区分群体
	理论技术 改良技术	•决策树(decision tree)——用树状结构展现数据在受各变量的影响情况下得到的预测模型,根据对目标变量产生的效应不同而建立分类规则。 •多用在对客户数据的分析上。 •常用的分类方法为 CART 和 CHAID 两种。

续表

类别	模型		摘　　要
估计预测类	回归		•使用一系列的数值来预测一个连续数值的可能值。 •可利用 Logistic 回归来预测类别变量。
	时间序列		•用现有的数值来预测未来的数值。 •与回归不同：时间序列所分析的数值都与时间有关。
	理论技术	传统技术（统计分析）	1.回归——连续变量 2.Logistic 回归——类别变量 3.时间序列——与时间相关的变量
		改良技术	神经网络——仿真人脑思考结构的数据分析模型，根据输入变量与目标变量进行自学习，并根据学习得到的知识不断调整参数来建立数据模型。 •与传统回归分析相比： ◆优点：在进行分析时无须限定模型，特别当变量间存在交互效应时可自动检测出来。 ◆缺点：分析过程为黑箱，通常无法对模型进行解释。 •神经网络多用在数据属于高度非线性且变量中具有相当程度上的交互效应时。
序列规则类	关联规则		•找出在某一组事务中会同时出现的一些事务组合，例如如果 A 是某一事件的一种选择，则 B 也出现在该事件中的概率有多少。
	序列分析		•序列分析与关联规则不同的是，序列分析事件的相关是以时间因素来作区隔。
	理论技术	传统技术（统计分析）	缺乏
		改良技术	规则归纳法——由一连串的"如果……/则……（If / Then）"的逻辑规则对数据进行细分。在实际运用时，如何界定规则的有效性是最大的问题，通常需要先将数据中发生次数太少的样本剔除，以避免产生无意义的逻辑规则。

3.1 数据挖掘与统计分析的不同

硬要去区分数据挖掘和统计学的差异其实是没有太大意义的。数据挖掘有相当大的比重是由高等统计学中的多变量分析所支撑。但是为什么数据挖掘的出现会引发各领域的广泛注意呢？主要原因是相较于传统统计分析而言，数据挖掘有下列几项特点：

（1）处理大量实际数据更强势，且无须专业的统计背景即可进行数据挖掘分析。

（2）数据挖掘产品的标准化，使之更适合企业应用。

（3）数据挖掘目的是方便企业实务，相对于统计分析而言，数据挖掘更偏向于应用。

3.2 数据挖掘与数据仓储的关系

若将数据仓储（data warehousing）比作矿藏，数据挖掘就是深入矿藏挖掘的工作。毕竟数据挖掘不是一种无中生有的魔术，也不是点石成金的炼金术，若没有够丰富完整的数据，是很难期待数据挖掘能挖掘出什么有意义的信息的。

如果数据仓储具有高效地探测数据的世界的功能，则挖掘出对决策有用的数据与知识，是建立数据仓储与使用数据挖掘的最大目的。而从数据仓储挖掘出有用的数据，则是数据挖掘的研究重点，两者的本质与过程是两码事。换句话说，数据仓储应先行建立完成，数据挖掘才能有效率地进行，因为数据仓储本身所含数据是干净的（不会有错误的数据掺杂其中）、完整的，而且是经过整合的。因此两者的关系可界定为"数据挖掘是从巨大数据仓储找出有用信息的一种过程与技术"。

表 3-1 为数据仓储与数据库的比较。

表 3-1　数据仓储与传统数据库的比较

	数据仓储	传统数据库
主要目的	信息取得与分析	支援每日事务数据
架构	关系数据库管理系统	关系数据库管理系统
数据模型	星状纲要（star schema）	正规化表格（normalized relations）
查询方式	通过 OLAP 或 MOLAP 接口	SQL
数据形式	分析性数据	交易性数据
数据储存状况	历史性、描述性数据	经常改变的、实时性的数据
数据的时间性	经过处理的历史数据	当时的运算数据
数据库的规划方式	由上往下（top-down）	由下往上（bottom-up）
数据库的纲要设计	星状纲要（star schema）	个体—关系模式配合正规化
数据特性	大量重复储存，并预先加总	无重复储存
数据维护者	数据品管师（DQM）	数据库管理师（DBA）
异动的频率	少有异动，大多为查询	经常异动（故称 OLTP）
异动的数据数量	定期大量加载并聚合加总	平时均有大量的异动处理
效能要求	查询速度要够快	须能承受大量的更新要求
查询的频率	大量需求（故称 OLAP）	少量的需求
查询的范围	相当宽广	较狭隘
查询的复杂度	相当复杂	较单纯
所内含的数据量	数百 GB 以上	数兆字节
内含数据的错误率	极少错误与数据缺项	可以容忍错误与缺项存在
数据的精细度	存放大量加总过的数据	存放单笔交易的详细数据
整合性	整个组织的数据完全整合	依功能分数据库，未整合
主题性	依主题导向	依功能导向区分数据库
随时间变动的特性	随时间的流逝而增加其内容	很少会随时间流逝增加内容
暂存性	完整保留所有历程数据	只保留目前最新的数据
适合建置的系统	多维度数据库管理系统	关系数据库管理系统

3.3 KDD 与数据挖掘的关系

根据 Fayyad 等人(1996)对知识发现(knowledge discovery,KDD)的定义——它是指出数据中有效、崭新、有潜在效益的非细琐(nontrivial)流程,其最终的目标是了解数据的样式(patterns)。而在进行知识发现时其主要的步骤可以整理如图 3-1。

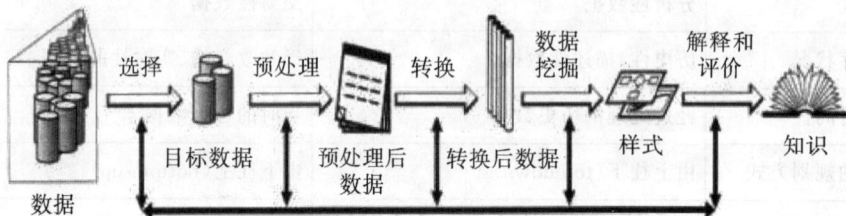

图 3-1　知识发现流程(The KDD Process)

数据来源:Fayyad et al.(1996)

其流程步骤是:先了解要应用的领域、熟悉相关知识,接着建立目标数据集,并选择数据集(selection);再对目标数据作预处理(pre-processing),去除错误或不一致的数据;然后作数据简化与转换工作(transformation);在经由数据挖掘技术得到样式(patterns)、做回归分析或找出分类特征;最后经过解释和评价(interpretation/evaluation),最终成为有用的知识(knowledge)。这些程序是循环关系,可一直重复,直至得到一些有用的知识。所以,知识发现是一连串的程序,数据挖掘是其中的一个步骤而已。

3.4 OLAP 与数据挖掘的关系

所谓 OLAP(online analytical process,在线分析处理),指由数据库所链接出来的在线查询分析程序。数据挖掘用于建立假设,OLAP 则用于检验假设。简单来说,OLAP是由使用者所主导,使用者先有一些假设,然后利用 OLAP 来检验假设是否成立;而数据挖掘则是用来帮助使用者建立假设。所以在使用 OLAP 或其他查询工具时,使用者是自己在做探索(exploration),但数据挖掘是用工具在帮助做探索。

数据挖掘常能挖掘出超越归纳范围的关系,但 OLAP 仅能利用人工查询及可视化的报表来确认某些关系,因此数据挖掘此种自动找出甚至不会被怀疑的数据样式与关系的特性,事实上已超越了我们经验、教育、想象力的限制,OLAP 可以和数据挖掘互补,但这项特性是数据挖掘无法被 OLAP 取代的。

二者更具体的比较见表 3-2。

表 3-2　OLAP 及数据挖掘比较

在线分析处理(OLAP)	数据挖掘
公司邮寄广告的客户回复率如何	哪些客户倾向于回复公司的邮寄广告
新产品销售给客户的数量	何种类型的老客户倾向于购买公司新产品
公司上年度十大客户	公司上年获利度最高的十大客户
哪些客户上个月并未续约	哪些客户较可能在未来的半年中不再续约
哪些客户的贷款逾期未付	哪些客户的贷款较易逾期未付
上一季地区性销售报告	明年各地区产品可能的销售收入
昨日生产线的不合格率	如何提高产品的合格率

数据来源:Noonan,2000

3.5 数据挖掘与机器学习的关系

机器学习这门学科所关注的问题是:计算机程序如何随着经验积累自动提高性能?近年来,机器学习被成功地应用于很多领域,从检测信用卡交易诈欺的数据挖掘程序,到获取用户阅读兴趣的信息过滤系统,再到能在高速公路上自动行驶的汽车。同时,这个学科的基础理论和算法也有了重大的进展。

在数据挖掘领域,机器学习算法理所当然地被用来从包含设备维护记录、借贷申请、金融交易、医疗记录、天文分析等类似信息的大型数据库中发现有价值的信息。例如:学习分类新的天文结构。机器学习方法已经被用于从各种大规模的数据库中发现隐藏的一般规律。如,决策树学习算法已经被美国国家航空和航天局(NASA)用来分类天体,数据来自第二帕洛马天文台太空调查(Fayyad et al.,1995)。这一系统现在被用于自动分类太空调查中的所有天体,其中包含了 3T 字节的图像数据。

机器学习算法在很多应用领域被证明有很大的实用价值:(1)数据挖掘问题,即从大量数据中发现可能包含在其中的有价值的规律(例如,从患者数据库中分析治疗的结果,或者从财务数据中得到信用贷款的普遍规则);(2)在某些困难的领域中,人们可能还不具有开发出高效的算法所需的知识(比如,从图像库中识别出人脸);(3)计算机程序须动态地适应变化的领域(例如,在原料供给变化的环境下进行生产过程控制,或适应个人阅读兴趣的变化)。

3.6 网络信息挖掘和数据挖掘有什么不同?

如果将网络视为客户关系管理的新渠道,则网络信息挖掘便可单纯看作数据挖掘应用在网络数据的泛称。利用数据挖掘技术建立更深入的访客数据剖析,并赖以架构精准的预测模式,以期呈现真正智能型个人化的网络服务,是网络信息挖掘努力的方向。

网络信息挖掘除了计算网页浏览率以及访客人次等日志分析外,举凡网络上的零售、财务服务、通信服务、政府机关、医疗咨询、远程教学等等,只要由网络链接出的数据库够大够完整,所有线下可进行的分析,网络信息挖掘都可以做,甚至可整合线下及线上的数据库,实施更大规模的模型预测与估计。毕竟凭借因特网的便利性与渗透力,再配合网络行为的可追踪性与高互动特质,一对一营销的理念是最有机会在网络世界里完全落实的。

(1)网络信息挖掘分析范畴:

• 该如何测量一个网站是否成功?

• 哪些内容、优惠、广告是人气最旺的?

• 主要访客是哪些人?

• 什么原因吸引他们前来?

• 如何从堆积如山的大量由网络所得数据中找出让网站运作更有效率的操作因素?

(2)整体而言,网络信息挖掘具有以下特性:

①数据收集容易且不引人注意

所谓凡走过必留下痕迹,当访客进入网站后的一切浏览行为与历程都是可以立即被记录的。

②以交互式个人化服务为终极目标

除了因应不同访客呈现专属设计的网页之外,不同的访客也会有不同的服务。

③可整合外部源数据让分析功能应用得更深更广

第四章
数据挖掘商业软件产品及其应用现状

4.1 数据挖掘工具分类

数据挖掘工具市场大致可分为三类：

(1)一般分析目的用的软件包

SQL 2012

SAS Enterprise Miner

IBM Intelligent Miner

Unica PRW

SPSS Clementine

SGI MineSet

Oracle Darwin

Angoss KnowledgeSeeker

(2)针对特定功能或产业而研发的软件

KD1(针对零售业)

Options & Choices(针对保险业)

HNC(针对信用卡诈欺或呆账侦测)

Unica Model 1(针对营销业)

(3)整合 DSS/OLAP/数据挖掘的大型分析系统

Cognos Scenario and Business Objects

4.2 各工具的简介

以下介绍一般常用的工具分类,列于表 4-1。

表 4-1　数据挖掘分析工具

分析工具	定　义	代表性产品
案例推理	在关系数据库中提供一个工具找出记录以发现类似规范的记录或一般记录	1. CBR Express 2. Esteen 3. Kate-CBR 4. The Easy Reasoner
数据可视化	其目标是从不同的角度,让信息以图形方式呈现,让用户容易和快速地使用。该工具把不同数据集合,或不同汇总性数据可视化,让用户快速地了解。	1. Alterian 2. AVS/Express 3. Visualization Edition 4. Axum 5. Discovery 6. SPSS Diamond 7. Visual Insight
模糊查询与分析	模糊理论积极地承认人主观性问题的存在,进而以模糊集合来处理不易量化问题,故能找出意想不到的信息。	1. CubiCalc 2. FuziCalc 3. Fuzzy TECH for business 4. Quest
知识发现	这些工具特别设计以便确认那些已存在变量间的显著关系,也就是当它们有可能存在多重关系时,特别有用。这些数据挖掘工具能帮助指出巨量变量间的关系,发现盲点创造巨大的商机。	1. Aria 2. Answer tree 3. CART 4. DARWIN 5. Enterprise Miner 6. DataEngine
神经网络	神经网络技术的目标是发现与预测数据的关系,它与传统统计方法的区别是,它可以训练学习发现的关系,并且可适用于线性与非线性的情况,还可以弥补数据质量较差的情况,而处理出质量不错的信息来。	1. BackPack 2. BrainMaker 3. Loadstone 4. NeuFrame/NeuroFuzzy 5. Neural Network Browser 6. Neural Connection 7. Neural Network Utility 8. Neuralyst for Excel

4.3 客户关系管理(CRM)

客户关系指的是组织与其客户间所存在的各种互动关系。客户关系管理不仅可提升企业与客户间的互动关系,同时也经由互动关系来搜集客户数据。

客户关系管理并非信息科技,因此企业主在寻找合适的客户关系管理软件上,应该着重于考虑既有客户关系管理层面,而非寻找客户关系管理解决方案,因为任何一种客户关系管理软件绝对无法彻底解决企业与客户间关系的建立和维护问题。完整的 CRM 运作机制在相关的硬软件系统能健全地支持前,有太多的数据准备与分析工作需要推动。企业通过数据挖掘可以分别针对策略、目标定位、操作效能与测量评估等四个方面的相关问题,高效地从市场与客户处搜集累积的大量数据中挖掘出对消费者而言最关键、最重要的答案,并赖以建立真正由客户需求点出发的客户关系管理。

CRM 是近来引起热烈讨论与高度关切的话题,尤其在直销的崛起与网络的快速发展带动下,跟不上 CRM 的脚步如同跟不上时代。事实上 CRM 并不算新发明,奥美直销推动十数年的 CO(Customer Ownership,客户归属)就是现在大家谈的 CRM。

数据挖掘在 CRM 上主要应用可对应于差距分析的三个部分:

(1)针对采集差距,可利用客户分析找出客户的一些共同特征,希望能由此深入了解客户,经由聚类分析对客户进行分群后再通过模式分析预测哪些人可能成为我们的客户,以帮助营销人员找到正确的营销对象,进而降低成本,并提高营销的成功率。

(2)针对销售差距,可利用购物篮分析帮助了解客户的产品消费模式,找出哪些产品客户最容易一起购买,或是利用序列挖掘预测客户在买了某一样产品后,在多久后会买另一样产品等等。利用数据挖掘可以更有效地决定产品组合、产品推荐、进货量或库存量,甚至是在店里要如何摆设货品等,同时也可以用来评估促销活动的成效。

(3)针对客户保持差距,可以分析流失的客户的特征,再根据分析结果从现有客户数据中找出可能流失的客户,然后设计一些方法预防客户流失;更系统化的做法是经由神经网络根据客户的消费行为与交易记录对客户忠诚度进行评分排序,如此则可区隔流失率的等级进而采用不同的策略。

4.4 数据挖掘在各行业的应用

数据挖掘在各行业的应用见表 4-2。

表 4-2 数据挖掘在各行业的应用

信用卡公司	信用卡公司可使用数据挖掘来增加信用卡的应用,做购买授权决定、分析持卡人的购买行为,并侦测诈骗行为,成功的案例有美国运通及花旗银行。
零售商	了解客户购买行为及偏好对零售商的策略来说是必需的,数据挖掘可以提供所需要的信息,像菜篮分析或购物篮分析,利用电子销售点数据,并运用其结果来投放有效的促销及广告,或者有些商店也会应用数据挖掘技术来侦测收银员诈骗的行为。
金融服务机构	证券分析师广泛使用数据挖掘来分析大量的财务数据以建立交易及风险模型来发展投资策略。
银行	虽然数据挖掘已经显示出对银行有非常大的潜力,但仍处在起步期,大约只有 11% 的银行懂得使用数据仓储来促进数据挖掘的活动,银行应该搜集并分析详细的客户信息,然后据此制定营销策略,银行也可使用数据挖掘以识别客户的贷款活动、调整金融商品以符合客户需求、寻找新的客户及加强客户服务。

续表

电话销售及直销	电话销售及直销公司因使用数据挖掘节省了大量成本并且能够精确地定位目标客户,电话销售公司现在不只能够减少通话数而且可以增加成功通话的比率。直销公司正依客户过去的购买数据及地理数据来配置及邮寄产品目录,也可利用数据挖掘分析客户群的消费行为与交易记录,结合基础数据,并依其对品牌价值等级的高低来区隔客户,进而达到差异化营销的目的。
航空业	当航空企业不断地增加,竞争也愈来愈激烈了,了解客户需求已经变得极为重要,因而航空企业取得客户数据以制定因应策略。
制造业	数据挖掘已被广泛地使用在制造工业的控制及排程技术生产程序。例如:使用数据挖掘来侦测潜在的质量问题,减少不良品。
电信公司	电信公司过去最有名的就是削价策略,但新的策略是了解客户,使用数据挖掘,电信公司可以提供各种客户想购买的新服务。
保险公司	保险公司对数据的需求是极为迫切的,数据挖掘最近已帮助保险公司从大型数据库中取得有价值的信息以进行决策,这些信息能够让保险公司较了解他们的客户并有效地侦测保险欺诈。
医疗业	预测手术、用药、诊断或是流程控制的效率。

第二篇

BIG
DATA

Excel 2013数据
挖掘模型

BIG DATA

第五章
安装与配置 Excel 2013 数据挖掘加载项

5.1 系统需求

在安装数据挖掘加载项之前,我们须要先了解可支持的相关系统配备。

【操作系统】Windows XP SP2、Windows Vista、Windows 2000 SP4、Windows 2003 SP1、Windows 7、Windows 8。

【Excel 2013】Professional、Professional Plus、Ultimate、Enterprise。

【硬盘空间】至少 40MB 可使用空间。

【SQL Server 2012】SP1、SP2、RTM(注意:若您在同一台计算机上,安装数据挖掘加载项与 SQL Server 2012 时,SQL Server 2012 SP2 的 CTP(Community Technology Preview)版本与数据挖掘加载项是无法正常运行的。

【SQL Server 2012 Analysis Services】安装数据挖掘加载项必须要有连接 SQL Server 2012 Analysis Services 才能运行。支持版本 Enterprise Edition SP1、SP2、RTM,Standard Edition SP2。

【.NET】Microsoft.NET Framework 3.5/4.0。

【旧版删除】若您在 2013 年 3 月 21 日之前安装过 Office 2013 数据挖掘加载项,则必须删除后再重新安装。删除方式要到[控制面板]的[添加/删除程序]中执行。

5.2 开始安装

数据挖掘宏插件安装文件可从微软的官方网站下载中心下载,或者是本书附带的光盘。

【步骤一】执行 SQL_AS_DMAddin(SQLServer2012_DMAddin.msi)

【步骤二】出现"欢迎使用 SQL Server 数据挖掘加载项安装程序"窗口,按[下一步]。

【步骤三】出现"许可协议"窗口,您必须点选 ⊙ 我同意许可协议中的条款(A) ,才会允许您按[下一步]。

【步骤四】在"功能选项"界面,您可以将列表中四个程序功能变更安装方式,图示 **X ▾** 就会变更为 **▭ ▾**,按[下一步]。

【步骤五】在"已完成安装程序的准备工作"界面,按[安装]。

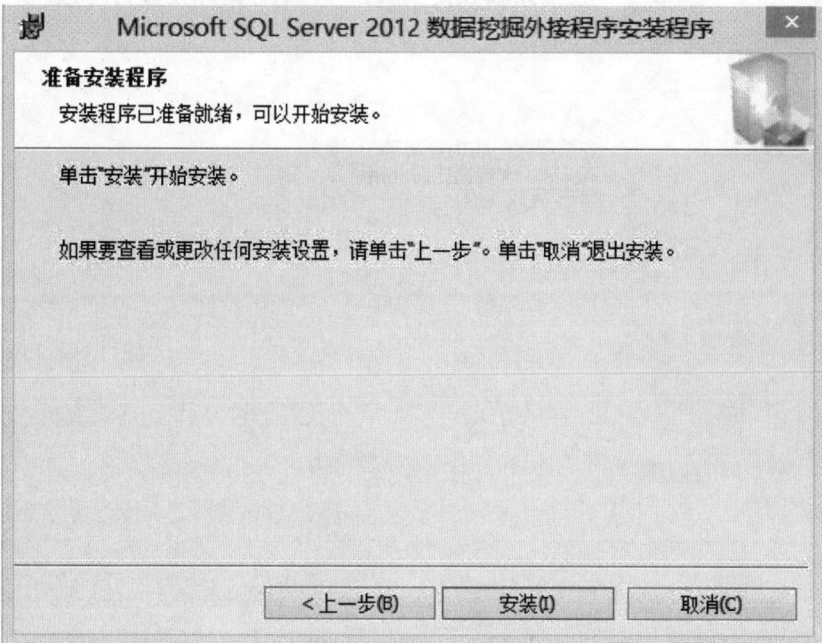

【步骤六】当[完成]按钮出现时,代表已经安装完成了。

5.3 完成安装验证

安装完成后的数据挖掘加载项,可从程序集(Windows 8 名称为所有程序)找到新增加的"Microsoft SQL Server 2012 数据挖掘加载项"。安装的功能选择默认有:Excel 数据表分析工具、服务器配置实用工具。因为我们在安装时选择安装所有功能,所以会出现以下的功能:

(1)Data Mining Visio Template
(2)服务器配置实用工具
(3)开始
(4)帮助和文档
(5)Excel 示例数据

5.4 配置设定

在使用数据挖掘加载项之前,必须先确认是否已经连接设定到 SQL Server 2012 Analysis Services 数据库。连接设定的方式从[服务器配置实用工具]或者从[开始]等皆可。

【步骤一】执行[开始]功能

【步骤二】点选要连接的 SQL Server 2012 Analysis Services 实例(数据库),这里我们点选第二个,因为要连到本机的 Analysis Services 数据库。按[下一步]。

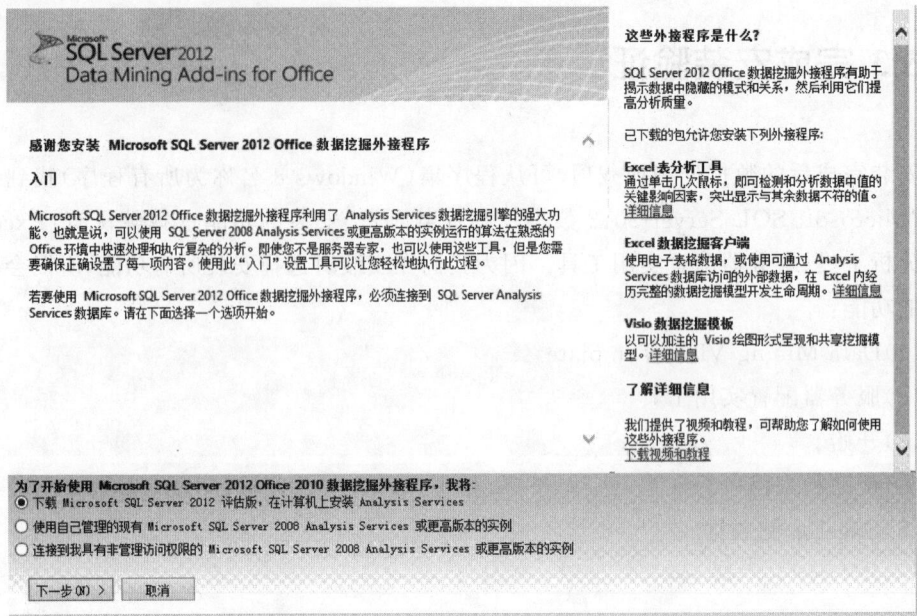

【步骤三】执行服务器配置实用工具，数据挖掘加载项安装后的配置公用程序文件 Microsoft.SqlServer.DataMining.Office.ServerConfiguration.exe 会存在 C：\Program Files\Microsoft SQL Server 2012 DM Add-Ins 文件夹内。点选该程序以执行连接设定。

【步骤四】此步骤等同于[服务器配置实用工具]设定。开始进入数据挖掘加载项配置向导设定。按[下一步]。

【步骤五】输入要连接的 Analysis Services 数据库服务器名称，因为要连到本机故输入 localhost。按[下一步]。

【步骤六】跳出一个小窗口，正在连接到服务器 localhost。

※若 SQL Server Analysis Services 未开启，则会出现无法连接服务器的信息。将 Analysis Services 服务开启后，按[下一步]。

无法连接到服务器"localhosts"。请确保用户"SQLAI\Shengqiang_LAI"至少具有对服务器上某数据库的读取权限。

【步骤七】是否要建立暂时性挖掘模型。所建立的暂时性挖掘模型会在关闭联机后自动删除。当启用暂时性挖掘模型功能时，相对的会增加使用内存及硬盘空间。若允许建立则在方框上点一下勾选，若不允许建立则在方框上再点一下，就会取消勾选。按[下一步]。

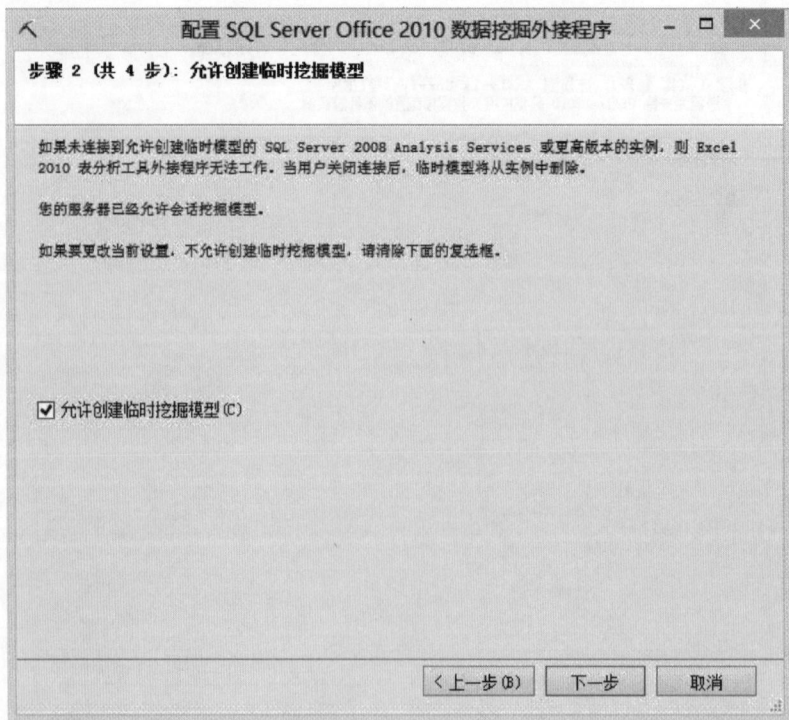

【步骤八】建立数据库,这里是指数据挖掘加载项所使用的数据库,可以直接使用现有的数据库,或是建立新的数据库。例如我们建立一个新的数据库名称为 DMAddinsDB-Test。按[下一步]。

【步骤九】用户的权限,授权使用数据挖掘加载项数据库。此权限让使用者能够新增、修改、删除对象等。按[完成]。

【步骤十】配置设定确认,每一个设定动作确认成功,按[关闭]。

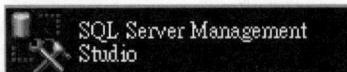

5.5 设定完成验证

在上一节成功设定的连接服务器以及新增的数据库,可由几个地方来察看。

• SQL Server Managerment Studio

【步骤一】执行 SQL Server Managerment Studio,选择服务器类型为[Analysis Services],服务器名称为上一节设定的名称,按[连接]。

【步骤二】展开"数据库",就会看到上一节所建立的数据库名称 DMAddinsDB-Test。

开启 Excel 2013 后,在功能选单上最后一个出现"数据挖掘"的功能 。

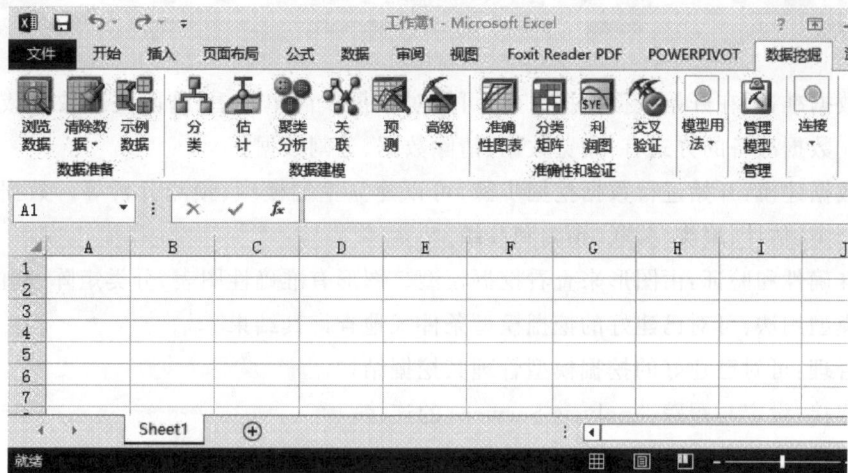

第六章
Excel 2013 数据挖掘入门

6.1 Excel 2013 数据挖掘工具栏介绍

Excel 2013 数据挖掘功能选单中,分成七大区块工具栏:

• 数据准备:在开始数据挖掘之前,可先对数据作简单查看、清除整理数据或随机抽样数据。数据准备的方式有:浏览数据、清除数据、分割数据。

• 数据建模:开始进行数据挖掘步骤,可以建立挖掘模型、预测分析等。数据建模的方法有分类、估计、聚类、关联、预测和高级。

• 准确性和验证:由图形来查看挖掘模型。图形有准确性图表、分类矩阵、利润图。

• 模型用法:可对已建好的挖掘模型条件式地查询其结果。

• 管理:可对已建好的挖掘模型管理其挖掘结构。

• 连接:设定与跟踪 Analysis Services 的连接。

• 帮助:取得数据挖掘加载宏的使用说明。

6.2 数据挖掘使用说明

在 Excel 2013 数据挖掘功能选单中的帮助,是针对数据挖掘加载宏的使用说明,而 Excel 2013 软件工具的说明是在 Excel 2013 窗口最右边的小图标,两者是各自独立的。

数据挖掘的使用说明功能除了提供在线查询的方式以外,还有导引使用者入门的向导,以及教学影片,非常方便使用者学习。

6.2.1 目录

不论是依目录查询或是从索引查询关键词,都是用户最熟悉的功能,

6.2.2 使用者入门

Excel 2013 数据挖掘说明中的用户入门功能与第 2 章安装与设定的 2～4 配置设定的操作方式一样,请自行参考第二章说明。

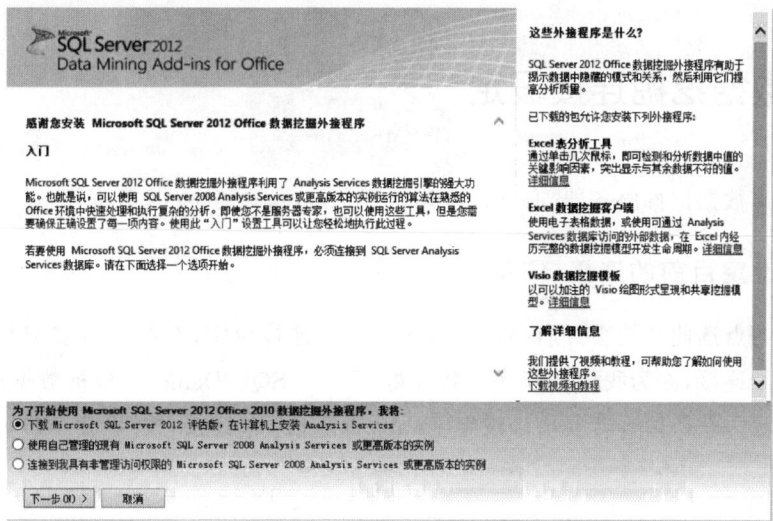

6.2.3 视频和教程

点选此功能后会自动链接微软的网页,内有教学影片,读者可以自行点选观看。

6.3 数据挖掘连接设定

SQL Demo   跟
(localhost) 踪

设定连接数据挖掘服务器,必须设定连接到 Analysis Services 数据库。

6.3.1 设定目前的连接

【步骤一】点选此功能会开启 Analysis Services 连接设定,在第 2 章安装与设定中已经设定好一个连接,因为我们已经预先建立好了一个 SQL Demo 的分析数据库,系统会自动将它设定为默认值。若要增加设定 Analysis Services 连接,按[新建(W)…]。

【步骤二】输入要连接的服务器名称(例如 localhost);

选择目录名称(例如 DMAddinsDB-Test);

输入容易记的名称:这里系统会将目录名称带入,也可以自行更改。(例如 DMAd-dinsDB-Test (localhost))

【步骤三】可在上一个步骤中,按[测试连接]。出现连接测试成功的消息框,表示已经新建连接完成,按两次[确定]。

【步骤四】在目前的连接中增加了刚刚设定的名称,若要再变更选择其他连接,可在要连接的项目上左键点击两下,就会改变成目前的连接。

【步骤五】在 Excel 2013 数据挖掘的连接功能上,已经改变连接了。

DMAddinsDB-Test
(localhost)

6.3.2 跟踪

此功能为跟踪传送到数据挖掘服务器的查询,按[目前的连接],就会显示连接查询。

6.4 数据准备

浏览 清除 为数据
数据 数据▾ 分区

在开始数据挖掘之前，可先对数据作单一查看、清除整理数据或随机抽样数据。

6.4.1 浏览数据

此功能可以建立基本数据的统计信息，依所选择的数据列产生直方图。

【步骤一】开始使用浏览数据向导，按[下一步]。

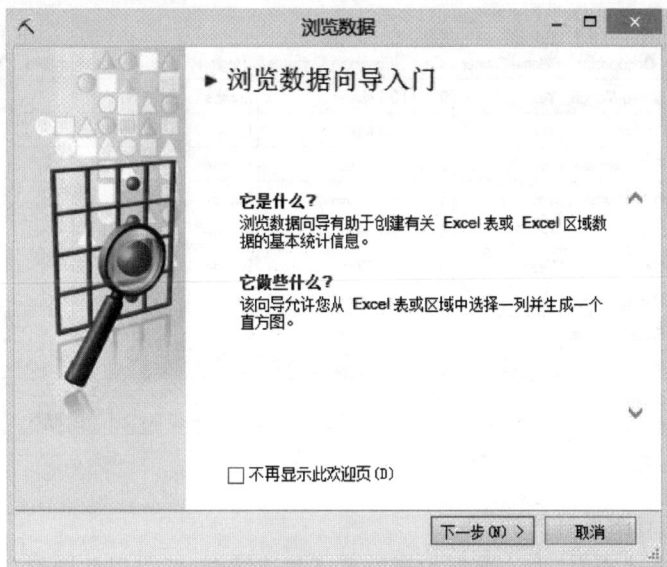

【步骤二】选择源数据,选定数据表或设定数据范围,按[下一步]。

【步骤三】选取要分析的数据列,按[下一步]。

【步骤四】查看图形有两种。

(1)以离散方式查看:无论数据为离散型还是连续型,皆可以此图形查看,但是若分析的数据为离散型数据（分类数据）时，只能以此图形查看。

（2）以数值方式查看：分析的数据为连续型数据时，可以此图形查看。

【存储桶】数据的分组数，依据存储桶的设定值而定。

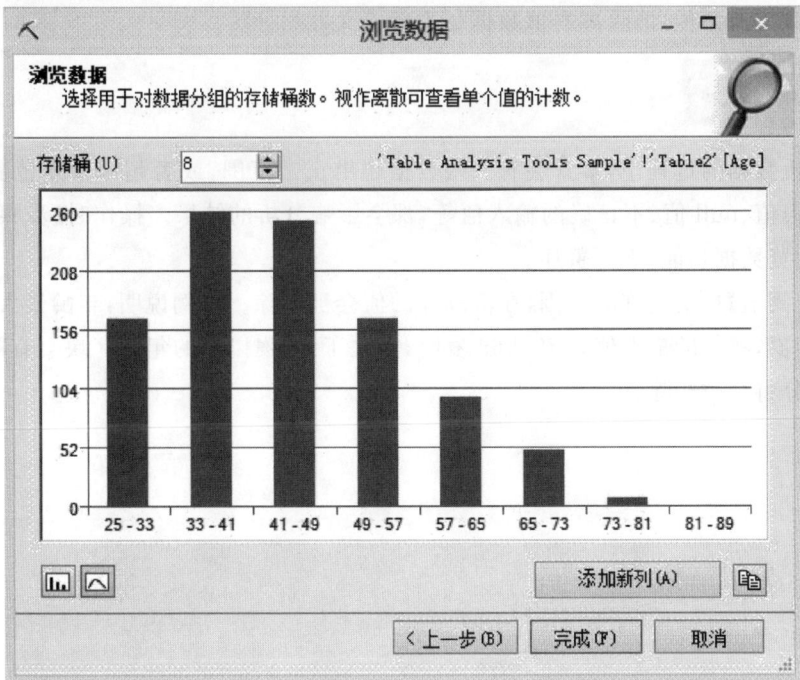

【加入新列】按照分组情况,加到原数据文件的后面,按[完成]。

在源数据上,发现已经增加一列数据。

Age	Age2
42	41 - 49
43	41 - 49
60	57 - 65
41	41 - 49
36	33 - 41
50	49 - 57
33	33 - 41
43	41 - 49
58	57 - 65
48	41 - 49
54	49 - 57
36	33 - 41
55	49 - 57
35	33 - 41
45	41 - 49
38	33 - 41
59	57 - 65
47	41 - 49

6.4.2 清除数据

清除数据有两种:清除离群值数据与重新定义数据标签。

· 离群值

在分析数据的过程中,常常会有一些数据超出正常范围,或者超出预期范围太远,或是有些缺失值、null 值、不正确的输入值等,都会影响分析的结果。操作时【步骤一】到【步骤三】同浏览数据功能,不再赘述。

【指定阈值】指定允许的范围,在范围外的值会被删除。图例说明:年龄最大为 89 岁,最小为 25 岁,将年龄最大值设定到 65 岁时,则大于 65 岁以上的年龄区块会有阴影,代表有阴影部分将会被删除。

【离群值处理】指定一个删除离群值的方式。

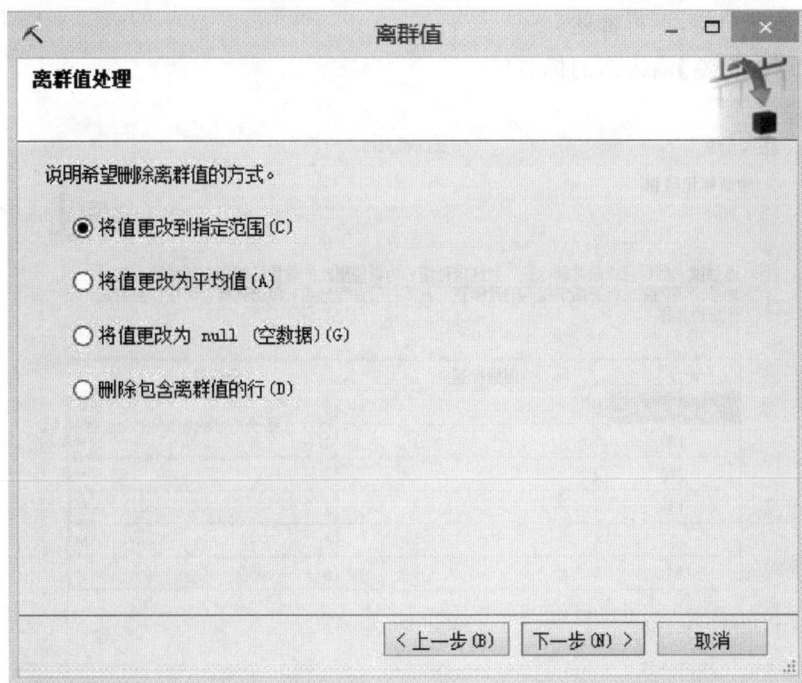

【指定修改后的数据的存放位置】指定数据放置目的地。

• 重新标记

在分析数据的过程中,常常会有一些数据的输入方式造成很难解释与解读,例如性别以数字 0、1 代表,此时就需要将数据列重新给定一个标签说明。操作时【步骤一】到【步骤三】同浏览数据功能,不再赘述。

【给定新的标签】输入新的标签。

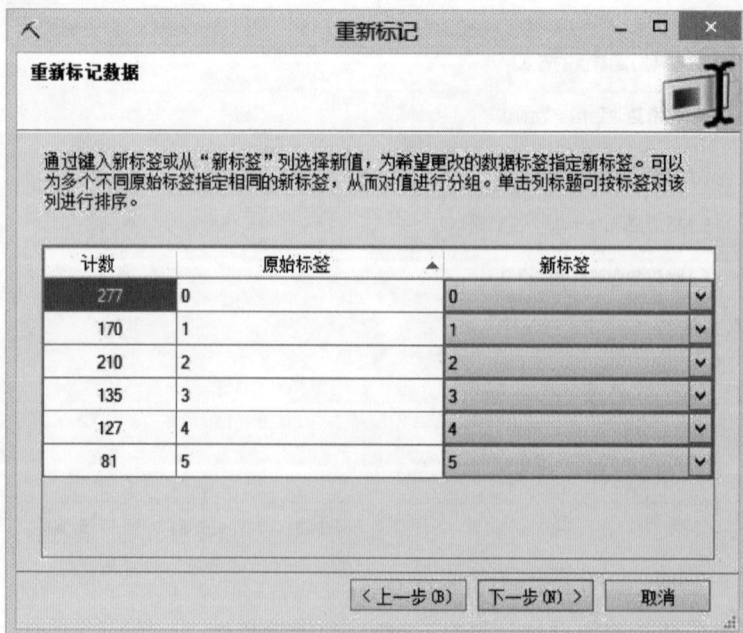

【数据修改的存放位置】指定数据放置目的地。

6.4.3 分割数据

数据挖掘前的数据抽样有一个很重要的工作,就是要将数据分割为训练数据集(training data set)与测试数据集(testing data set)。通常将源数据的 70%作为训练数据集,源数据的 30%作为测试数据集,比例非固定,是可以调整的。操作时【步骤一】到【步骤二】同浏览数据功能,不再赘述。

【数据抽样方法】选取数据抽样方式。

• 将数据分割成定型集和测试集

依所提供的比例，将数据分割成定型集与测试集。定型集即训练数据集，用来建立数据挖掘模型，模型建立完成后，再利用准确性和验证工具对测试数据集进行测试验证。

≫设定训练数据集的百分比

≫输入训练数据集与测试数据集的工作表名称

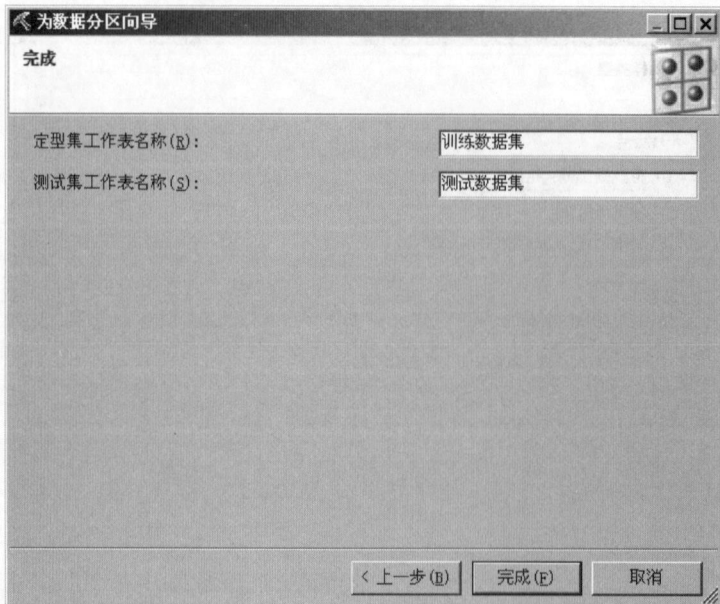

≫增加了两个工作表:训练数据集与测试数据集

Table Analysis Tools Sample | 训练数据集 / 测试数据集

• 随机抽样

以设定百分比或数目方式来抽样,而每个数据被选取的概率是相等的。被选取的数据会放置在新的工作表,未选取的数据也可选择放置在另一个工作表。随机抽样(random sampling)的方式可用来减少数据挖掘的数据量,或是从大量数据库中选取固定大小的样本。

≫给定抽样的大小

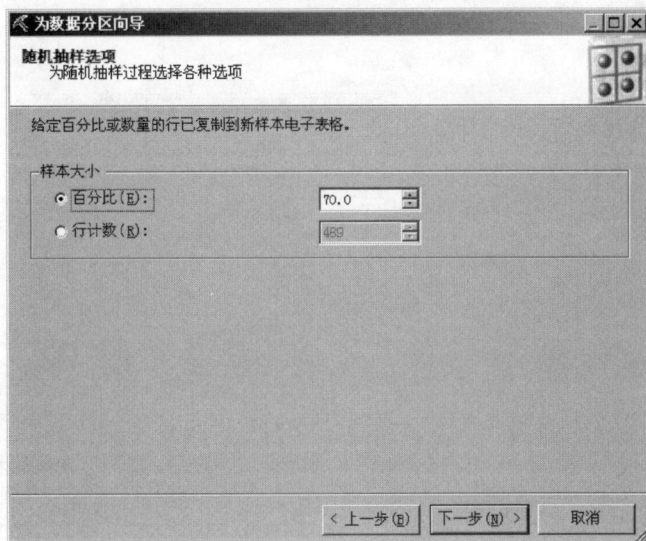

≫输入选取的数据与未选取的数据的工作表名称

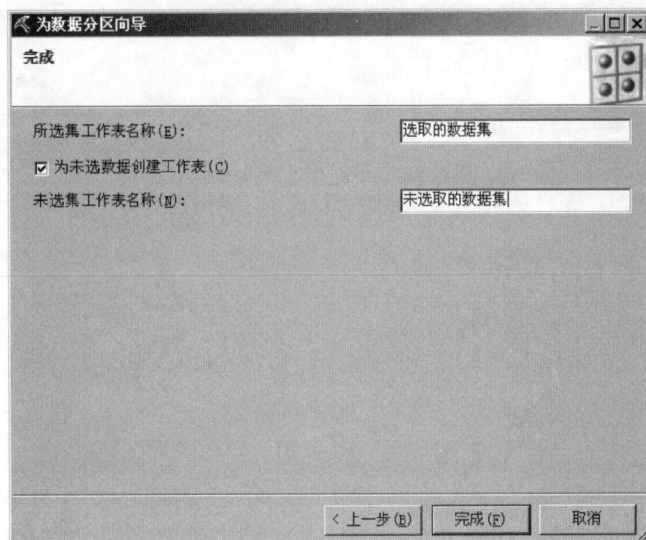

≫增加了两个工作表:选取的数据集与未选取的数据集

| Table Analysis Tools Sample | 选取的数据集 | 未选取的数据集 |

• 过度抽样以平衡数据分布

过度抽样(over sampling)所建立的数据集以特定比例的方式选取数据项。若数据中的项目比例差距很大,可以使其比例设定相当,一般不会出现这种情况,因而较少使用。

≫给定目标百分比

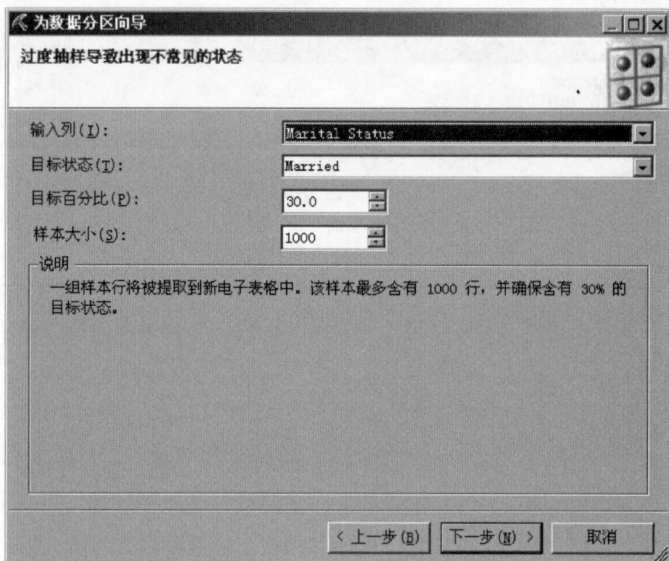

≫输入抽样数据工作表名称

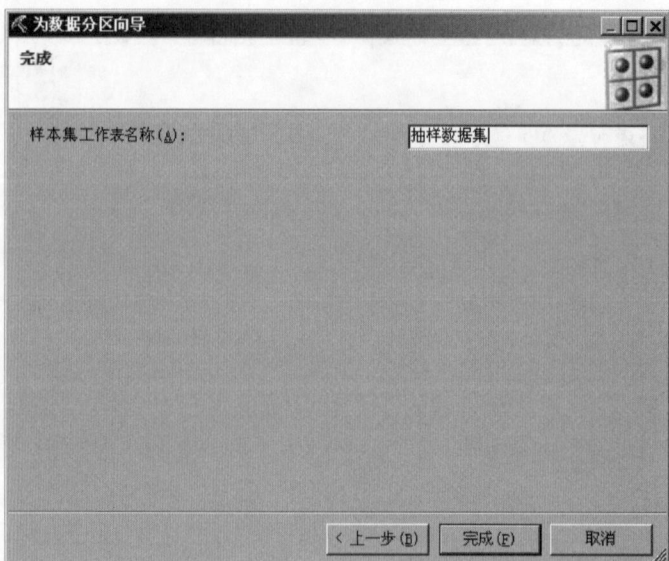

≫增加了一个工作表:抽样数据集

Table Analysis Tools Sample / 抽样数据集

6.5 数据建模

分　估　聚类　关　预　高
类　计　分析　联　测　级

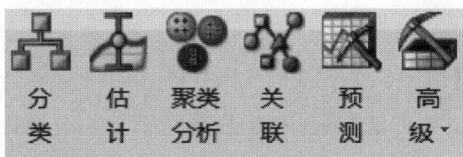

这个功能开始建立数据挖掘模型了。数据建模中的功能都是运用数据挖掘算法来建立模型,若是读者使用过 SQL Server Analysis Services 会很熟悉。微软应用了数据挖掘的九个算法,在数据建模中,除了列出常用的五个模型方法外,高级则是自行选择挖掘算法并以手动方式自行设定参数。

• 分类

依据分析的对象属性分类,算法为 Microsoft 决策树。

• 估计

依据模型相关的变量去预测一个连续型数据,算法为 Microsoft 决策树。

• 聚类分析

将同性质的数据归为同群,算法为 Microsoft 聚类分析。

• 关联

将所有项目较有相关性的放在一起,算法为 Microsoft 关联规则。

• 预测

根据分析对象属性的过去观察值来预测未来的值,算法有 Microsoft 时间序列、Microsoft 决策树。

• 高级

自行选择挖掘算法并以手动方式自行设定参数。
微软所提供的九种算法如下:
∨ Microsoft 决策树
∨ Microsoft 贝氏概率分类
∨ Microsoft 时序聚类分析

∨ Microsoft 时间序列

∨ Microsoft 聚类分析

∨ Microsoft 线性回归

∨ Microsoft Logistic 回归

∨ Microsoft 关联规则

∨ Microsoft 神经网络

以上九种数据挖掘演算方法与应用,于后续章节分别介绍。

6.6 准确性和验证

数据挖掘模型建立完成后,可以利用准确性和验证功能以图表方式查看数据中的模型和重要趋势。

6.6.1 准确性图表

使用查询中的测试数据,用来评估模型的效能。若模型是分类模型,则以利润图呈现;若是估计模型,则以散点图表呈现。此功能可以建立基本数据的统计信息,依所选择的数据列产生直方图。呈现方式皆以现有模型与假设理想模型做比较。

【分类模型】   【估计模型】

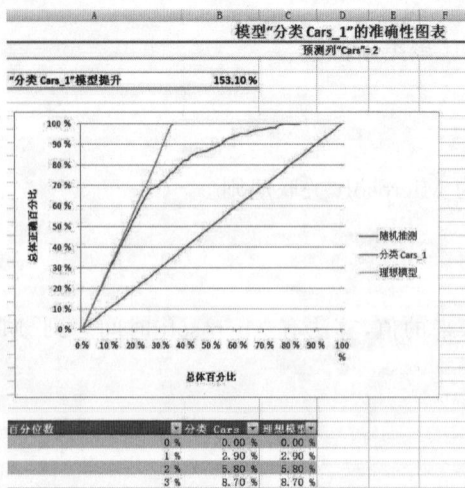

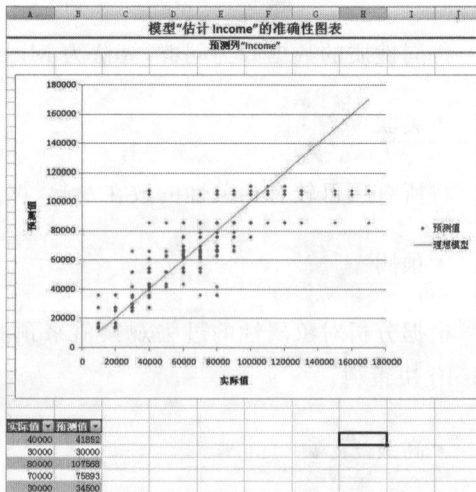

6.6.2 分类矩阵

使用查询中的测试数据,用来评估模型的效能。先对测试数据套用模型,然后将测试数据中的实际值与现有模型的结果做比较。依正确与错误做分类矩阵。

模型"分类 Cars"对列"Cars"的正确/错误分类的计数

行对应于预测值

		B	C	D	E	F
正确总计:		70.00 %	700			
错误分类总计:		30.00 %	300			

百分比结果

	0(实际)	1(实际)	2(实际)	3(实际)	4(实际)
0	75.31 %	5.99 %	1.45 %	0.00 %	0.00 %
1	18.93 %	82.02 %	21.45 %	38.82 %	33.33 %
2	5.76 %	8.61 %	73.91 %	17.65 %	8.33 %
3	0.00 %	0.00 %	2.32 %	10.59 %	1.67 %
4	0.00 %	3.37 %	0.87 %	32.94 %	56.67 %
正确	75.31 %	82.02 %	73.91 %	10.59 %	56.67 %
分类错误	24.69 %	17.98 %	26.09 %	89.41 %	43.33 %

计数结果

	0(实际)	1(实际)	2(实际)	3(实际)	4(实际)
0	183	16	5	0	0
1	46	219	74	33	20
2	14	23	255	15	5
3	0	0	8	9	1
4	0	9	3	28	34
正确	183	219	255	9	34
分类错误	60	48	90	76	26

6.6.3 利润图

针对分类模型建立利润图,图形中的 Y 代表利润,X 代表总体中数据的百分比,当利润增加到变化点时,就会随着总体百分比增加而减少。

	A	B	C	D	E	F	G
			模型"分类Cars"的利润图				
			目标总体:"Cars"= 0				
	固定成本	5000					
	总体	50000					
	单项成本	3					
	单项收入	15					
	最大利润	##########					
	概率阈值	26.72 %					

分类 Cars

百分位数	分类 Car	利润	概率
0 %	0.00 %	(¥5,000.00)	100.00 %
1 %	4.12 %	¥1,000.00	98.27 %
2 %	8.23 %	¥7,000.00	98.27 %
3 %	12.35 %	¥13,000.00	98.27 %
4 %	16.46 %	¥19,000.00	98.27 %
5 %	20.58 %	¥25,000.00	98.27 %
6 %	24.69 %	¥31,000.00	98.27 %
7 %	28.81 %	¥37,000.00	98.27 %
8 %	32.92 %	¥43,000.00	98.27 %

6.7 模型用法

浏览 查询

　　浏览或查询现有的数据挖掘模型。浏览的功能非常好用,我们可以将建立好的模型图复制到 Excel 上,而且还非常漂亮。不论模型图或详细数据表,都能够复制到 Excel上,这对分析人员作报告或其他延伸分析都非常方便、好用,使用者可以多加利用。

6.7.1 浏览

【选取现有模型】

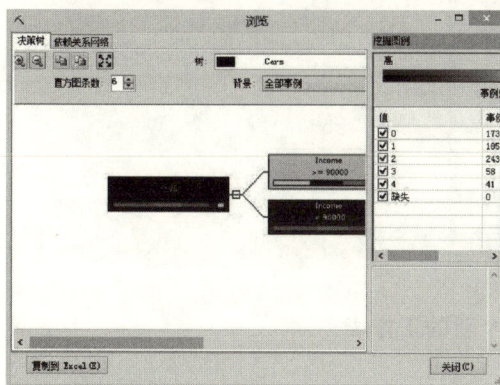

【浏览模型】

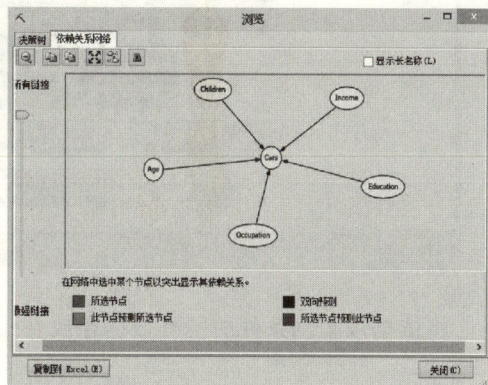

【复制至 Excel】

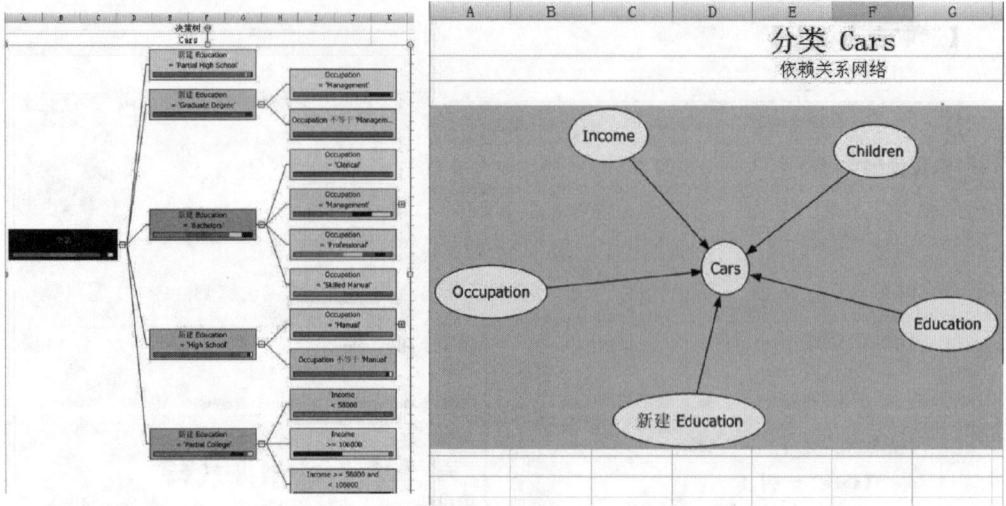

【钻取】在 Education＝"Hight School"图上右键单击,选＜钻取＞

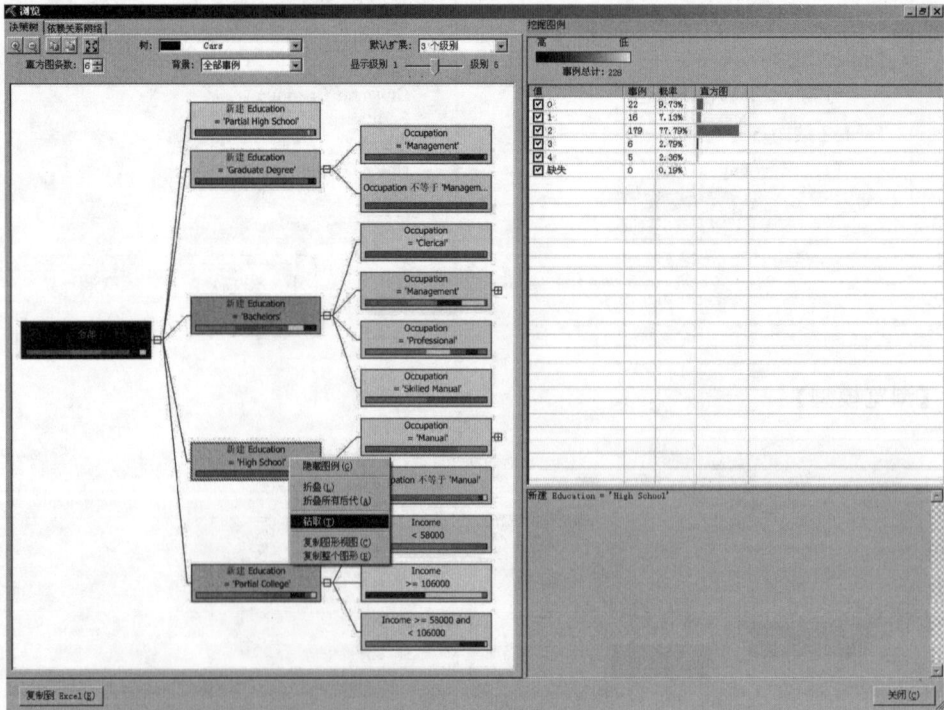

将依据该案例条件的所有数据存放在一个新的工作表。

6.7.2 查询

对现有的模型,建立数据挖掘预测查询,可以由数据挖掘高级查询编辑器撰写 DMX 查询语言,方便做查询预测。

6.8 模型管理

要管理模型，当然是要先将模型建立好后再做管理。此功能可以对建立好的模型结构进行改换名称、删除、清除、重新处理、导出、导入等动作。

6.8.1 重命名挖掘结构 [图标] 重命名此挖掘结构

输入新的挖掘结构名称。

6.8.2 删除挖掘结构 ✕ 删除此挖掘结构

删除之前会询问确认是否删除。

6.8.3 清除挖掘结构 ⊘ 清除此挖掘结构

清除之前会询问确认是否清除。

6.8.4 使用原始数据处理挖掘结构 ⟳ 使用原始数据处理此挖掘结构

重新处理挖掘结构之前,会再确认是否重新处理此模型。

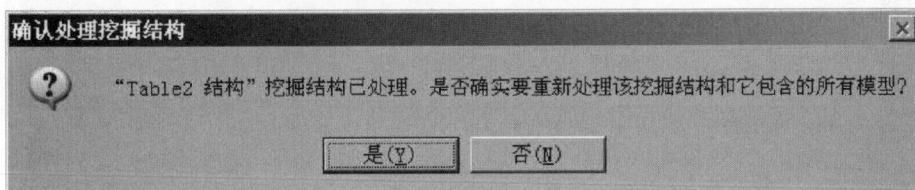

6.8.5 用新数据处理挖掘结构 ⟳ 使用新数据处理此挖掘结构

重新处理挖掘结构之前,会再确认是否重新处理此模型,按[是]之后,请选取重新处理挖掘结构的数据源,按[下一步]。

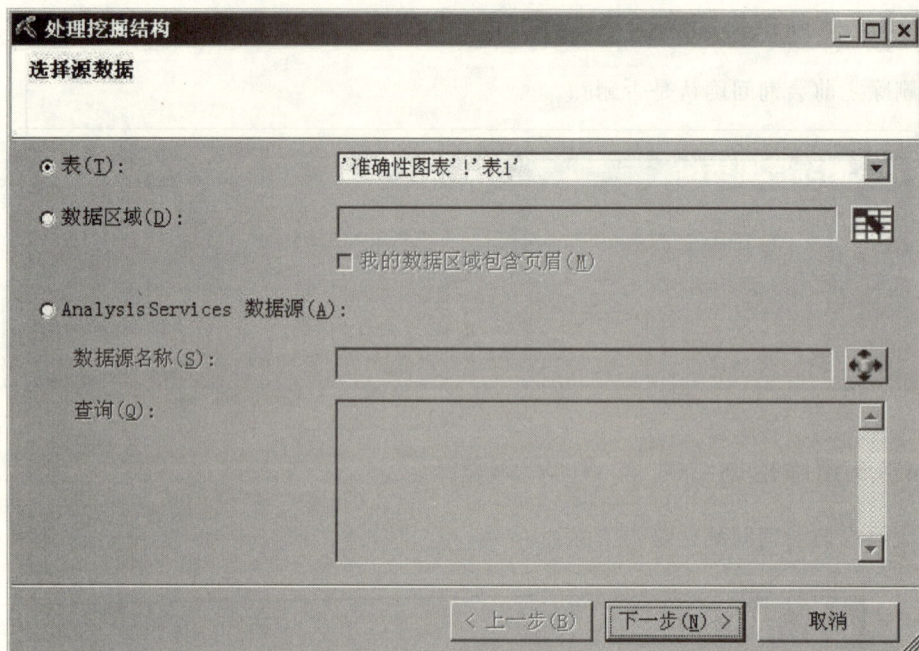

重新设定挖掘结构输入与输出之间的数据列对应,按[完成],数据挖掘结构就会重新处理。

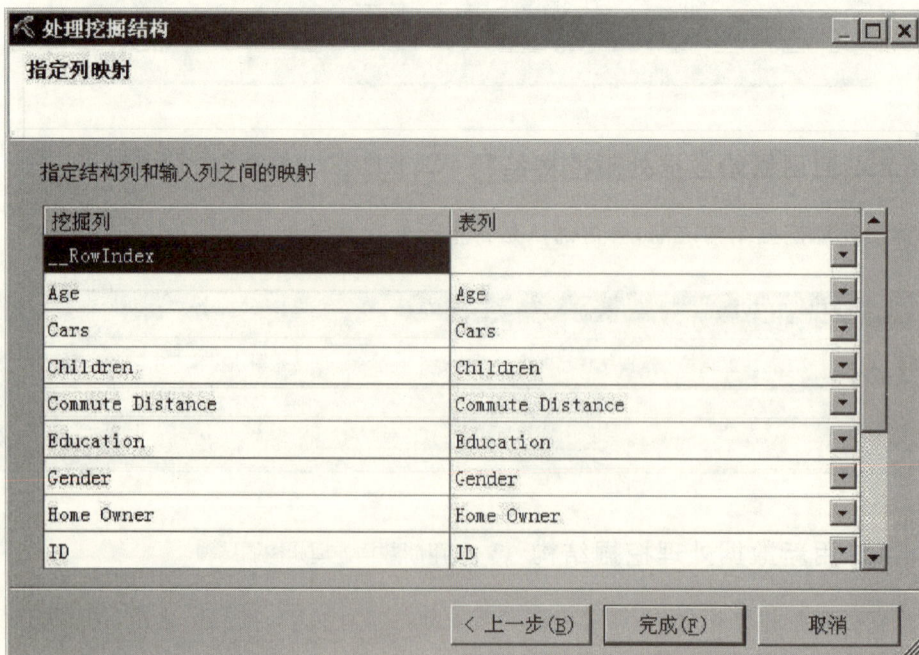

6.8.6 导出挖掘结构 📄 导出此挖掘结构

输入导出的文件名及位置。

6.8.7 导入挖掘结构 📄 导入

输入导入的文件名及位置。

7.1 基本概念

决策树是从一个或多个预测变量中,针对类别因变量的等级,预测个例或对象的关系。决策树是数据挖掘中一项主要的技巧。

决策树的目标是针对类别因变量加以预测或解释反应结果,就其本身而论,此模块分析技术与判别分析、非参数统计、非线性估计所提供的功能是一样的。决策树的弹性,使得数据本身具有更加吸引人的分析选项,但并不意味着许多传统方法就会被排除在外。

7.2 决策树模块的建立:三种形式

(1)针对类别预测变量,计算以单变量分裂为基础的二元决策树;

(2)针对顺序预测变量,计算以单变量分裂为基础的二元决策树(至少为顺序尺度);

(3)混合两类方式的预测变量计算以单变量分裂为基础的二元决策树。

另外,也提供以线性组合分裂(linear combination split)为基础,计算区间尺度预测变量的决策树选项。

7.3 决策树与判别函数比较

决策树与判别函数的比较见表 7-1。

表 7-1　决策树与判别函数比较

决策树	判别函数
保有(利用)系数与决策方程式。	保有(利用)系数与决策方程式,且判别函数的相似性决策理论与决策树的阶层结构,其分类的可信度是较低的。
决策树的预测变量及其分类规则可以执行三个独立的简单回归分析,又或者说是三个分开又前后相关的简单线性回归。	利用判别函数所考虑的判别函数,预测变量与因变量间的关系可视为一个多元回归方程式。
决策树是以递归阶梯结构原貌作为分类的依据原则。	判别函数是利用个例间预测变量相似性原貌作为判别依据。
决策树检视预测变量的效用来自每次仅取一个变量。决策树还提供许多延伸弹性的特性,针对单变量分裂(分层)所执行的每次一个预测变量的检视,较众多变量综合检视来得更清楚。	综合所有变量进行统计。
决策树程序可以处理类别变量、连续变量或者混合两种预测变量。	传统的线性判别分析要求预测变量至少是区间尺度以上。

7.4 计算方法

7.4.1 制定预测精确性的标准规范

决策树分析的目的,简单来说,就是将最可能的预测值呈现出来;但是很遗憾的是,精确性预测通常很难得到。在典型的应用中,成本指个例中发生错误分类的个数占所有个例数的比例。因此,成本愈小,表示个例遭混合分类的情形就相对愈少,预测的精确性就愈高。

①如果研究中,不同的比例不被接受,或者各个分类中的个例接近相等,那么可以选择"相同先验概率"。

②如果不同的基本比例确实会影响到分类的数目(或者说,此为一概率样本),那么可以依据样本中的分类比例来估计先验概率。

③如果针对基本比例有特殊的设定(如前一次执行过的研究结果),便可以给予不同的基本比例。

④如果制定相同的错误分类成本,而不以个例数作为权数计算,那么相同计算结果来自(错误分类率,misclassification rate)A.以分类的大小作为先验概率估算基础,B.各分类错误分类成本相等,以及 C.利用个例权重分析汇总的数据。当然也可以在以下情况下获相同的错误分类率:

A.先验概率都是相同的,

B.给定分类 1,个例错误分类为分类 2 的成本,是将分类 2 的个例分给分类 1 的 2/3 成本,并且

C.不以个例权重加入计算。

7.4.2 选择分裂(分层)技术

表 7-2 详列了分裂技术。

表 7-2 分裂(分层)技术

基于判别函数的单变量分裂(分层)	第一个步骤为针对现行树(current tree)定义最佳经节点的分裂(分层)以及用来进行分裂(分层)的预测变量,每一最终节点,程序会计算个例与预测变量之间的关系是否显著,如果预测变量是类别变量,会以个例与预测变动(于同一节点中出现)的独立性(independence)计算卡方检验的 p 值,如果是顺序尺度预测变量,程序就会以方差分析(ANOVA)方法计算 p 值。
判别函数基础的线性组合分裂(分层)	此方法虽然是针对类别尺度的预测变量,但是在计算过程中,变量是假设具有可度量的尺度数据。 这种以连续预测变量计算线性组合的结果与前一种纯粹以类别尺度预测变量的结果是类似的。
分类回归树(CART)方式的彻底搜寻(为单变量分裂)(分层)	在决策树模块中,提供三种拟合优度检查的方法: 1.Gini 指数度量节点不纯度,这种方法是当某一节点中,只有一个分类且值为 0 使用,这个方法是依据 CART(Breiman 等人 1984 提出)所延伸出来的最佳拟合优度量测 2.卡方量测法,此种方法与 Bartlett 于 1984 年提出的 Bartlett 相似 3.G^2 量测法,与结构方程建模中的最大概率卡方相似,CART 方式的彻底搜寻功能选项乃是通过上述三种拟合优度方法,求解最大的简化值,进而定义最佳的分裂(分层)结果。

7.4.3 定义停止分裂(分层)的时间点

如果因变量的可观察分类或者决策树分析中的预测变量的层级水平内部量测错误或存在噪声因子,那么继续此实验直到"纯"的最终节点出现也是不切实际的,在决策树模块中,提供两个功能选项用作控制停止分裂(分层)的时间点。

(1)取小 n(指最终节点中规定的个例或对象数)。制定最终节点内的个例或对象数目,在决策树执行的过程中,程序会计算落入节点的数目直至到达最小 n 时,才会停止。

(2)另一种方法为制定对象的片段,这个方法的目的为执行决策树过程直到纯的最终节点出现或者没有任何分类超过一个或多个分类所制定的最小片段值,如果先验概率相同,且制定相同的分类大小,那么当最终节点内的分类没有分布到任何个例或对象时,分裂(分层)过程会自动停止,如果先验概率不等,程序依然会针对所制定的分类大小与片段数值相比较,直至没有超出片段数值的设定,才会停止。

7.4.4 选择适当大小的决策树

在一般化的过程中,我们需要选择适当大小的决策树。这需要我们充分且谨慎地利用实例,并提炼出规则,同时也要注意,整个判断过程应当尽可能简单。在提高预测精确性的前提下,利用所有可用的信息,并省略用不到的部分。如果可能,应尽量了解方法背后的理论含义。在 Microsoft 决策树模块中,用户对所有可能的树状结构,可使用不同的策略选取适当大小。

表 7-3

1.面向实际型直接停止 (FACT-Style Direct Stopping)	制定对象片段(停止参数设定),采用该停止规则,诊断现有信息用以定义树状结构大小的合理性;特别的是,这里合理性的定义是采用交叉验证方法。
2.测试样本的交叉验证 (Test Sample Cross-Validate)	测试样本可以分开独立收集一连串数据,或者在大的学习样本可取得之下,随时选取部分比例的个例,如 1/3 或 1/2 作为测试样本用途。 •在测试样本错误分类矩阵表格中,呈现的是测试样本中每个分类的观测值(列),是否错误分类到其他分类(行),同时表格中也呈现测试样本的交叉确认成本与其标准差。
3.V 形交叉验证	•此处定义的 V 值,除了表示将学习样本尽可能分为相同大小的 V 份子样本之外,目的是交叉确认;进一步来说,每组样本有(V−1)次成为学习样本的一部分,并重复交叉确认,剩余的那一组就当成测试样本。 •此种方法的成本估算,是将 V 组测试样本个别计算,然后予以平均,同时也会展现标准差于表格中。
4.整体交叉验证 (Global Cross-Validation)	•此方法是将全部分析依据制定的次数进行复制,并划分一部分作为测试样本,与重复的学习样本进行交叉确认。 •若选择面向实际型直接停止时,这种方法不如 V 形交叉验证有效。 •但若选择自动选取树状结构的方法时,此方法是相当有效的。
5.最小成本复杂度交叉验证剪枝 (Minimal Cost-Complexity Cross-Validation Pruning)	在决策树模块中,当停止规则定为错误分类率时,最小成本复杂度交叉验证可以得到不错的结果;而另一方面,若停止规则定为偏差时,该准则则较前者为佳。

7.5 Excel 2013 决策树算法操作步骤

决策树算法是一种分类算法,很适合预测。此算法同时支持分类变量和数值变量的预测。

【步骤一】创建新的数据结构,事先处理所选数据,点击"高级"键选择"创建挖掘结构"。

【步骤二】点击"下一步"。

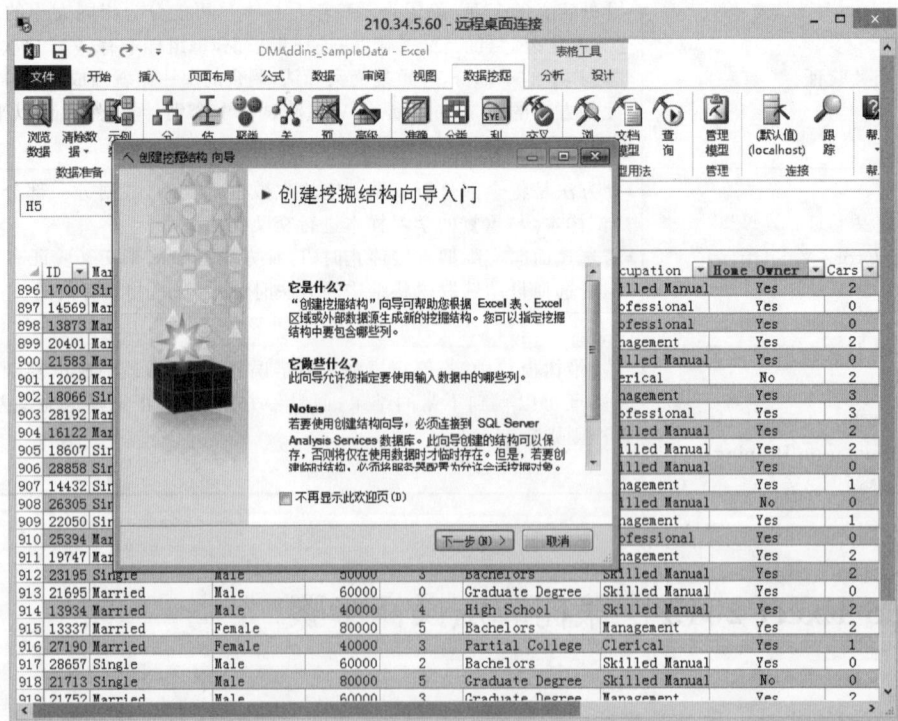

【步骤三】出现"选择源数据"窗口,在该窗口内可以选择需要分析的数据所在表名称,或在"数据区域内"选择要分析的数据的范围,完成数据选择后点"下一步"进行操作。在本书中,我们选择'Table Analysis Tools Sample'!'Table2'中的数据进行演示。

【步骤四】出现[选择列]窗口,该窗口显示了所选数据集中的变量名称,以及用法,"包括"表示选入该变量。选择要选入的变量,这里我们选择所有变量,但是将 ID 作为"键"。点选"下一步"。

【步骤五】出现数据拆分窗口,该窗口可将数据集按照选定的比例划分为训练集和测试集。本例将测试数据的百分比定为 30%。点击"下一步"。注意由于随机抽取 70% 的样本作为训练集,所以相同的操作重复多次可能得到不同的结果。

【步骤六】给结构命名,本例将结构命名为 Table2sw,点"使用临时结构"。点击"完成"。在以上步骤后我们构造了一个名为 Table2sw 的数据结构,该结构包含了在之前步骤中所选入的变量,以及对数据的划分。

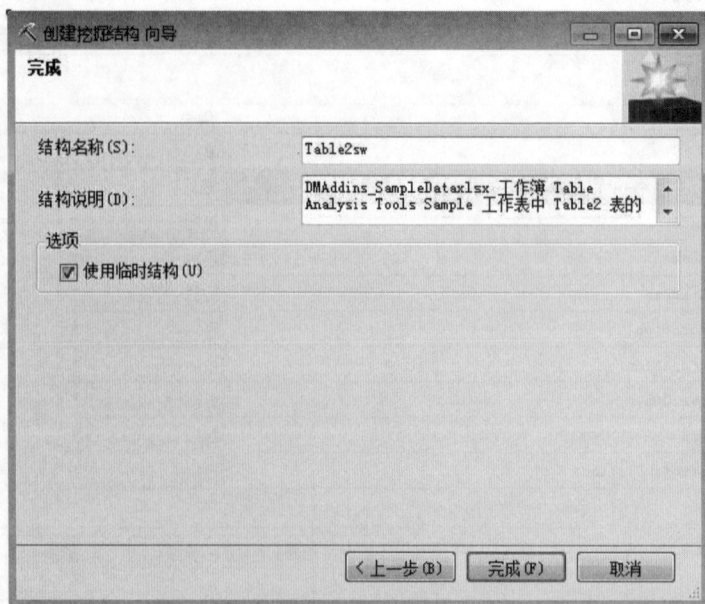

【步骤七】在 Table2sw 的数据结构中构建决策树模型,点击"高级"键,选择"将模型添加到结构"。点击"下一步"。

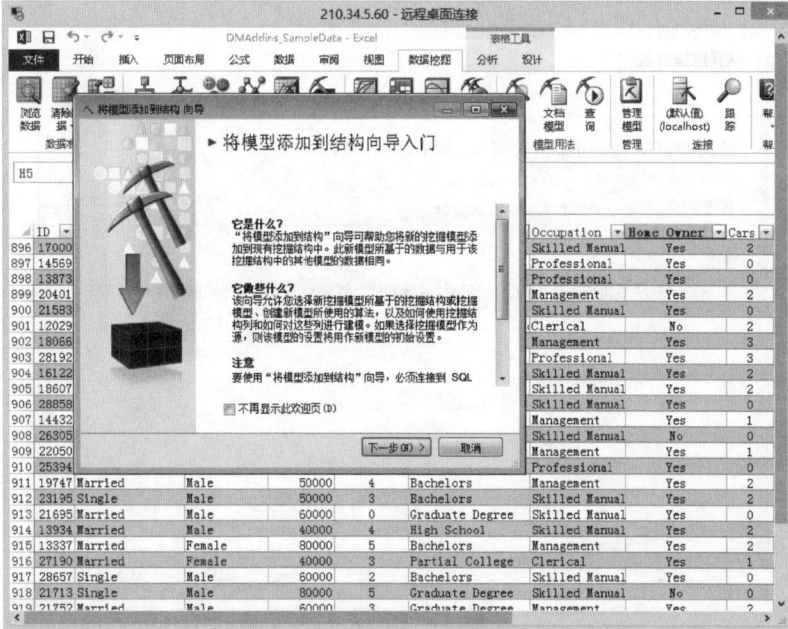

【步骤八】出现选择结构或模型窗口,选择步骤六中的 Table2sw,点击"下一步"。该步是为了选择需要运用的数据结构。

【步骤九】进入"选择挖掘算法"页面,选择采用的分析方法。在 Excel 中提供了很多算法,可以根据需要选择合适算法。在本例中选择算法"Microsoft 决策树"。点击"下一步"。

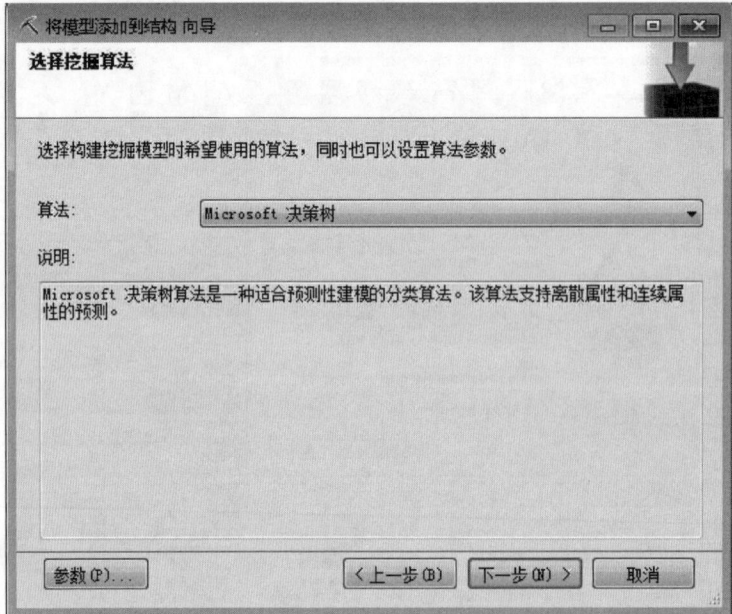

【步骤十】进入[选择列]界面,在该界面中可以选择自变量和因变量。在"用法"选项中选择"输入"表示将该变量作为自变量处理,而选择"仅预测"表示将该变量作为因变量处理。在本例中,将 Income 设为"仅预测"。点击"下一步"。

【步骤十一】进入［完成］界面，点选"完成"。

【步骤十二】进入［浏览］页面，点选"决策树"观察决策树。该决策的每个节点展示了得到该节点的变量。对于第一层决策树来说，选择"Occupation"变量进行分类，其中一个节点表示"Occupation"取为"Manual"的样本点。

【步骤十三】可将所生成的决策树的图形保存到 Excel 中，点选"复制到 Excel"，即可生成图形。

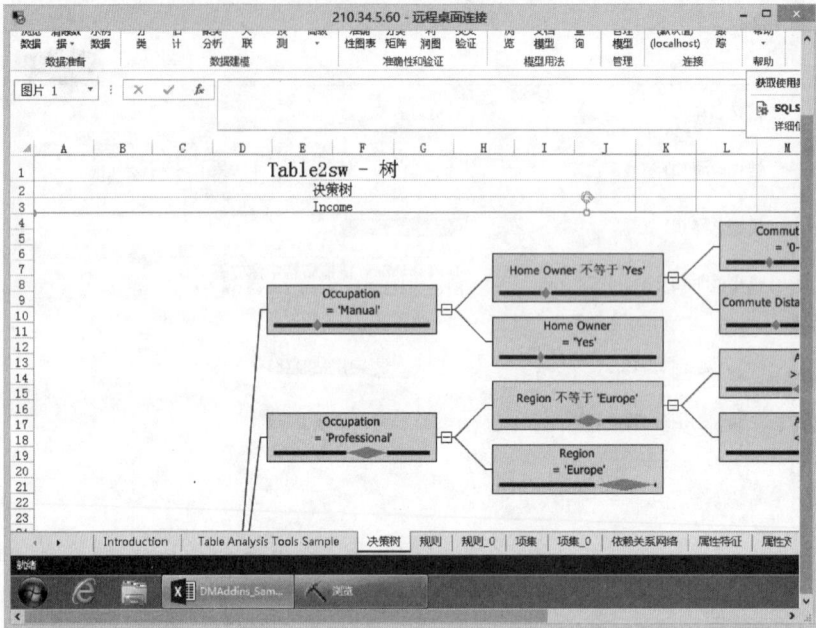

【步骤十四】在［浏览］页面点选"依赖关系网络"查看变量联系。从图中可以看出"Home Owner"等变量和"Income"有依赖关系，通过调节"所有链接"和"最强链接"之间的比例，可以查看不同变量与"Income"之间关系的强弱。

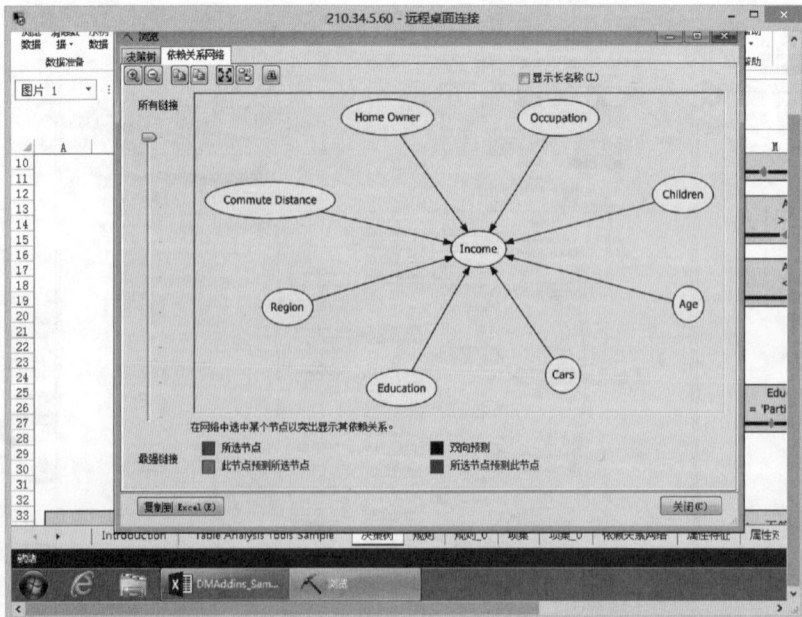

【步骤十五】将相依关系网络复制到 Excel。

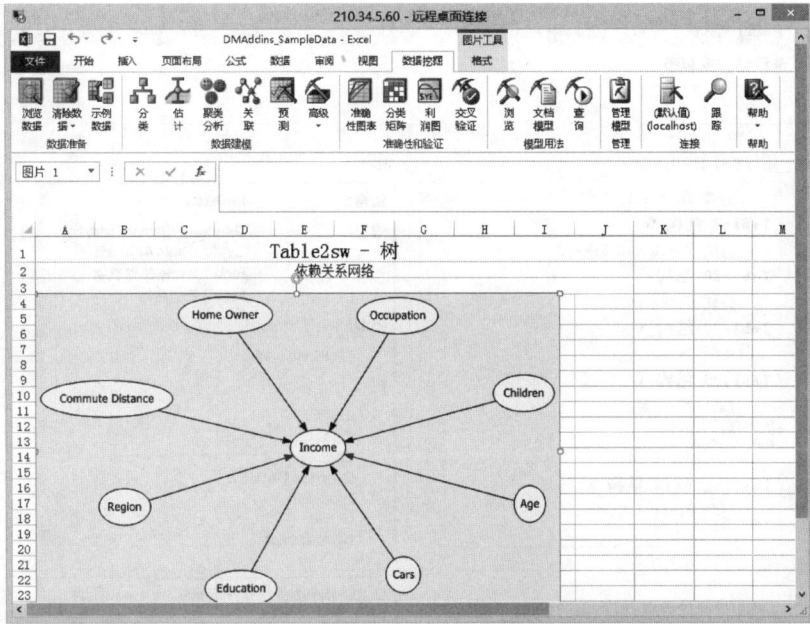

【步骤十六】评估所得到模型的效果,分析模型的准确性,点击"准确性图表",再点击"下一步"。

【步骤十七】进入"选择结构或模型"页面,选择要分析的结构和模型,点击"下一步"。该步骤中选择所构建的数据结构"Table2sw",并选择代表决策树模型的"Table2sw —

树"。在"说明"栏中显示了所选数据结构和模型的具体信息。

【步骤十八】进入[指定要预测的列和要预测的值]界面,在该界面中,选择在上述步骤中选择的因变量"Income"为"要预测的挖掘列",在"说明"栏中展示了准确性图表的基本含义。点击"下一步"。

【步骤十九】分析 Excel 中出现的结果。图中点的离散程度表明了模型的预测能力。一般来说，散点越接近理想模型则模型的预测效果越好。在数据表格中展示了实际数据与预测数据。

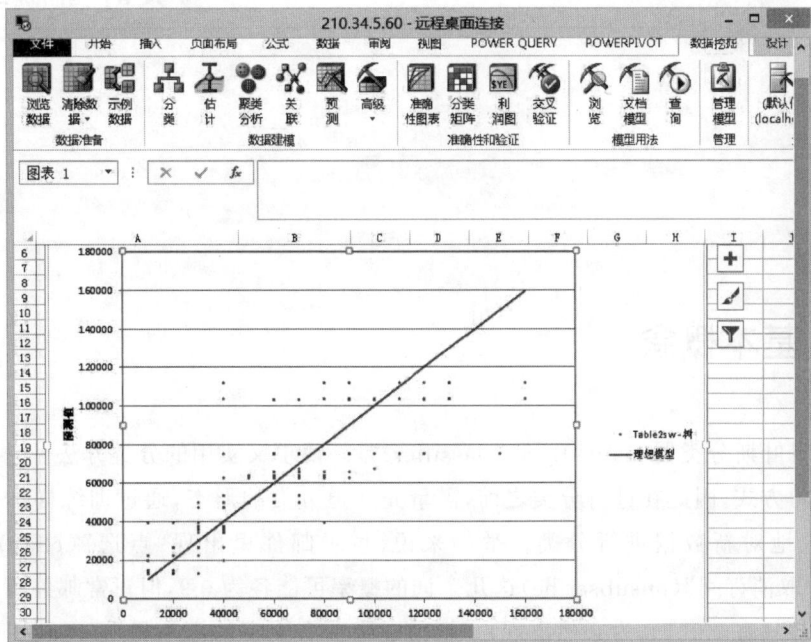

第八章
贝叶斯概率分类

8.1 基本概念

单纯贝叶斯分类器(naïve Bayes classifier)是一简单又实用的分类方法。它采用了监督式的学习方式,因此在进行分类之前,需事先知道分类的形态,通过训练样本的训练学习,以有效地对新数据进行分类。举例来说,垃圾邮件里出现"点选"(click)、"此处"(here)与"取消订阅"(unsubscribe)这几个词的概率可能各为 0.9,但正常邮件里出现这些词的概率却只有 0.2(1.0 为必然出现)。把信息中所有文字的概率相乘,再利用贝叶斯统计原则,即可估计出该信息为垃圾邮件的概率。

单纯贝叶斯分类器的主要原理是通过训练样本,学习记忆分类所使用属性的关系,产生这些训练样本的中心概念,再用学习后的中心概念对未归类的数据对象进行类别预测,以得到受测试数据对象的目标值。每笔训练样本一般含有分类相关联属性的值及分类结果(又称为目标值)。一般而言,属性可能出现两种以上不同的值,而目标值则多半为二元的相对状态,如"是/否","好/坏","对/错","上/下"。

单纯贝叶斯分类器主要是根据贝叶斯定理(Bayesian theorem)(式1),交换先验(prior)及后验(posteriori)概率,依据决定分类特性的各属性彼此间是互相独立的(conditional independence)假设,来预测分类的结果。

$$
\begin{aligned}
h_{MAP} &= \underset{h \in V}{\mathrm{argmax}}\, P(h \mid D) \\
&= \underset{h \in V}{\mathrm{argmax}}\, \frac{P(D \mid h)P(h)}{P(D)} \\
&= \underset{h \in V}{\mathrm{argmax}}\, P(D \mid h)P(h)
\end{aligned}
\tag{1}
$$

h_{MAP}:最大可能的假设

D:训练样本

V:假设空间(hypotheses space)

$P(D)$:训练样本的先验概率,对于假说 h 而言,为一常数

$P(h)$：假说 h 先验概率（尚未观察训练样本时的概率）

$P(h|D)$：在训练样本 D 集合下，假说 h 出现的条件概率

单纯贝叶斯分类器会根据训练样本，对于所给予测试对象的属性值$(a_1, a_2, a_3, \cdots,$ $a_n)$（假设一共有 n 个属性 $A_1, A_2, \cdots, A_n$，a_1 为 A_1 相对应的属性值），指派具有最高概率值的类别（C 表示类别的集合），相关的算法如下所述。

单纯贝叶斯分类器算法：

(1)计算各个属性的条件概率 $P(C = c_j | A_1 = a_1, \cdots, A_n = a_n)$

$$贝叶斯定理：P(c_j | a_1, a_2, \cdots, a_n) = \frac{P(a_1, a_2, \cdots, a_n | c_j) P(c_j)}{P(a_1, a_2, \cdots, a_n)}$$

$$= P(a_1, a_2, \cdots, a_n | c_j) P(c_j)$$

$$属性独立：P(a_1, a_2, \cdots, a_n | c_j) = \prod_{i=1}^{n} P(a_i | c_j)$$

(2)预测推论新测试样本所应归属的类别

$$c_{NB} = \underset{c_j \in C}{\arg\max} P(c_j | a_1, a_2, \cdots, a_n) = \underset{c_j \in C}{\arg\max} P(c_j) \prod_i P(a_i | c_j) \tag{2}$$

综合上述单纯贝叶斯分类器的理论，只要单纯贝叶斯分类器所涉及的学习概念的属性，彼此间互相独立的条件被满足时，单纯贝叶斯分类器所得到的最大可能分类结果 c_{NB}，与贝叶斯定理的最大可能假说 h_{MAP} 具有相同的功效。

现以下例说明单纯贝叶斯分类器如何进行概念学习，以作分类的预测：

某银行希望能提升办理信用卡的人次，假设目前考虑办卡的相关属性有"性别""年龄""学生身份""收入"四种。分类目标为"办卡"，类别有"会""不会"两种，假设现有如表8-1 的 10 笔训练样本。则根据表 8-1，使用单纯贝叶斯分类器，会将（女性，年龄介于31～45 之间，不具学生身份，收入中等）的个人归类到"会"办理信用卡的类别中。

表 8-1　单纯贝叶斯分类器训练样本的实例

项目	性别	年龄	学生身份	收入	办卡
1	男	＞45	否	高	会
2	女	31～45	否	高	会
3	女	20～30	是	低	会
4	男	＜20	是	低	不会
5	女	20～30	是	中	不会
6	女	20～30	否	中	会
7	女	31～45	否	高	会
8	男	31～45	是	中	不会
9	男	31～45	否	中	会
10	女	＜20	是	低	会

判断(女性,年龄介于 31～45 之间,不具学生身份,收入中等者)会不会办理信用卡,首先根据训练样本计算各属性相对于不同分类结果的条件概率:

$P(性别＝女 \mid 办卡＝会)＝5/7$ $P(性别＝女 \mid 办卡＝不会)＝1/3$

$P(年龄＝31～45 \mid 办卡＝会)＝3/7$ $P(年龄＝31～45 \mid 办卡＝不会)＝1/3$

$P(学生＝否 \mid 办卡＝会)＝5/7$ $P(学生＝否 \mid 办卡＝不会)＝0/3$

$P(收入＝中 \mid 办卡＝会)＝2/7$ $P(收入＝中 \mid 办卡＝不会)＝2/3$

再应用单纯贝叶斯分类器进行类别预测:

$$c_{NB} = \underset{c_j \in \{会,不会\}}{\mathrm{argmax}} \, P(c_j) \prod_i P(a_t \mid c_j)$$

$$= \underset{c_j \in \{会,不会\}}{\mathrm{argmax}} \, P(c_j) P(性别＝女 \mid c_j) P(年龄＝31～45 \mid c_j)$$

$$P(性别＝女 \mid c_j) P(年龄＝31～45 \mid c_j)$$

$$P(学生＝否 \mid c_j) P(收入＝中 \mid c_j)$$

$$P(办卡＝会)＝7/10$$

$$P(办卡＝不会)＝3/10$$

$$P(会)P(女 \mid 会)P(31～45 \mid 会)P(否 \mid 会)P(中 \mid 会)＝15/343 \approx 0.044$$

$$P(不会)P(女 \mid 不会)P(31～45 \mid 不会)P(否 \mid 不会)P(中 \mid 不会)＝0$$

因此基于上表的训练样本,对于(女性,年龄介于 31～45 之间,不具学生身份,收入中等)的个人,单纯贝叶斯分类器会将其分类到会办理信用卡的类别。而且办理的概率是 $(0.044)/(0.044＋0)＝1$(正规化分类的结果 $P(会)/(P(会)＋P(不会))$)。

单纯贝叶斯分类器对于各种属性相对于目标值(分类的类别)的条件概率,是先找出训练样本中,某目标值出现的个数(n),以及在这些目标值的样本中,特定属性值出现的个数(n_a),然后 n_a/n 即为该特定属性在该目标值下的条件概率。如上例 $P(性别＝女 \mid 办卡＝会)$ 的条件概率是 5/7,因为 10 笔训练样本一共有 7 笔是会办卡,而会办卡的 7 笔中,有 5 笔是女性。

此法所计算出来的条件概率一旦有一为零,则因为各属性间是互相独立的,该项目标值,会因各属性连乘积的影响,不管其他属性的条件概率为何,其值都是零。上例不会办卡的概率为零,即是受了 $P(学生＝否 \mid 办卡＝不会)＝0$ 的影响,不会办卡的概率就为零了。为了克服训练样本选取不够广泛,造成零概率的窘境,单纯贝叶斯分类器采用了 m 估计加以改良,让该分类器能更精确地作出适当的分类。m 估计的定义为:

$$m \text{ 估计概率} = \frac{n_a＋mp}{n＋m}$$

m:是一个固定的常数值,主要目的在于决定 p 的权重

p:同一属性不同属性值的先验概率,一般而言采用均值(uniform),如上例性别只有两种可能,使得 $p＝1/2$

8.2 Excel 2013 贝叶斯概率分类操作步骤

【步骤一】由于贝叶斯概率分类为分类模型中的一种,故点选"分类"图标,进入下图界面,点选"下一步"。

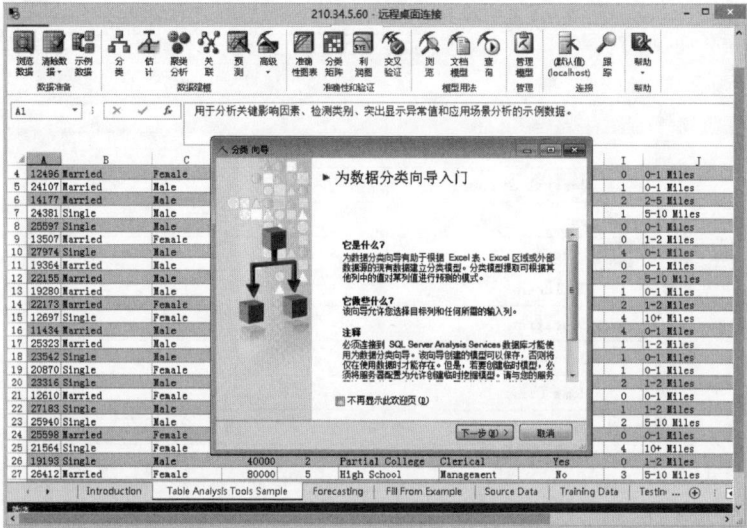

【步骤二】进入选择数据源界面,在该界面中选择要分析的数据。可以在"表"中选择要分析的数据表,或者在"数据区域"中要分析的数据区域。本例选择"Table Analysis Tools Sample"作为分析数据。选择数据源后点选"下一步"。

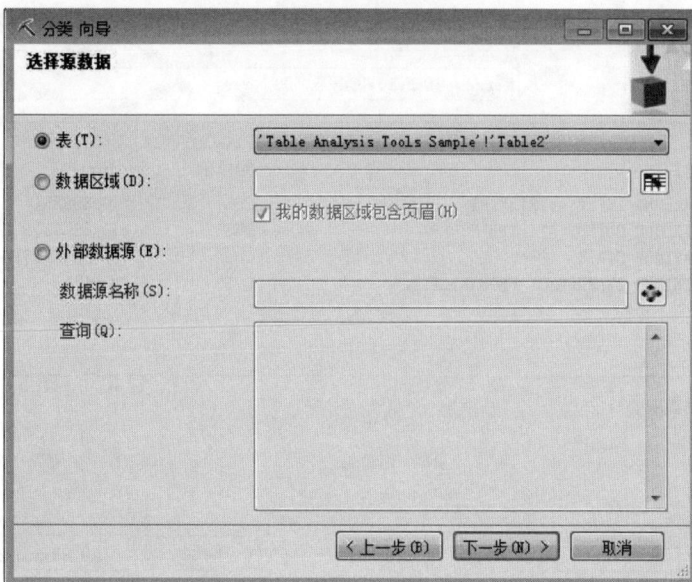

【步骤三】进入[分类]界面,在"要分析的列(C):"中选择类别变量,即类别标签。本例选择 Purchased Bike 为类别标签。"输入列"勾选用来分类的自变量。例如这里考虑除 ID 和 Income 以外的属性变量。

【步骤四】在步骤三的相同界面中点选"参数(P)"进入算法参数界面。在"算法(L)"处选择 Microsoft Naïve Bayes,即选择贝叶斯概率分类器。

【步骤五】点"确定"键回到步骤三界面,点击"下一步"。

【步骤六】进入[将数据拆分为定型集和测试集]界面,选择测试样本比例,本例中选择10％。点击"下一步"。(因随机抽选 10％的数据,所以可能每次计算的结果不相同,也可以选择 0％的测试集)。

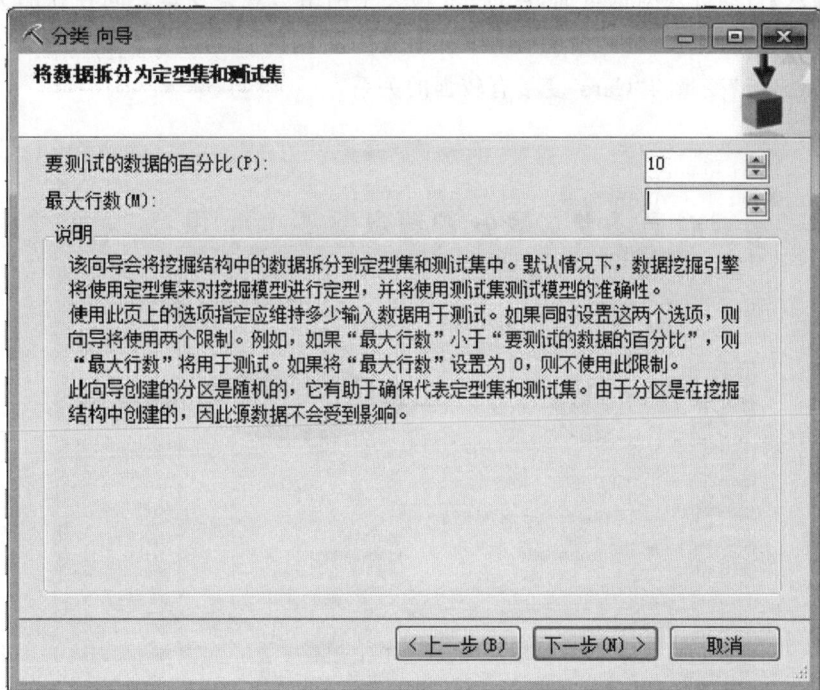

【步骤七】进入［完成］界面，该界面主要是对数据结构和模型进行命名，在结构说明和模型说明展示了所用的数据以及模型。输入结构名称、模型名称，勾选"浏览模型"，点击"完成"。

【步骤八】自动进入浏览页面，点选"依赖关系网络"，观察变量之间存在的关联强度（如果存在的话），则可调整"所有连结"看出其中关联的强弱程度。从图中可以看出，"Purchased Bike"变量与"Cars"变量有较强的关系。

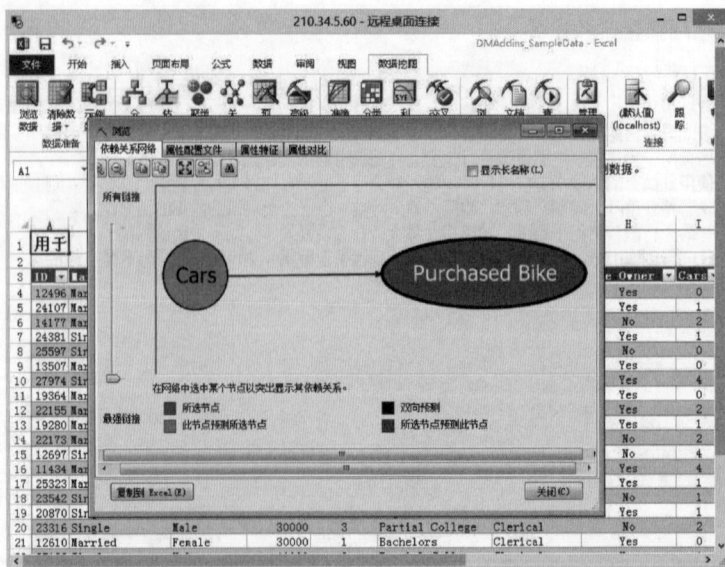

【步骤九】点选"属性配置文件"可调整直方图条数，各种颜色代表不同 Cars 的数目，右侧的"挖掘图例"显示了不同数目的 Cars 的分布情况。从下图中可以看出，在所选的全部样本中，有 2 辆车占到了 34%。点选下方的"复制到 Excel"。

【步骤十】从 Excel 中可以得到买自行车与否与 Cars 之间的关系。例如在 Cars 为 4 的时候，买自行车的人只占到所有买自行车的人中的 4%，说明 Cars 为 4 的人群买自行车的概率较低。

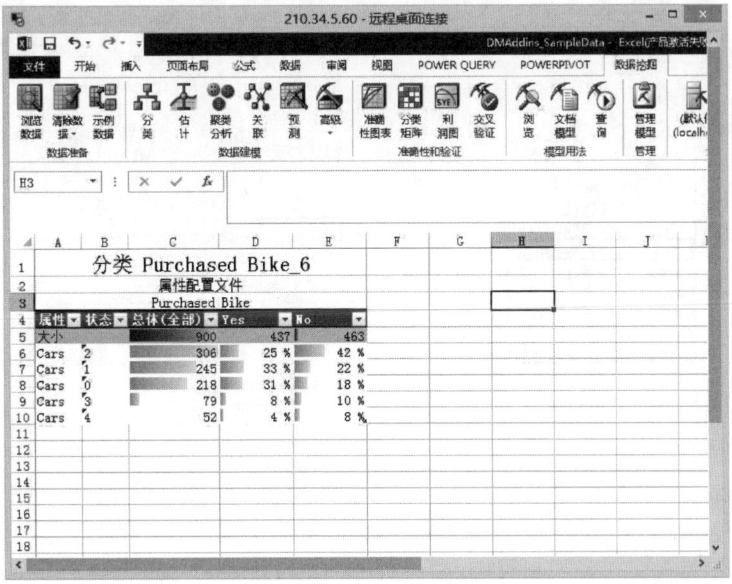

【步骤十一】点选属性特征,可更改"值"为不同的预测变量,点选"复制到 Excel"。该界面主要展示了各个不同的预测值"Yes""No"等 Cars 的数量分布情况。

【步骤十二】可将上步骤中所列出的结果,复制到 Excel 上。

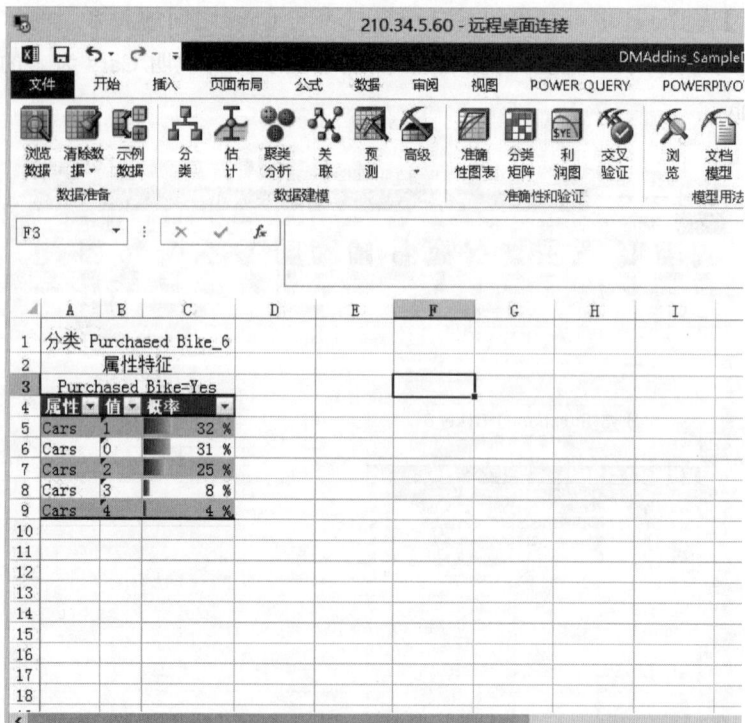

【步骤十三】点选"属性对比"标签,可调整"值 1"及"值 2",例如选择值 1 为"Yes",值 2 为"No"。在图中将展示不同的 Cars 的数量对于 Purchased Bike 倾向于"Yes"和倾向于"No"。从中可以看出,有 0 辆汽车的人更倾向于买自行车。点选"复制至 Excel"。

【步骤十四】可将上步骤中所列出的结果,呈现在 Excel 上。

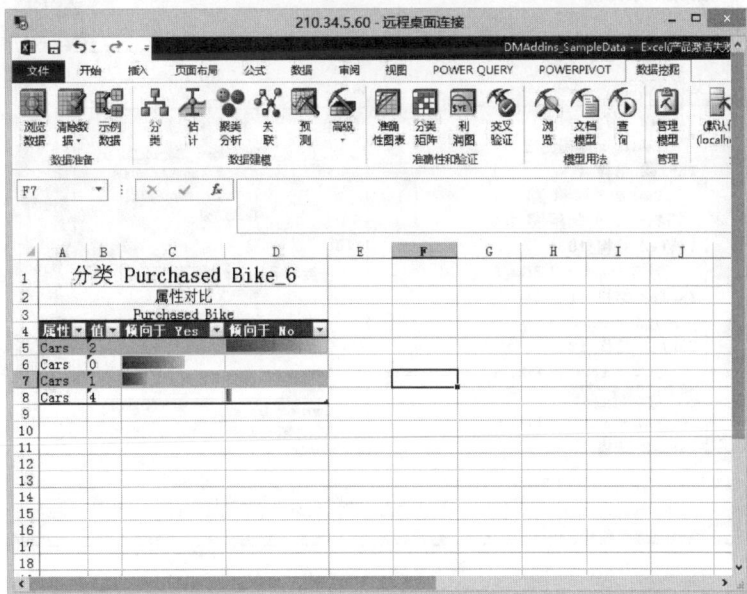

【步骤十五】为了评估所得到的模型,绘制利润图。点选"数据挖掘",点选"利润图",点选"下一步"。

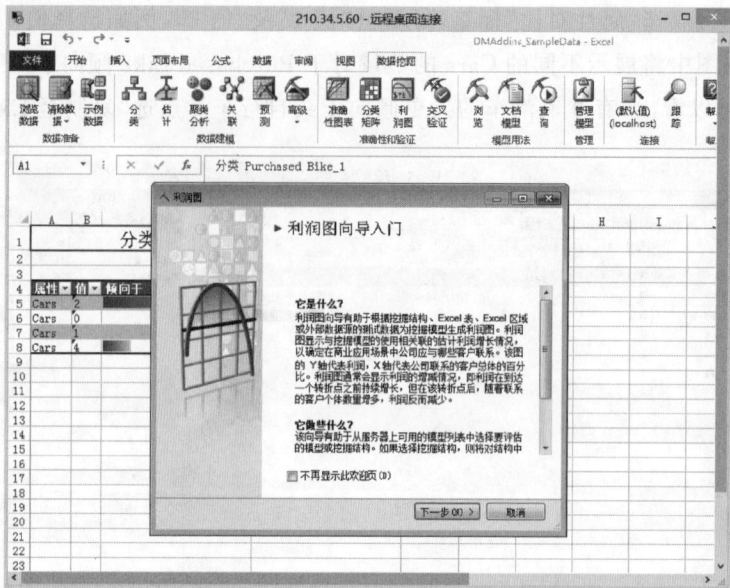

【步骤十六】选择区域结构中的上述步骤中所用到的结构和模型,本例中用到的数据结构为 Table2 结构_13,模型为 PurchasedBike_6。在"说明"栏中,有关于数据结构和模型的简介。点选"下一步"。

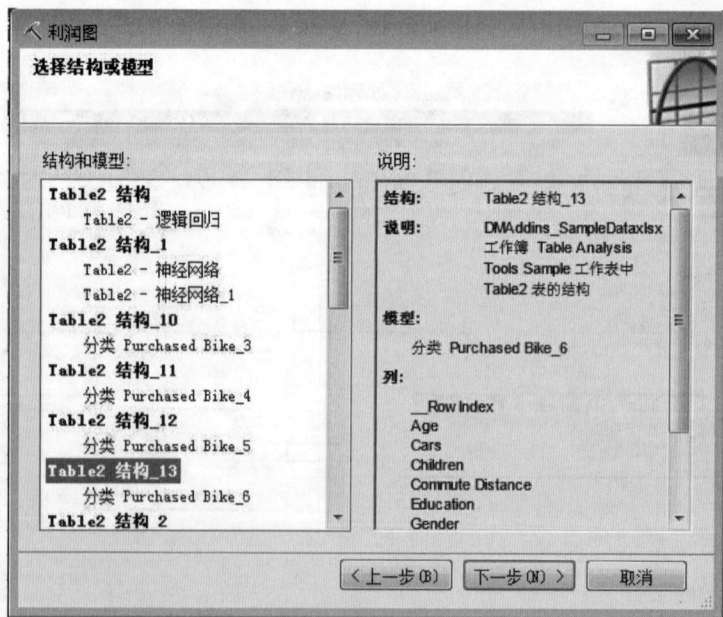

【步骤十七】调整"要预测的挖掘列""要预测的值""目标总体""固定成本"等参数后,点选"下一步"。其中要"预测的数据挖掘列"指因变量的值。要预测的值表示我们希望得到的值,本例中选择的为 YES。目标总体为打算进行评估的样本数量。固定成本、单项

成本、单项收入采用经济学中的概念。这里单项成本为对于每一个客户进行服务的成本，而单项收入表示如果客户购买自行车后得到的收益。

【步骤十八】点选"选择源数据"界面，在该界面中可以选择需要分析的数据。可以选择来自模型的测试数据，或者选择其他的表或者数据区域。在本例中选择表'Table Analysis Tools Sample'！'Table 2'。选择数据后点选"下一步"。

【步骤十九】进入"指定关系"界面，该界面用来指定模型和输入列之间的关系。无特殊要求不必修改。点选"完成"，生成利润图。

【步骤二十】可得到此模型的利润图。利润图通常开始于 0 附近，并在向右延伸的过程中，稳步增长直至在图表中部到达峰值或保持较高的值；随后，在向右侧边缘延伸的过程中，逐渐下降。优秀模型的利润图将在图表中部某处显示定义良好的峰值。而无法提供任何信息的模型，其线相对而言比较平直，也可能由于成本/收入结构的不同而增加、降低或保持不变。

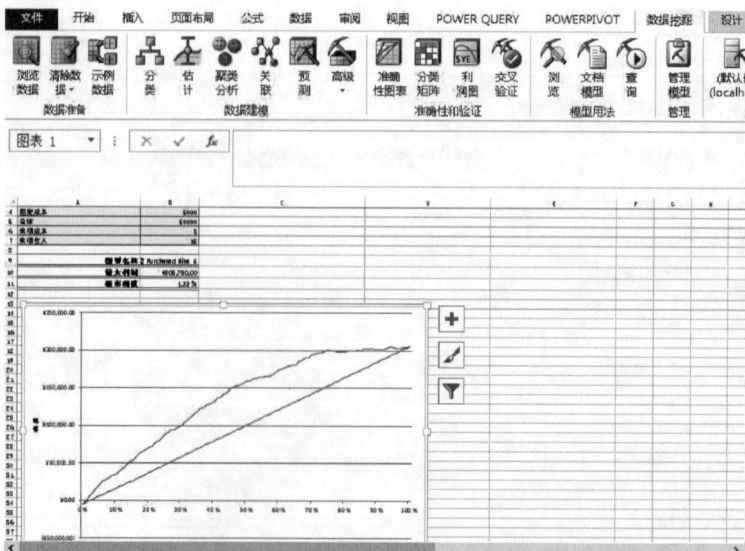

第九章
关联规则

9.1 基本概念

关联规则是分析发现数据库中不同变量或个体间（例如商品之间及年龄与购买行为之间）的关系程度（概率大小），用这些规则找出客户购买行为模式，如购买了台式计算机后再购买其他计算机外设商品（打印机、音箱、移动硬盘）的概率。发现这样的规则可以应用于商品货架摆设、库存安排以及根据购买行为模式对客户进行分类。

关联规则最早是由 Agrawal 于 1993 年提出，而 Agrawal 对关联规则的定义如下：

假设 $I = \{I_1, I_2, \cdots, I_m\}$：$I$ 可视为 m 个商品项目的集合。

$D = \{t_1, t_2, \cdots, t_n\}$：$D$ 为 n 位客户交易的总集合。

其中 $t_i = \{I_{i1}, I_{i2}, \cdots, I_{ik}\}$：$t_i$ 代表第 i 位客户的事务数据。

关联规则的代表式是"If condition then result"。也就是"$X \Rightarrow Y$"，其中 X、Y 称作项集（item sets）。

关联规则中有两个重要的参数，分别为支持度（support）和可信度（confidence）。其中支持度是指 X 项集与 Y 项集同时出现在 D 交易总集合的次数，除以 D 交易总集合的个数；以概率的观点来看，支持度就是同时发生 X、Y 事件的概率。可信度是指 X 项集与 Y 项集，同时出现在 D 交易总集合的次数，除以 X 项集在 D 交易总集合出现的次数；以概率的观点来看，可信度就是在 X 事件发生的情况下，Y 事件发生的概率。

举例说明：有商品牛奶、面包，其被购买的概率如表 9-1 所示。

表 9-1　商品购买概率

事件组合	概率
牛奶	35％
面包	50％
牛奶和面包	25％

得到的关联规则为："牛奶⇒面包"支持度为 0.25,可信度为 $\frac{0.25}{0.35}=0.714$;意思是全部客户中,有 25% 的人买了牛奶也买了面包,而且买牛奶这项商品的客户中,有 71.4% 的人也会一起购买面包。

另外,有些学者认为单以支持度和可信度衡量规则的好坏,似乎仍嫌不足,还需考虑项集彼此间的相互关系。因此又有一兴趣度(interesting)或称增益(improvement)的指标产生,此概念为使用这条规则预测的结果时比随机决定的结果好多少。其具体的公式如下:

$$兴趣度 = \frac{\mathrm{Confident}(X \Rightarrow Y)}{P(Y)} = \frac{P(XY)}{P(X)P(Y)}$$

当兴趣度大于 1 的时候,这条规则就是比较好的;当兴趣度小于 1 的时候,这条规则就是没有很大意义的。兴趣度越大,规则的实际意义就越好。

9.2 关联规则的种类

我们将关联规则按不同的情况进行分类:

(1)基于规则中处理的变量的类别,关联规则可以分为布尔型和数值型。

布尔型关联规则处理的值都是离散的、种类化的,它显示了这些变量之间的关系;而数值型关联规则可以和多维关联或多层关联规则结合起来,对数值型字段进行处理,将其进行动态的分割,或者直接对原始的数据进行处理,当然数值型关联规则中也可以包含种类变量。

例如:性别="女"⇒职业="秘书",是布尔型关联规则;性别="女"⇒avg(收入)=2 300,涉及的收入是数值类型,所以是一个数值型关联规则。

(2)基于规则中数据的抽象层次,可以分为单层关联规则和多层关联规则。

在单层的关联规则中,所有的变量都没有考虑到现实的数据是具有多个不同的层次的;而在多层的关联规则中,对数据的多层性已经进行了充分的考虑。

例如:IBM 台式机⇒Sony 打印机,是一个细节数据上的单层关联规则;台式机⇒Sony 打印机,是一个较高层次和细节层次之间的多层关联规则。

(3)基于规则中涉及的数据的维度,关联规则可以分为单维的和多维的。

在单维的关联规则中,我们只涉及数据的一个维度,如用户购买的物品;而在多维的关联规则中,要处理的数据将会涉及多个维度。换成另一句话,单维关联规则是处理单个属性中的一些关系;多维关联规则是处理各个属性之间的某些关系。

例如:啤酒⇒尿布,这条规则只涉及用户购买的物品;性别="女"⇒职业="秘书",这条规则就涉及两个字段的信息,是两个维度上的一条关联规则。

给出了关联规则的分类之后,在下面的分析过程中,我们就可以考虑某个具体的方法适用于哪一类规则的挖掘,某类规则又可以用哪些不同的方法进行处理。

9.3 关联规则的算法：Apriori 算法

此方法为研究关系型法则的入门算法，可以说是研究关系型法则时最具代表性的算法之一。其利用循序渐进的方式，找出数据库中项目的关系，以形成规则。

9.3.1 执行步骤

(1)首先，需确定最小支持度及最小可信度。

(2)Apriori 算法使用了候选项集的观念，首先产生出项集，称为候选项集，若候选项集的支持度大于或等于最小支持度，则该候选项集为高频项集(large item set)。

(3)在运用 Apriori 算法的过程中，首先由数据库读入所有的交易，得出候选单项集(candidate 1-item set)的支持度，再找出高频单项集(large 1-item set)，并利用这些高频单项集的结合，产生候选 2 项集(candidate 2-item set)。

(4)再扫描数据库，得出候选 2 项集的支持度以后，再找出高频 2 项集，并利用这些高频 2 项集的结合，产生候选 3 项集。

(5)重复扫描数据库，与最小支持度比较，产生高频项集，再结合产生下一级候选项集，直到不再结合产生出新的候选项集为止。

9.3.2 优点

简单易懂，容易实现。

9.3.3 缺点

因计算项过多而造成执行缓慢，主要的原因在于高频项集的计算中会产生过多的候选项集，尤其是候选 2 项集的情况最为严重。

9.4　Excel 2013 关联规则操作步骤

【步骤一】使用 Excel2013＋SQL2012-DM 的范例，数据为范例数据中 Associate 工作表中的数据，点选工具栏的[关联]图标。

【步骤二】进入"选择源数据"界面,可选择整个表作为数据源,或者在数据区域内选择要分析的数据。在本例中选择'Associate'!'Table20',作为要分析的数据。

【步骤三】确定所要预测的项目,在此我们想要预测类别目录之间或是产品之间的关联。"事物 ID"用来区别不同的客户,本例中用 Order Number 表示。"项"指的是要分析的关联变量,本例中选取的是 Category。在"阈值"栏中,需要根据要求确定最小的支持、最小规则概率。本例中选择最小支持为 10 项,而最小规则概率为 40%。

【步骤四】在[完成]界面命名结构名称和模型名称。在本例中命名结构名称为"Table 20 结构_1",命名模型名称为"关联 Category_1"。在完成命名后点击"完成"结束操作。

【步骤五】关联规则如下图所示,图中有各种类别目录之间或是产品之间的关联,其概率值及重要性如下图所示。其中概率表示可信度,举个例子来说,针对第一行来说,购买 Bike Stands 的 79.6％的客户购买了 Tires and Tubes.

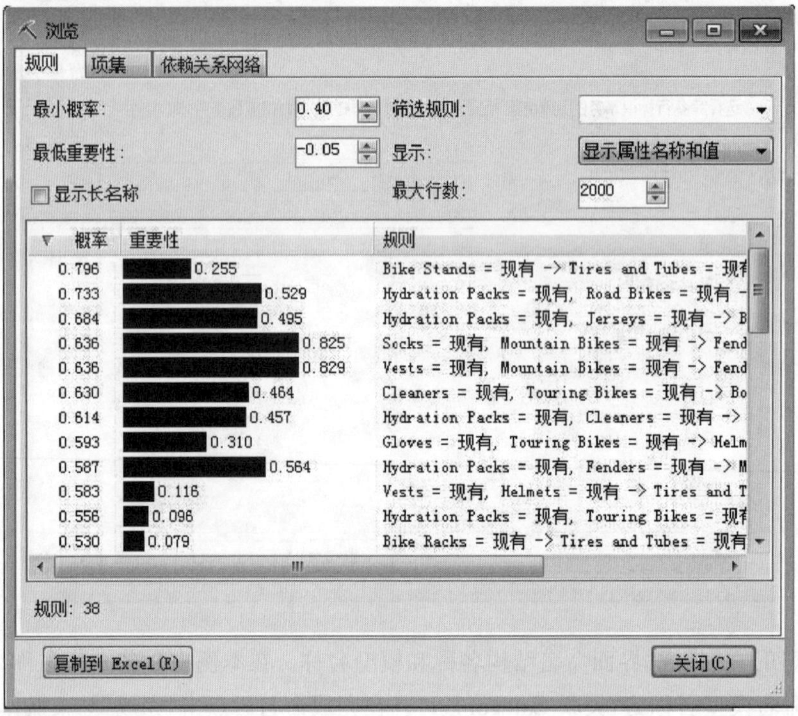

【步骤六】将图表复制至 Excel。

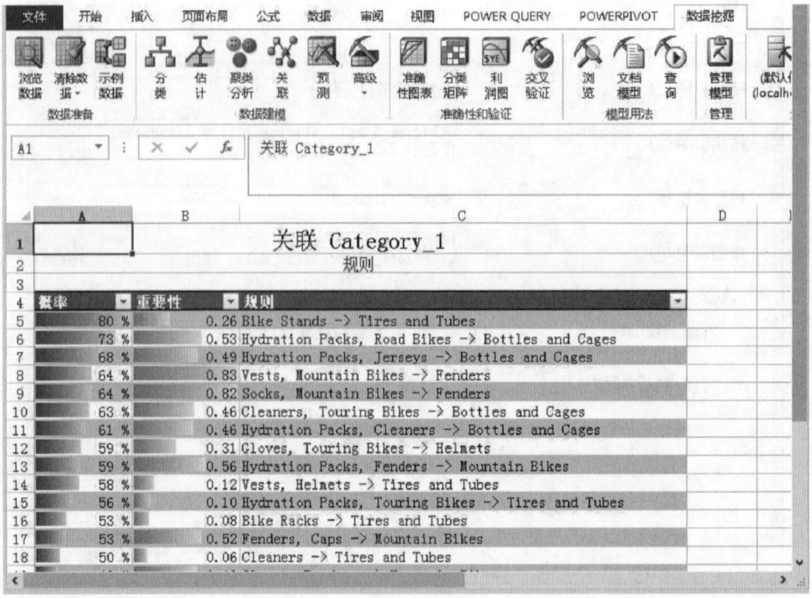

【步骤七】点击"项集"选项,可查看不同的项集的出现次数。其中"支持"表示相应项集出现的次数,对于 Tires and Tubes 来说共出现了 4039 次。

【步骤八】将图表复制至 Excel。

【步骤九】下图为各关联的相依性网络图,由图中可发现大致分为三个部分。通过商品与商品之间的相依网络图可以分析不同商品之间的关联关系。例如从图中可以看出,购买 Fenders 后一般会购买 Mountain Bikes。

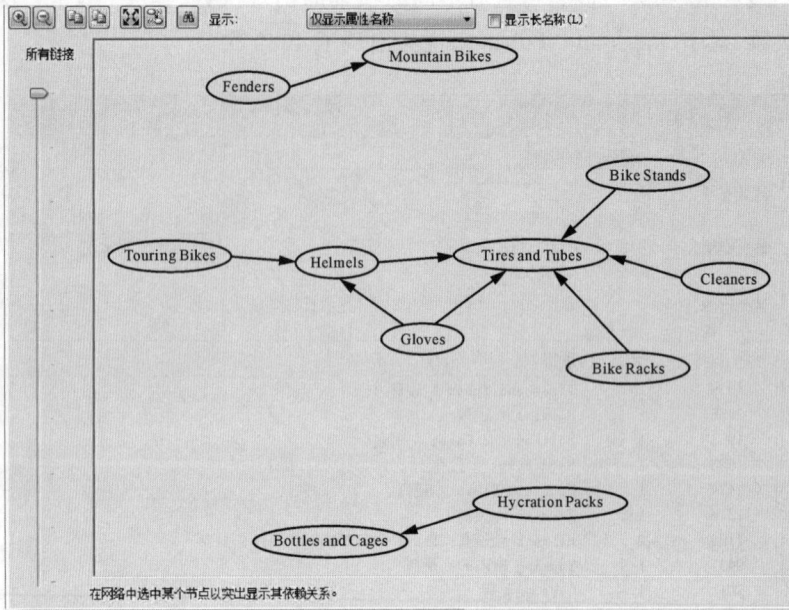

第十章

聚类分析

BIG
DATA

10.1　基本概念

聚类分析(cluster analysis)的观念与区别分析非常的相似,同样也是希望能够经由样本的分组,寻找到多变量中的差异。不同之处有两点:(1)聚类分析的分群方式并不需要预先知道每个观测的归属情况;(2)聚类分析属于一种非参数分析方法,所以并没有非常严谨的数理依据,当然也不需要假设总体为正态分布。

在众多的多变量分析方法中,聚类分析法是比较简单的一种(Romesburg 认为如此),统计学家通常应用聚类分析法来对数据做简化的工作及分类,也就是把相似的个体(观测物)归于一类。不过,究竟相似的标准为何,多相似才能归为一类,这些都是需要探讨的问题。

关于聚类分析的方法,众说纷芸,各种新的方法不断被提出,但仍没有一种最佳的方法可以解决所有的问题,而分析出来的结果若没有信息,则结果究竟适不适合,也是一大考验。因此,在进行分析时,"目标"非常重要,在分析过程中各种因子的选择皆需视试验者的目标而做决定,不同的因子决策造成的结果也往往不同,因此,很多学者都建议应用其他方法辅助,如图形法等。

本章对聚类分析过程做一概述,并讨论在进行分析时可能发生的问题及解决的途径。

10.1.1 搜集数据

在搜集数据时,应先确立目标,而后选择有代表性的,采用最好的测量单位。同时,要注意数据是否要经过转换,如标准化、取对数等。

10.1.2 转换成相似矩阵

由于聚类分析是把相似性大的物体归为一类,所以对于相似性的探讨也就格外重要,计算出个体间的相似系数后,存放于矩阵中即为相似矩阵(similar matrix)。

10.2 层次聚类分析(hierarchical clustering methods)

根据相似性统计量,将样本或变量进行聚类的主要方法为:

10.2.1 系统聚类法

系统聚类法是目前国内外使用得最多的一种聚类方法,这种方法是先将聚类的样本或变量各自看成一群,然后确定类与类间的相似统计量,并选择最接近的两类或若干个类合并成一个新类,计算新类与其他各类间的相似性统计量,再选择最接近的两群或若干群合并成一个新类,直到所有的样本或变量都合并成一类为止。

常用的系统聚类法是以距离为相似统计量时,确定新类与其他各类之间距离的方法,如最短距离法、最长距离法、中间距离法、重心法、群平均法、离差平方和法、欧氏距离等。

10.2.2 逐步聚类法

系统聚类法的优点是聚类比较准确,缺点是聚类的次数较多,每聚类一次只能减少一类或若干类,每一次都需要计算两两样品或子类间的距离或其他相似性统计量,做起来比较麻烦。

至于逐步聚类法做起来会方便一些,这种方法是先确定若干个样本为初始凝聚点,计算各样本与凝聚点的距离或其他相似性统计量,进行初始聚类后,再根据初始聚类计算各类重心作为新的凝聚点,进行第二次聚类,给一个初始的聚类方案,再按照某种最优法则,逐步调整聚类方案,直到得到最优的聚类方案。

用逐步聚类法解题的关键是凝聚点的选择及聚类结果的调整,常用的方法有成批调整法、逐个调整法及离差平方和法。

10.2.3 逐步分解法

这种方法是先将所有的样本或变量看成一类,然后再一次又一次地将某些类进行分解,直到各个类都不能分解为止。

10.2.4 有序样本的聚类

这种方法适用于有顺序的对象,聚类后既保持了各个对象原有的顺序,又按照某种最优法则分割为若干个互有差异的类别。

10.3 聚类分析原理

一般而言,聚类分析衡量事物之间的"相似性",是依据样本出现在几何空间上的"距离"来判断的。"相对距离"越近的,我们说它们的"相似程度"就越高,于是就可以归并成为同一组。

为方便起见,我们以入学申请的 TOEFL 与 GMAT 成绩为例。当这些数据转换成几何空间的图像时,我们可以得到下面的结果:

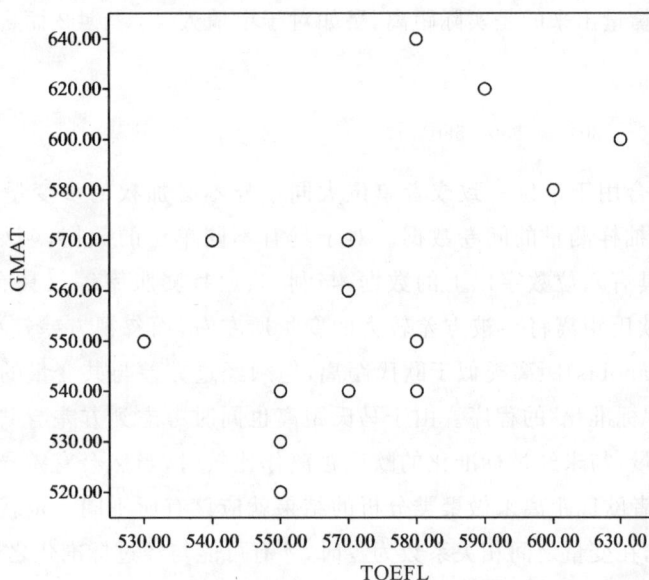

图 10-1　入学申请 TOEFL vs.GMAT 成绩分布图

ID	1	2	3	4	5	6	7	8	9	10	11	12	13	14	15
TOEFL	580	530	570	600	630	590	570	580	570	540	570	550	550	580	550
GMAT	550	550	570	580	600	620	540	540	560	570	570	520	530	640	540

根据上图,我们可以大概地把学生划分成左下角与右上角的两个区块。于是将♯14、♯6、♯4、♯5 归成一类,其余的学生归成另一类。像这样的划分方式,其实就是利用"距离"的观念,将距离比较偏远的♯14、♯6、♯4、♯5,与多数聚集的聚类区分开来(注:此为聚类种子观念,容后说明)。当然我们也可以反其道而行,就是使用归并的方式,首先将♯3 与♯11 这两组分数完全相同的学生合并成一组,然后再考虑如何去合并出下一个聚类。

在数学上对于"距离"这个观念,可以有下列几种不同的定义:

(1)欧氏距离：

$$d_{ij} = \{[(x_i - x_j)]'[(x_i - x_j)]\}^{\frac{1}{2}} = \left[\sum (x_i - x_j)^2\right]^{\frac{1}{2}}$$

(2)马氏距离：

$$D_{ij}^2 = (x_i - x_j)'S^{-1}(x_i - x_j)$$

(3)市街距离：

$$d_{ij} = |x_i - x_j|' \cdot 1 = \sum |x_i - x_j|$$

一般的计算机软件大多使用欧氏（Euclidean）距离，作为聚类分析"距离"的计算基础。欧氏距离所衡量出来的是实际距离，譬如对于申请人♯1与♯2而言，其欧氏距离的计算方式为：

$$d_{12} = [(580-530)^2 + (550-550)^2]^{\frac{1}{2}} = 50$$

欧氏距离适合用于单位一致或者单位大同小异不必加权的多变量数据，例如使用同一种尺度标准抽样测量的问卷数据。对于具有不同单位的数据，例如经济数据当中的人口与所得，具有六位数字以上的数据，与利率、通货膨胀率等仅具有小数点以下的数据相结合，其欧氏距离将会被方差较大的变量所左右，而忽视方差较小的变量。

马氏（Mahalanobis）距离类似于欧氏距离，但须经过方差与共变量的修正，即我们一般统计观念当中"标准化"的程序。由于马氏距离也同时考虑到方差与共变量的大小，所以对于距离的衡量，与未经过标准化的欧氏距离作比较时，当然会有差异。正因为如此，利用马氏距离或者欧氏距离来做聚类分析的结果就应该有所不同。也就是说，已经过标准化的马氏距离，在变量之间相关系数为零时，才有可能与经过标准化之后的欧氏距离衡量结果一致。就整体而言，以上马氏或欧氏衡量结果的差异，在多变量的各个数据非常相近，而协变量间的差异又颇大时，将会尤其明显。

市街距离（city block distance）以数据差异的绝对值作为衡量的依据。由于对于数据差异没有经过开方的调整，也不需经过方差共变量的修正，所以依据市街距离作聚类分析的结果，就当然与前两者产生相当大的差异。它的优点对于拥有许多小数点以下数值的数据群特别有用。试想一想，一个0.05的数据差异，经过欧氏或马氏距离的计算之后，其分子项会变大还是变小？经过平方之后的数据是0.0025，答案当然是变小。所以不论是欧氏还是马氏距离，都有低估比率型数据的倾向。当然马氏距离还具有方差作调整的功能，不至于产生偏误。

如果仅使用TOEFL与GMAT的分数计算欧氏距离，以作为衡量学生聚类分析的依据，我们可以得到如下的结果：

图10-2(a)所展示的是一种称为树形图（dendrogram）的表现方式，由下而上展示各个相类似的或者说"距离"相近的样本，两两相归并的过程。每一次样本的合并，都是需要

代价的。代价即是图 10-2(b)垂直坐标所展示的"距离"(distance)的增加,或者"相似性"(similarity)的降低。

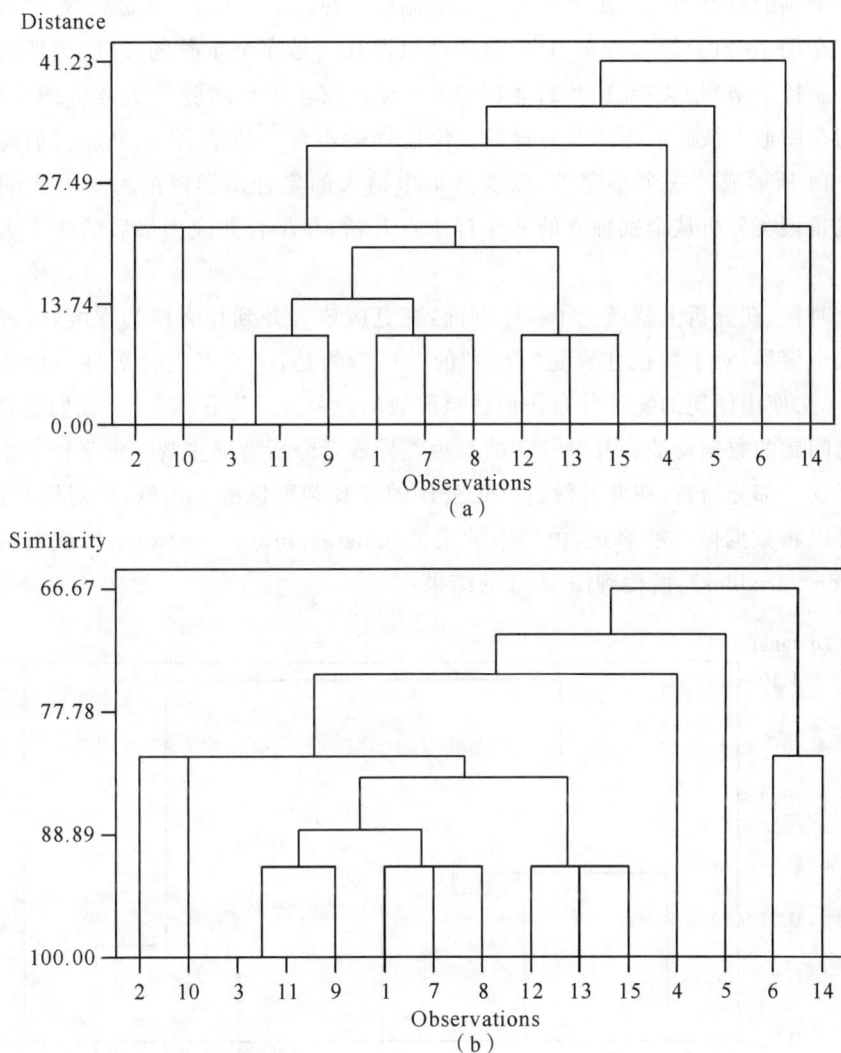

图 10-2　使用 TOEFL 与 GMAT 对于申请人的聚类分析结果

　　这个归并过程,先是由每一样本以自我为中心,再逐步合并最近距离的样本。此方法在聚类分析当中称为层级体系分类法(hierarchical cluster)当中的凝聚法(agglomerative methods)。像这样两两归并的过程当中,聚类的中心点会因为不同的样本值而不断作改变,并且在图像当中不断地移动位置。

　　相对的,若是我们希望中心点不要因为两两合并的过程而改变,必须使用不同于层级体系分类法的非层级体系分类法(nonhierarchical cluster procedure)。这样的方法,是在一开始分类的时候,就已经预设分群个数,并且经由整体的样本分布当中观察到大约的聚类数目,并从那里开始预设聚类的中心点,然后开始作聚类。这样的做法有些统计软件称

107

为 K-mean clustering。

让我们再看图 10-2(b)，依据这个图表，可以观察聚类分析如何依据"距离"的概念，逐步合并个别的数据而成为聚类的整个详细流程。在这里，我们发现最先被合并的是♯3与♯11。在图 10-2(a)样本分布当中，这两个数据其实是完全重叠的，理所当然就应该最优先合并。接下来，是♯3♯11♯9，♯1♯7♯8 与♯12♯13♯15 这三大族群的合并，这是因为它们在图形上彼此的距离是一样的。像这样逐步合并的结果，在最后我们将会得到以♯6、♯14 所形成的一个小聚类，以及其他申请人的集合所形成的另一个大的两组聚类。这就是聚类分析从个别独立的 n 个样本点开始，逐步合并成为最后的两个大聚类的过程。

这个时候，在分析上就产生了一个疑问：究竟应该合并到什么样的程度，或者说合并到剩下几个聚类，对于数据才算是"合适"的？可惜的是，由于聚类分析是一种非参数方法，我们无法使用任何的统计分布作最适组群数的检验。所以在实务上，我们也许可以根据所研究问题的数据特征合并"距离"的长短差异或者分析者的主观直觉来作个案的分别判断。就这一部分而言，在此并没有一致公认的客观判别标准。当然，针对同样的问题，我们也可以将数据做一些修正，由样本的聚类(cluster on observations)转成变量的聚类(cluster on variables)，而得到图 10-3 的结果：

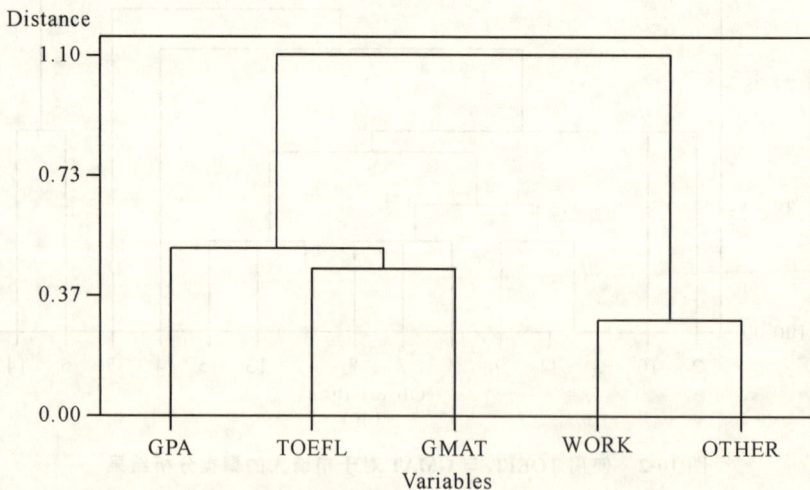

图 10-3　使用申请人数据对于不同评量标准的聚类分析结果

这时候，我们发现"工作经历"(WORK)与"其他条件"(OTHER)是距离最近、最先合并的两个变量。综合而言，我们可以归纳出"工作经历""其他条件"这一类与 GPA、TOEFL、GMAT 类之间可能存在差异。

当然有一点值得注意：GMAT 与 TOEFL 的计分单位远比其他计分分数高。于是在几何"距离"的图形衡量上，如果不注意单位问题，这两种变量便会很自然地被抛在远方，而率先合并 GPA、"工作经历"与"其他条件"。这时候，为了消除单位的差异问题，我们应该首先将数据标准化，再做聚类分析的推论，才会比较公允。当然这也必须考虑到，度量单位在区别分析上，是否也是属于攸关的判别标准之一。并非所有不同单位的多变量，在作聚类分析前就一定要经过标准化。同样的道理，有时候对于同样单位所衡量得到的多变量，譬如问卷调查有关意愿的主观衡量，其方差就不见得会相等。这时候如果是为了了解"相对的"分群差异，也可以试着将数据标准化，以便观察其中的意义。

10.4 Excel 2013 聚类分析操作步骤

【步骤一】数据源为 Microsoft 内建数据集，为 2002 至 2013 年自行车购买的数据集（Table Analysis Tools Sample），建立聚类模型，点选"数据建模"下的"聚类分析"，开始建立数据挖掘模型，点选"下一步"。

【步骤二】在"选取源数据"的界面，数据表下选取 Excel 中欲分析的数据表。

【步骤三】在选取数据列的步骤时，勾选纳入聚类的变量，由于 ID 是为客户编码，所以本次分析不将它纳入聚类变量，接着点选"下一步"。

【步骤四】选取聚类变量后，在区段数目选取聚类个数，可以使用软件自动侦测，或是自行指定目标值，本次分析指定目标值为 5 群，点选"下一步"。

【步骤五】将数据分割成定型集和测试集，要测试的数据百分比默认为 30％。

【步骤六】完成数据挖掘模型,选项中可以勾选"启用钻取",接着点选完成钮。

【步骤七】产生 5 个类的聚类图表,若欲将图形复制至 Excel 接口下操作,可以点选方块左下角"复制至 Excel"键。

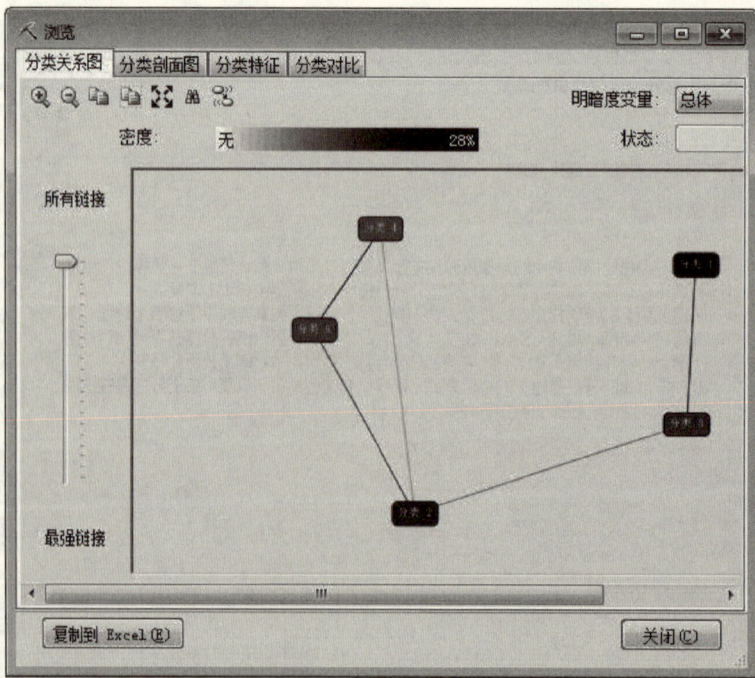

在"明暗度变量"下可以选择分类的变量依据,如可以选择总体(即所有变量)作为分类依据,也可选择某一变量作为分类依据。

【步骤八】图形产生在 Excel 窗体。

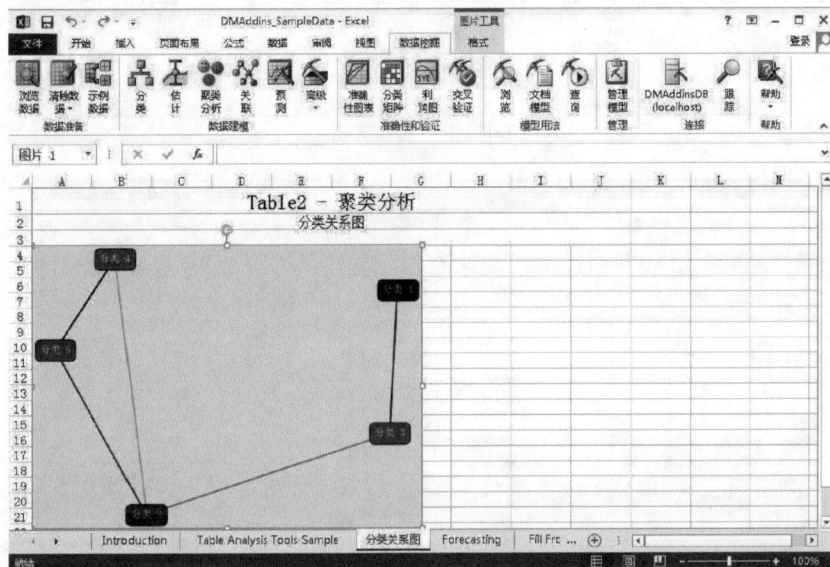

【步骤九】点选"分类剖面图",显示各个群体在不同变量下的差异。将图形复制至 Excel 接口下,点选方块左下角"复制至 Excel"键。

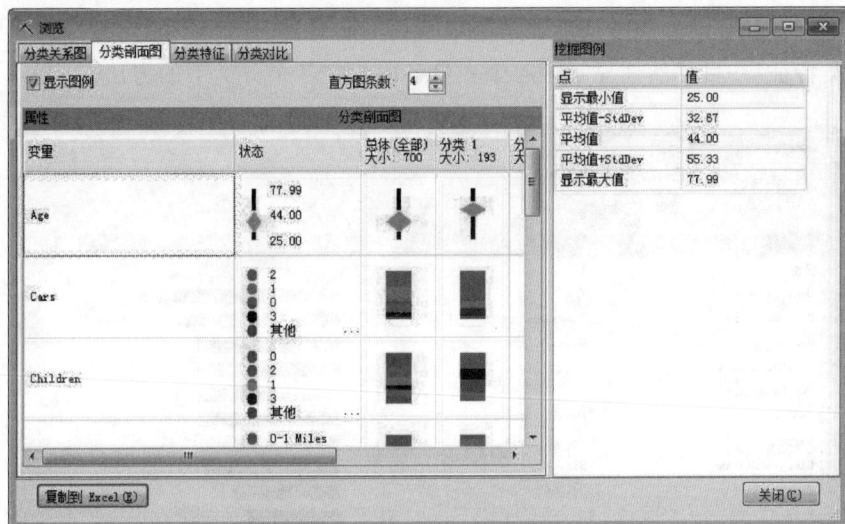

单击 age 变量"总体"类别下的对应图形,在右侧的挖掘图例中可以看到总体类别下,age 变量的总体特征值,包括最小值 25,最大值 77.99,平均值 44 等等。同样地,也可查看 age 变量在其他分类下的特征数值,或者其他变量在各个分类下的特征数值。

【步骤十】图表产生在 Excel 窗体。

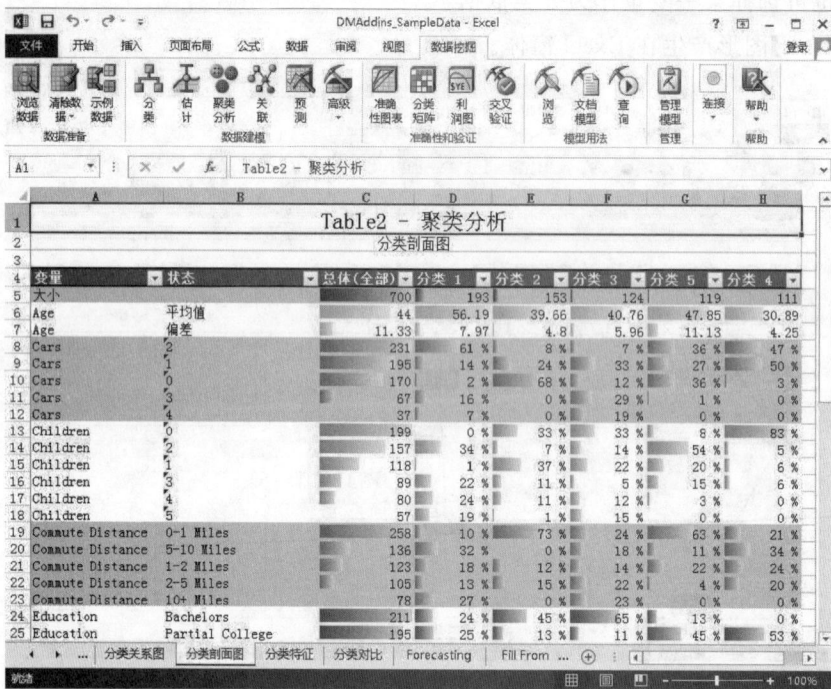

通过图表复制到 Excel 中,可以一目了然地看到各个变量在各个类别下的特征数具体数值。

【步骤十一】点选"分类特征",显示各聚类在不同变量的水平下,分类为此群组的概率值。"分类特征"一目了然地显示了各个变量各取值在各个分类下的占比。

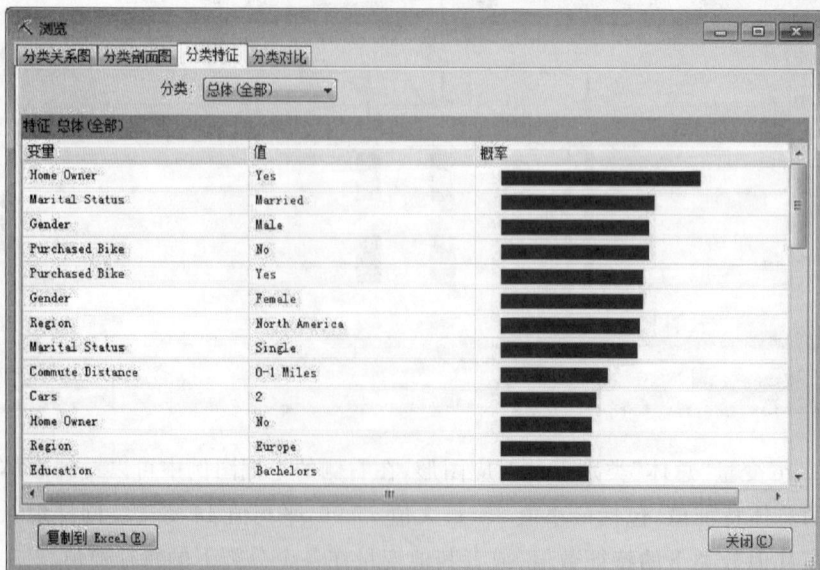

【步骤十二】图表复制至 Excel 窗体。

将图表复制至 Excel 后,可以查看具体的占比数值,如上图所示,总体中,Home Owner 变量取值为"Yes"的样本占比为 69%,同样地,可查看其他变量相应取值在总体中的占比,也可查看各个变量在其他类别下的相应占比。

【步骤十三】点选"分类对比",可以在图形上方选取欲比较的两聚类,利用变量水平,比较两聚类的差异。

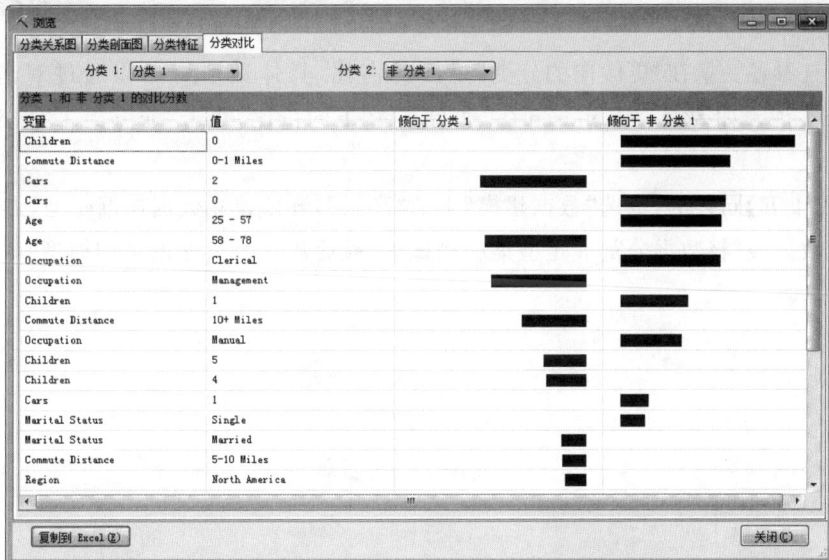

分类对比只显示各变量占比较大的分类（即更倾向的分类），可以分别比较两个子分类之间的各变量表现差异，也可以比较某分类与其他全部分类的各变量表现差异，通过在"分类1"和"分类2"的下拉菜单下选择来切换。

【步骤十四】图表复制至 Excel 窗体。

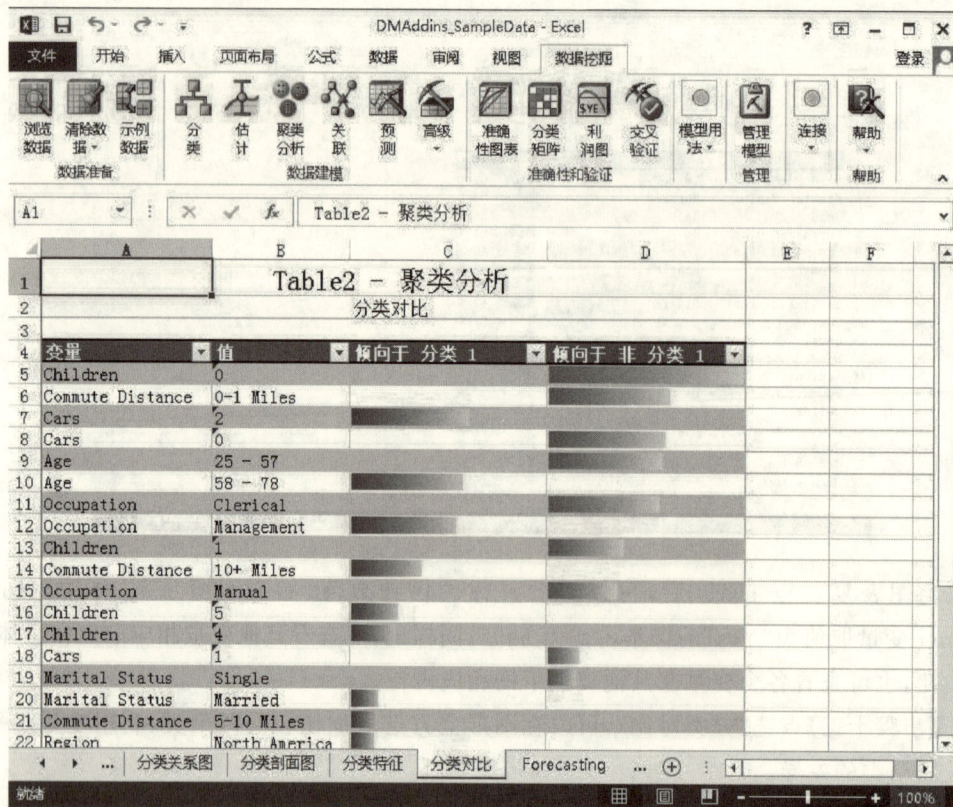

若要查看各变量在"更倾向的分类"里面的占比（具体数值），可以通过双击分类下的条形来实现。如要查看 Children 在"非分类1"下的占比，双击"非分类1"下的红色条形。

【步骤十五】同样的，点选"数据建模"下的"高级"，开始建立数据挖掘模型，点选"下一步"，读取数据表，将数据分割成定型集和测试集，最后建立 table2 的结构模型。

【步骤十六】在选取挖掘算法的步骤,点选"Microsoft 聚类分析",点选"下一步"。

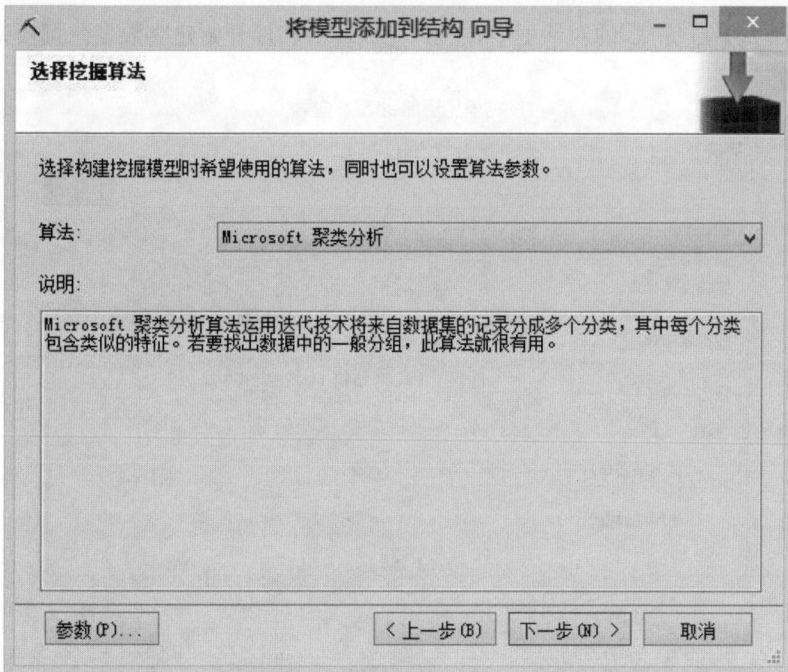

【步骤十七】在选取数据列的步骤时,在各个变量后方有一栏是"用法"选取,用户可以选取各个变量的使用方式,包含输入、仅预测、输入和预测、key 以及不使用等等,本次使用是否购买自行车(Purchased Bike)作为预测变量 Y,其余变量作为解释变量建立模型,接着点选"下一步"。

【步骤十八】在[完成]的对话框中,点击"完成"键,软件开始建立数据挖掘模型。

【步骤十九】产生聚类图表,其余对话框如下所示,不再赘述。

【步骤二十】点击"准确性图表"标签。

【步骤二十一】在[指定要预测的列和要预测的值]的对话框中,选取进行预测的数据列,本次选取"Purchased Bike"="No"作为预测值纳入图表。

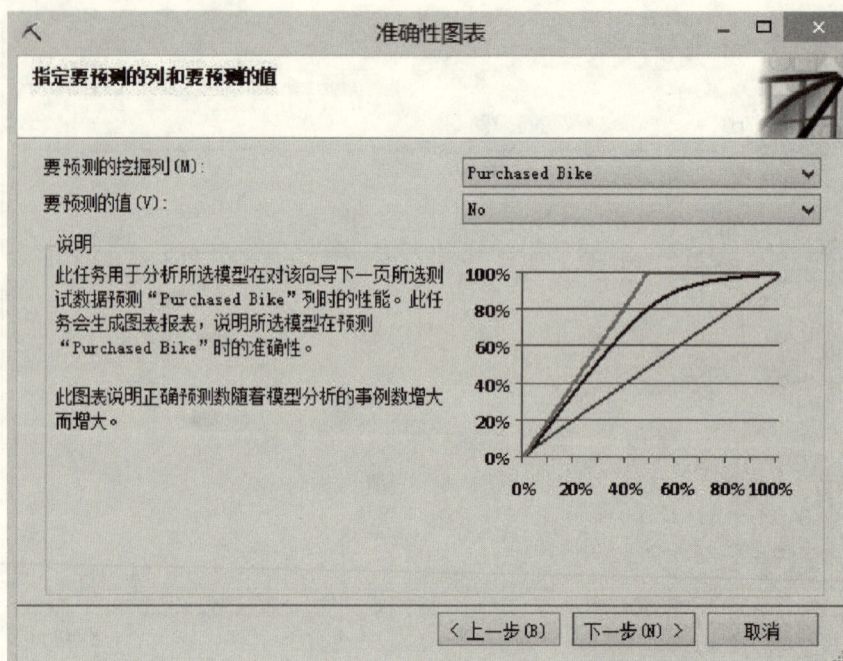

【步骤二十二】在[指定关系]的对话框中,选取变量间关联性。

【步骤二十三】产生图表到 Excel 中。

聚类分析模型与无模型（即随机预测模型）相比的整体提升度为112.85％，聚类分析模型（中线）介于无模型（即随机预测模型，下线）和理想模型（准确无误的预测模型，上线）之间，且在无模型的基础上有了提升，更加靠近理想模型。

【步骤二十四】点选"分类矩阵"。

【步骤二十五】在"指定要预测的列"方框当中,选择预测的数据列,即自行车购买作为分析变量。勾选"以百分比显示结果"和"以计数显示结果",生成两种方式显示的两个分类图。

【步骤二十六】在[指定关系]的对话框中,选取变量间关联性。

【步骤二十七】产生分类矩阵至 Excel 中。

　　如图,分类图显示实际"Purchased Bike"="No"值,且聚类分析预测也取"No"值的百分比为 63.58%;而实际"Purchased Bike"="No"值,而聚类分析预测取"Yes"值的百分比为 36.42%。同样地,实际"Purchased Bike"="Yes"值,且聚类分析预测也取"Yes"值的百分比为 55.51%;实际"Purchased Bike"="Yes"值,而聚类分析预测取"No"值的百分比为 36.42%。

【步骤二十八】点选"利润图"。

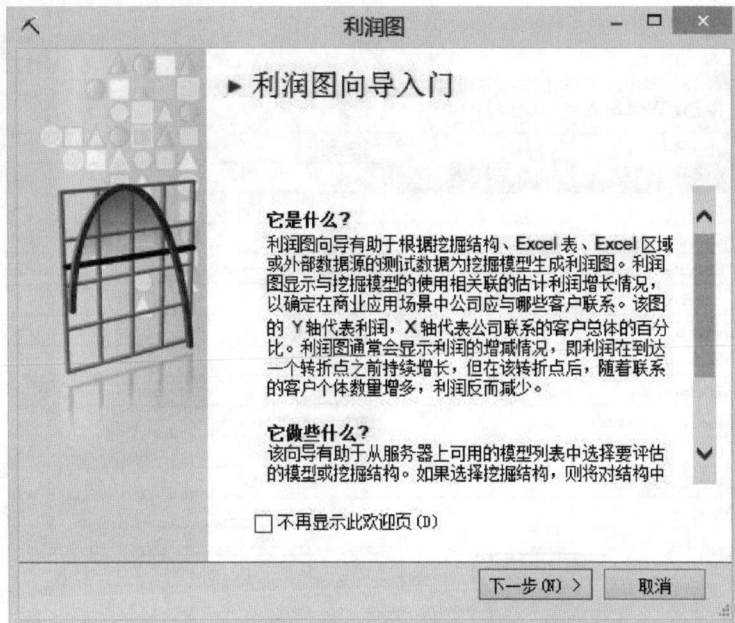

【步骤二十九】在［指定利润图参数］对话框中，选择欲分析的变量。本次选取"Pur-chased Bike"＝"No"为预测值。

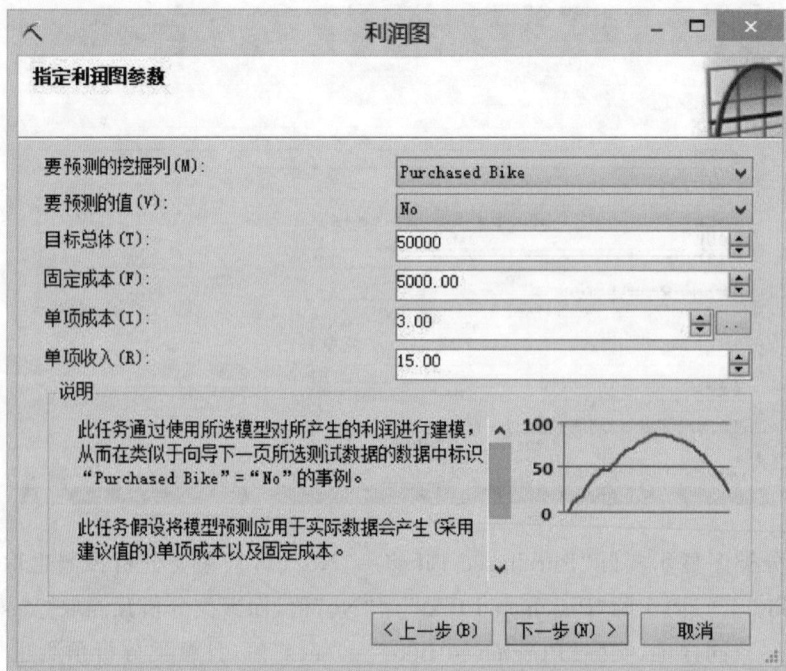

【步骤三十】在［指定关系］的对话框中，选取变量间关联性。

【步骤三十一】产生利润图至 Excel 中。

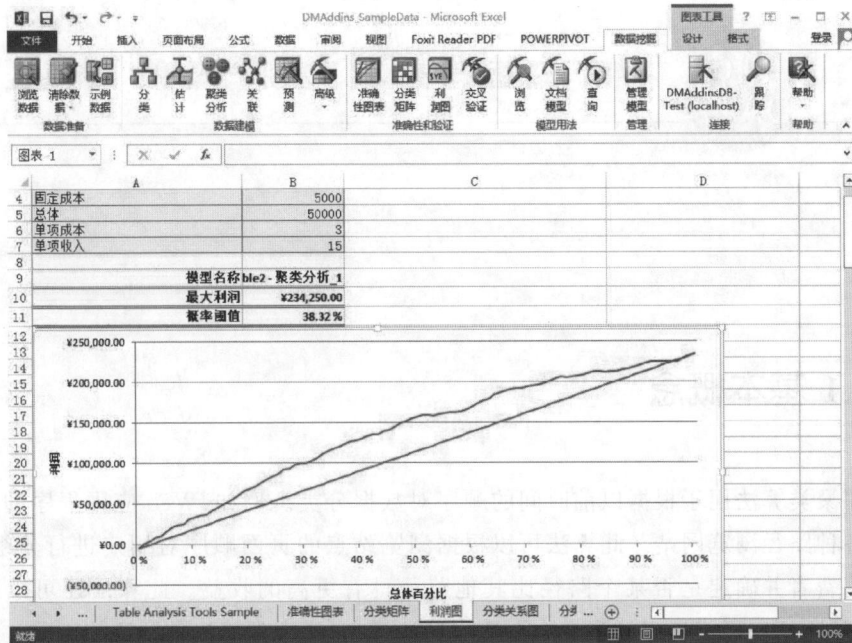

如上图显示了固定成本为 5 000，单项成本为 3，单项收入为 15 的设置下，利润关于总体百分比的变动情况。利润图概括了向"Purchased Bike"="No"的客户发送邮件的成本和收益。

第十一章
时序聚类

11.1 基本概念

时序聚类算法用于根据以前时间的顺序对数据分类。例如，Web 应用程序的用户经常按照各种路径浏览网站。此算法可以根据浏览站点的页面顺序对用户进行分组，以帮助分析消费者并确定是否某个路径比其他路径具有更高的收益。此算法还可以用于预测，例如预测用户可能访问的下一个页面。请注意，时序聚类算法的预测能力是许多其他数据挖掘供货商所无法提供的功能。

随着信息社会快速发展，许多的数据被人们储存下来，管理者们希望能对这些数据进行分析，并从中找到能对未来决策有用的信息，因为唯有经过分析研究的数据才能称为信息。聚类分析是数据挖掘的主要技术之一，且被广泛地运用在多个领域中，分类分析的主要方法是对所收集的数据进行分析，结果是将输入数据分成数个不同的类别（clusters），在相同类别内的数据彼此的相关性会较大，不同的类别之间的数据相关性会较小。管理者或是该领域的专家便可以借着分析两者之间不同的特性得到新的信息，更可进一步地协助决策的制定。分类分析能够对各种不同的数据类型如数值型（numeric）、类别型（categorical）、序列型（sequence）等进行处理，根据输入数据特性的不同也有多种相对应的算法，依数据特性或目的可以使用不同的分类演算以达到最佳的分类结果（分类的效率或是正确性）。

利用客户购买的时间间隔序列数据可以分析客户的购物品和时间的相关性，有相同或类似行为的客户会被分在相同的聚类之中，这样的分析不但可以含括物品购买的相关性，也含括了在时间上购买物品的相关性，因此若能针对这样的数据作分类，在应用上会更有弹性和扩充性。

11.2 相关研究

依算法的特性，分类算法包含有分割式（partition）分类算法、层次（hieratical）分类算

126

法和基于密度(density-based)分类算法等。在分割式分类算法中有 CLARANS,但其需要多次对数据库扫描,会花费较多的 I/O 时间。CURE 和 ROCK 为层次分类算法,CURE 处理不规则形状的空间数据库(spatial database)和数据的例外(outlier)情形会有较高的效率,但是它只能对数值型的数据进行处理,ROCK 算法则是针对类别型数据的方法,利用 link 和 neighbor 来分类,而序列型数据则并不适用。基于密度的分类算法则有 DBSCAN,缺点是对在参数的确定上有困难。分类过程中,相似度的定义也是一项重要的话题,订定彼此相似程度的方法对结果的正确性会有相当大的影响,一般的定义中常以欧基里得(Euclidean)距离作为计算函数。另外,利用事务数据库中商品项目的替代性作为相似度,从同类商品的替代性便可计算出两两项目的相似度,由此加以类别探勘。

　　BIRCH(Balanced Iterative Reducing and Clustering using Hierarchies)算法使用了一个类别特征树(clustering-feature-tree)的数据结构来建立分类的层次结构,可以动态地增加类别所处理的数据点,并且在此树状结构中存放了类别特征(clustering feature)。类别特征用来存放类别的主要信息,其中包含了类别中数据点个数、类别中数据点距离的线性和、平方和。其工作步骤分为两层,先扫描数据库建立类别特征树,再利用所得的树进行分类,如此可以减少分类中 I/O 的耗费,但此算法只针对数值型的数据进行处理。序列型数据的分类方法中,先找出数据里序列集合(sequence sets)中共同发生的频繁样型(co-occurrence of frequent pattern),之后再利用所得来搭配 Jaccard coefficient 计算数据中序列对的相似度,最后使用凝聚的层次算法(agglomerative hierarchical clustering algorithm)逐渐合并,求出所要的类别结果,但是这样的方法所能处理的数据值域是类别型的序列型数据,对于含有时间间隔的序列型数据无法加以处理,如果有新加入的数据时,该算法必须要重新计算才行,如此一来便要花费许多的时间才能对有渐增性质的数据作分类。序列数据中,对于基因序列或是蛋白质序列的数据挖掘是目前一项重要的话题,利用数据挖掘技术以加速和协助基因序列的定序工作。CLUSEQ 利用可能性的后置树(probabilistic suffix tree)来储存序列的特征,进一步找出序列间相似程度,最后对序列进行分类,让相似的基因序列分到相同的类别之中,以分析基因序列的相关性。含有时间间隔的有序序列如空气污染事件数据包含了数值和类别两种不同的数据类型,可以利用三种不同但有意义的相似度:事件种类相似度、事件发生周期相似度、基于相同子序列长度的相似度进行两两序列的相似度计算,三个相似度的均值即为两序列间的相似度值,利用这样的相似度计算,不但包含了数据间的先后关系,在两事件发生的时间间隔上关联也不会被忽略。计算出两两之间的相似度后,以层次的分类算法逐层地向上凝聚,将相似度最高的两个类别进行合并,直到终止条件到达为止。

　　相似度计算分类分析中的数据点间相似度计算是相当重要的一个环节,为了使我们的目标数据间能够得到正确的相似度,在序列的相似度上利用三种相似度计算来判断计量序列数据在时间和行为上是否相似:

　　(1)事件共同发生种类相似度(co-occurrence of events similarity)。

（2）事件发生周期相似度（period of occurrence of events similarity）。

（3）基于最长相同子序列相似度（based longest common subsequence similarity）。

事件发生种类相似度是根据各个序列中的数据，利用事件出现情形作为序列之间相似度的评估标准之一，两序列间相同的事件发生种类越多，表示它们之间的相似程度越高。但是在事件中，可能会有某些事件的发生率很高，而且在相当多的事件序列数据中都有这样的事件出现，如此一来，此类事件对各个序列的区隔程度便很低，相反地，如果有一个事件出现的概率很低，那么若有两序列同时都有这一事件发生，则此一事件对两者相似性就有很高贡献，亦即这样的事件对各个序列的区隔程度很高。

• Sequence data：由顺序事件序列组成的数据，相关的变量是以时间区分开来，但不一定要有时间属性。例如浏览 Web 的数据属于序列数据。

• Sequence clustering：是找出先后发生事物的关系，重点在于分析数据间先后序列关系。

• Association：则是找出某一事件或数据中会同时出现的状态，例如项目 A 是某事件的一部分，则项目 B 也出现在该事件中的概率有 a%。

11.3 Excel 2013 时序聚类操作步骤

【步骤一】点选"高级"→"创建挖掘模型"。

【步骤二】点选"下一步"。

【步骤三】选择数据表。

【步骤四】选取挖掘算法,选"Microsoft 顺序分析和聚类分析"。

【步骤五】选择列。

【步骤六】点选"下一步"。

【步骤七】显示分类的特征。这里样本被分为 2 类。

【步骤八】显示分类的特征。

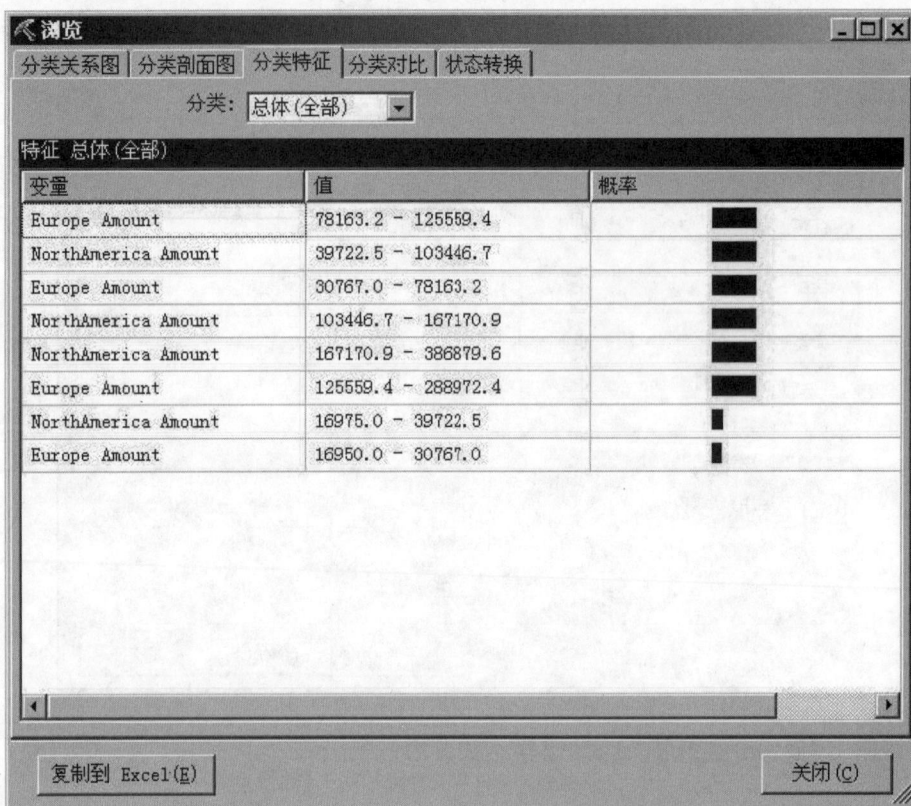

在"分类"栏下可以选择切换各个类别,以查看各个类别下,各个变量某个取值在该类别所占的百分比。为更清楚地查看具体的百分比,点击"复制到 Excel",在 Excel 生成的图表中,将会出现百分比的具体数值。

【步骤九】显示分类 2 与非分类 2 的特征。

在"分类对比"下,可以查看两个分类间各变量各取值的差异,也可以查看某个分类与其他分类之间的差异。通过切换"分类 1""分类 2"可以实现。如图显示了分类 2 和非分类 2 的差异,仅显示各个变量某个取值百分比更大的分类,以区分该取值更倾向于哪个分类。

如在分类 2 下,变量 Europe Amount 取值"16950.0－39476.0"所占的百分比相较于"非分类 2"更大,因此更倾向于分类 2。同样地,为进一步查看具体的百分比数值,可将图表"复制到 Excel"。

【步骤十】点选"准确性图表"。

【步骤十一】点选"下一步"。

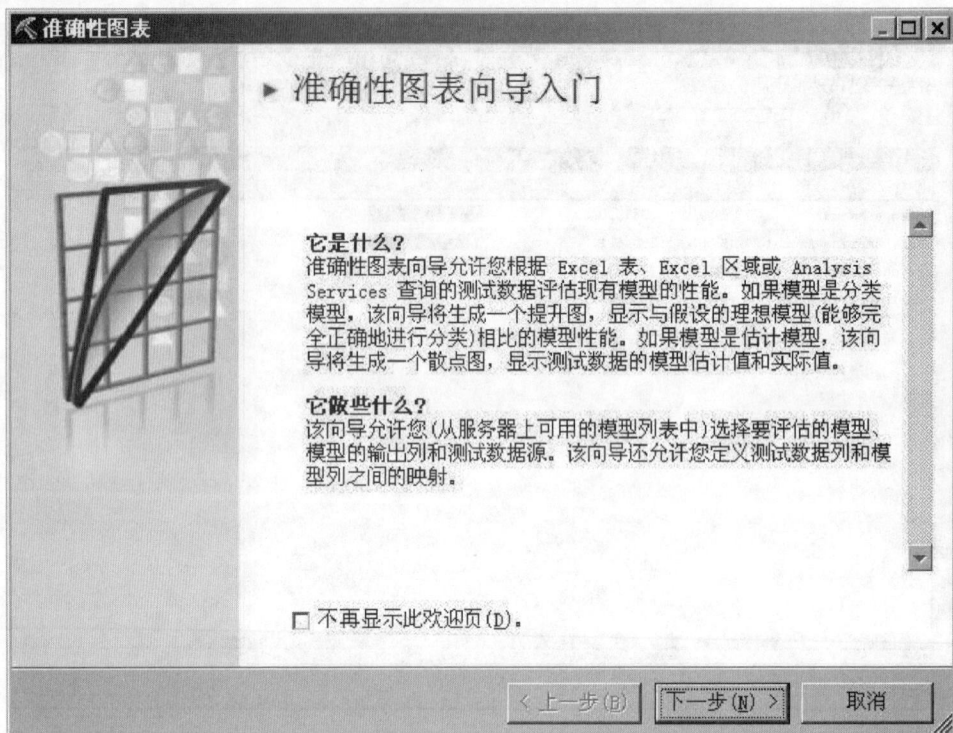

【步骤十二】点选"下一步"。

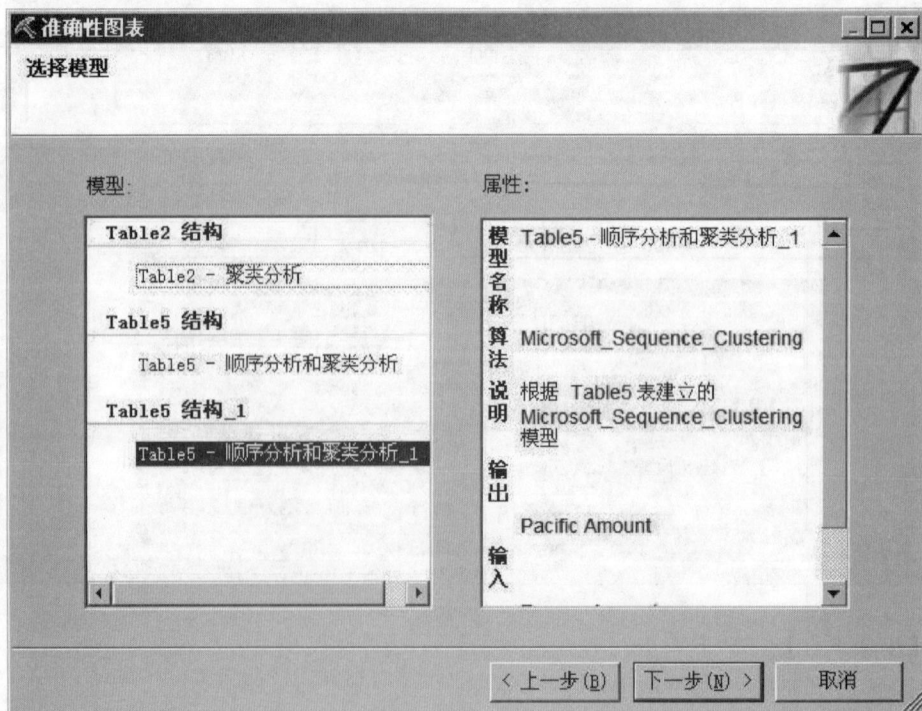

【步骤十三】点选"下一步"。

【步骤十四】点选"数据表"。

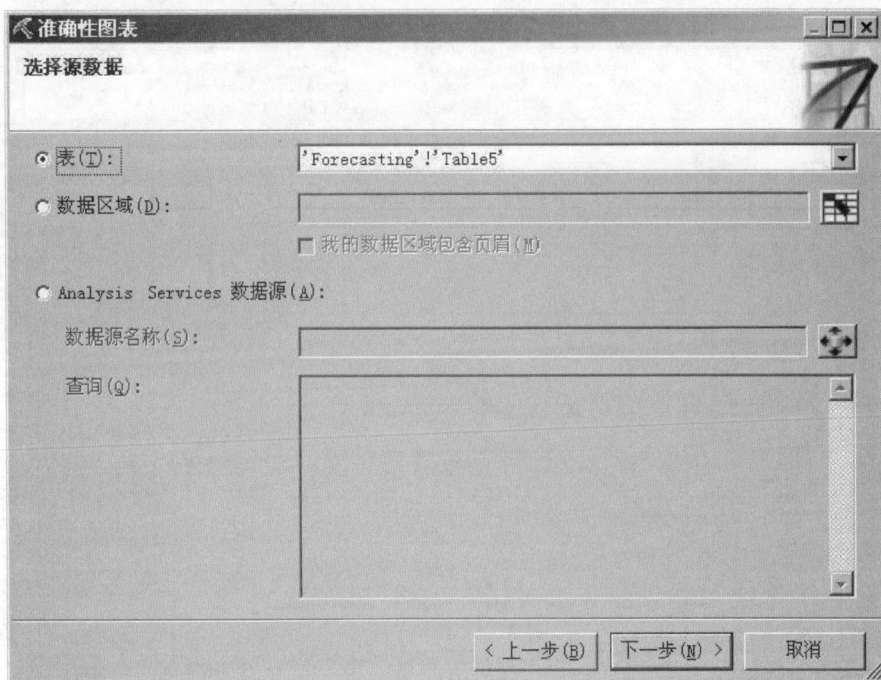

【步骤十五】点选"下一步"。

【步骤十六】呈现准确性图表。

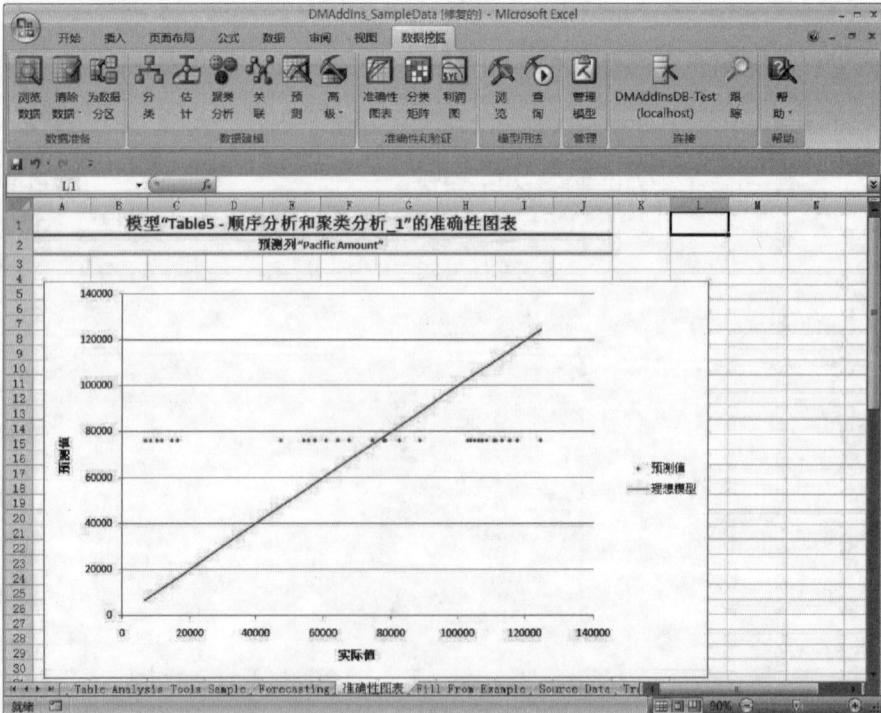

由于要预测的变量"Pacific Amount"为连续变量,因此准确性图表生成一个散点图,显示模型的预测值和实际值之间的关系。在该准确性图表下方,列出了具体的预测值和实际值表。

【步骤十七】呈现实际值与预测值表。

第十二章
线性回归

12.1 基本概念

当某种现象的变化及其分布特性清楚后,须分析是什么原因使这种变化发生,或某种现象对他种现象有什么影响等。如研究目的在探知两特性值 X 与 Y 间的相互关系,而如特性值 X 可以自由变动,则可用各种试验设计方法探讨 X 的影响,但如 X 不能自由变动,例如预测台风或探求水稻穗数与粳米重量间的关系等问题时,可用事先求得的 X 与 Y 间的关系来推测 Y 值,但对 X 与 Y 间的关系需再加解析后始能推断其相互间的关系。

一般以生物为研究的对象时,常发生某种现象的理论基础难以明确地解释其原因与结果的关系。或在自然状态下进行的实验,难以严格地控制,又不得不分析其相互间的关系等等问题。关于此等问题的分析可用衡量两者的关系程度的相关分析法,或集合几个特性值的所有情报以提高预测效果的回归方法。这些方法为生物统计学的重要方法。

早在 1885 年,高登(F.Galton)在"Regression towards mediocrity in hereditary stature"一文中发表他根据父母身体特性预测子女身体特性的研究结果。其发现"身高偏高的父母,其子女平均身高要低于他们的父母平均身高;相反的,身高矮的父母,其子女平均身高却要高于他们父母的平均身高"。他在文中利用"regression"这一词来表示此效应,亦即极度偏离正常的身高会"回归"到平均身高的现象,因此,将用一变量去预测另一变量的方法称为回归分析。回归一词本有其特殊意义,现已经将其一般化,用以叙述两个或两个以上变量间的关系,故知回归分析是以一个或多个自变量描述、预测或控制一特定因变量的分析,用途非常广泛,尤其对于不能以实验方法研究与分析的社会现象极为重要。

对于比较简单的变量间的关系,有时候可以凭着过去的经验与直觉来判断,但是对于比较复杂或需要精确结果的,就需要依赖客观的统计方法来了解它们之间的关系。在统计学上用来研究这些关系的统计方法除了方差分析尚有回归分析、相关分析等。

回归分析主要用于了解自变量与因变量间的数量关系。

(1)回归分析的主要目的

①了解自变量与因变量关系的方向及强度。

②以自变量所建立模式对因变量作预测。

(2)回归分析的目的分类(依自变量多少)

①简单回归分析(simple regression analysis)

②多元回归分析(multiple regression analysis)

(3)回归分析中变量的选择原则

①依相关理论或逻辑。

②依研究所涉及的变量关系来决定。

(4)回归分析步骤

①根据分布图的情况或专门学科的知识,拟定变量间的数学模型。

②用最小平方法求解正规方程。

③确定回归方程。

④用图证明所求的方程曲线与观测值的分布是否一致,以确定所选的数学模型是否合理。通过 Y 推测 X 的回归曲线的问题,也可同理推导。

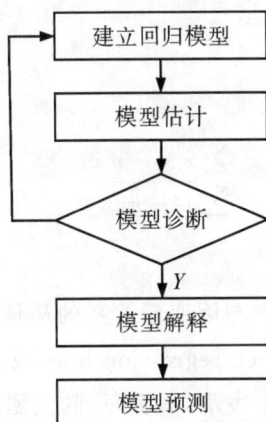

图 12-1 回归分析步骤

12.2 简单回归分析

简单回归模型可表示为:

$$y_i = \beta_0 + \beta_1 x_i + \varepsilon_i, i = 1, \cdots, n$$

其中 y_i 为因变量;x_i 为自变量;ε_i 为误差项(error term);β_0,β_1 为回归系数(regression coefficient),其中 β_0 为截距项(intercept),β_1 为模型的斜率(slope)。

误差项代表我们所拟合的回归直线不可能很完美,因此承认"直线模型"可能有错,误差项代表可能的错误。回归模型假设的基本想法是误差项来自某一个正态分布 $N(0,$

σ^2）。正式地，线性回归模型的基本假设为：

- 正态性（normality）：对任一固定 x 值，y 服从 $Y|X \sim N(u_{y|x}, \sigma^2_{y|x})$。
- 独立性（independence）：x 与 y 和 x 与 ε 间相互独立。
- 线性性（linearity）：$u_{y|x}$ 是 x 的线性函数。即 $u_{y|x} = \beta_0 + \beta_1 x$。
- 方差齐次性（homoscedasticity）：对于任意的 x，有 $\sigma^2_{y|x} \equiv \sigma^2$。

简单线性回归分析中最重要的是估计回归系数，估计的方法通常采用普通最小平方法（ordinal least squares method，OLS），也就是使散点图上的所有观测值到回归直线距离的平方和最小。对任一特定的自变量值 x_i 而言，其估计回归直线的对应值表示为 $y_i = \hat{\beta}_0 + \hat{\beta}_1 x_i$。利用最小平方法所得的 $\hat{\beta}_0$ 与 $\hat{\beta}_1$ 值，将使得因变量的观察值 y_i 与因变量的估计值 $\hat{y}_i$ 之间的离差平方和为最小，即 $\min \sum (y_i - \hat{y}_i)^2$。

对待估参数求导并令其为零，可得正则方程组：

$$\begin{cases} \sum y_i = n\hat{\beta}_0 + \hat{\beta}_1 \sum x_i \\ \sum x_i y_i = \hat{\beta}_0 \sum x_i + \hat{\beta}_1 \sum x_i^2 \end{cases}$$

由正则方程组可解出：

$$\begin{cases} \hat{\beta}_1 = \dfrac{\sum (x_i - \overline{x})(y_i - \overline{y})}{\sum (x_i - x)^2} = \dfrac{\sum x_i y_i - n\overline{x}\,\overline{y}}{\sum x_i^2 - n(\overline{x})^2} \\ \hat{\beta}_0 = \overline{y} - \hat{\beta}_1 \overline{x} \end{cases}$$

最小平方法可提供描述自变量与因变量关系的最佳近似直线，由最小平方法建立的直线方程称为估计回归线（estimated regression line）或估计回归方程（estimated regression equation），并以 $\hat{y}_i = \hat{\beta}_0 + \hat{\beta}_1 x_i$ 表示，$\hat{y}_i$ 是 y_i 的预测值或估计值。两者之差反映了估计的误差，第 i 个观察值之差为 $e_i = y_i - \hat{y}_i$，此差值称为第 i 个残差（residual）。

σ^2 是回归模型误差项 ε 的方差，通常以误差平方和 SSE 求得 σ^2 估计值。以 $\hat{\sigma}^2$ 估计 σ^2。

$$\hat{\sigma}^2 = S^2_{y|x} = \frac{1}{n-2}\sum(y_i - \hat{y}_i) = \frac{n-1}{n-2}(S^2_y - \hat{\beta}_1 S^2_x)$$

其中：

$$S^2_y = \frac{\sum y_i^2 - n(\overline{y})^2}{n-1} \qquad S^2_x = \frac{\sum x_i^2 - n(\overline{x})^2}{n-1}$$

对 β_1 的统计推断：$H_0 : \beta_1 = \beta_1^*$，$H_1 : \beta_1 \neq \beta_1^*$。在线性回归模型中有

$$\hat{\beta}_1 \sim N\left(\beta_1, \frac{\sigma^2}{\sum(x_i - \overline{x})^2}\right)$$

检验统计量为

$$t = \frac{\beta_1 - \beta_1^*}{\dfrac{S_{y|x}}{S_x \sqrt{n-1}}} \sim t_{n-1,1-\frac{\alpha}{2}}$$

如果 $|Z| > t_{n-1,1-\frac{\alpha}{2}}$,则拒绝 H_0。

其中 β 的 $100 \times (1-\alpha)\%$ 置信区间上下界为 $\beta_1 \pm t_{n-2,1-\frac{\alpha}{2}} \dfrac{S_{y|x}}{S_x \sqrt{n-1}}$。

对 β_0 的统计推断: $H_0 : \beta_0 = \beta_0^*$, $H_1 : \beta_0 \neq \beta_0^*$

$$\beta_0 \sim N\left[\beta_0, \sigma^2 \left(\frac{1}{n} + \frac{\overline{x}^2}{\sum (x_i - \overline{x})^2} \right) \right]$$

检验统计量为

$$t = \frac{\hat{\beta}_0 - \beta_0^*}{S_{y|x} \sqrt{\dfrac{1}{n} + \dfrac{\overline{x}^2}{(n-1)S_x^2}}} \sim t_{n-2,1-\frac{\alpha}{2}}$$

其中 β_0 的 $100 \times (1-\alpha)\%$ 置信区间为

$$\left[\hat{\beta}_0 - t_{n-2,1-\frac{\alpha}{2}} S_{y|x} \sqrt{\frac{1}{n} + \frac{\overline{x}^2}{(n-1)S_x^2}}, \hat{\beta}_0 + t_{n-2,1-\frac{\alpha}{2}} S_{y|x} \sqrt{\frac{1}{n} + \frac{\overline{x}^2}{(n-1)S_x^2}} \right]$$

回归系数表示当自变量 X 产生一个单位的变化时,因变量 Y 相对的产生的变化量。假设变量 Y 为"销售量",变量 X 为"广告投资",二者的回归方程为 $\hat{Y} = 120 + 0.24X$,其意思是平均来说,如果"广告投资"X 增加 100 万元,则"销售量"Y 将增加约 24 万元。$\alpha = 120$ 表示当广告投资 $X = 0$ 时,可能的销售量;$\hat{\beta} = 0.24$ 表示 X 增加一个单位(一万元)时 Y 的增加量。

衡量回归方程的拟合优度(goodness of fit),一般采用判定系数(coefficient of determination)。下面简要解释其原理。

以最小平方法可求出使因变量的观察值 y_i 与自变量的预测值 $\hat{y}_i$ 之间的离差平方和为最小的 $\hat{\alpha}$ 与 $\hat{\beta}$ 值。因此,最小平方法中所处理的平方和,常被称为误差平方和或残差平方和,以 SSE 表示:

$$SSE = \sum (y_i - \hat{y}_i)^2$$

与平均数有关的平方和(记为 SST),也就是总方差,则定义如下:

$$SST = \sum (y_i - \overline{y})^2$$

为衡量估计回归直线的预测值 $\hat{y}$ 与 $\overline{y}$ 的差异,我们必须计算另一种平方和,此平方和称为回归平方和(记作 SSR),由自变量 X 或回归引起的方差,是已知原因所引起的方差(variation)。回归平方和定义如下:

$$SSR = \sum (\hat{y}_i - \overline{y})^2$$

容易证明,三者关系为

$$SST = SSR + SSE$$

接下来,探讨 SSE、SST 与 SSR 如何提供测量回归关系的拟合优度。如果各观测值均落在最小平方法的回归线上,此时为最佳拟合的情况,直线通过每一点,所以 $SSE=0$。因此,在完全拟合情况下,SSR 与 SST 必然相等,也就是说,$SSR/SST=1$。从另一方面来看,拟合优度不佳则导致较大的 SSE。然而,由于 $SST+SSR=SSE$,所以当 $SSR=0$ 时,SSE 为最大(拟合优度最差)。在这种情况下,估计回归方程无法预测 y。因此,最差的拟合情况将使 $SSR/SST=0$。

假如使用 SSR/SST 评估回归关系的拟合优度,则此测量值将介于 0 与 1 之间,其值愈接近 1,表示拟合优度愈佳。SSR/SST 即称为判定系数(coefficient of determination),记作:

$$R^2 = \frac{SSR}{SST} = 1 - \frac{SSE}{SST}$$

因此 SSR 为可由回归方程解释的 SST 部分。我们可将判定系数理解为回归模型对于 SST 的解释程度。当以百分比表示时,判定系数可解释为在 SST 中,回归方程说明的百分比,即自变量 X 解释了因变量变动的百分数。较大的 R^2 值仅表示该回归模型提供较好的拟合,即观察值都很接近回归直线。但不能仅依 R^2 的大小来判断 X 与 Y 之间的关系是否为统计显著。若要下这类结论,必须考虑到样本大小与最小平方估计式的近似抽样分布的性质。

在实务上,对社会科学数据而言,R^2 高于 0.25,通常即可视为有用的。对自然科学数据而言,经常发现高于 0.60 的 R^2 值,事实上,有时候更能见到 R^2 值高于 0.90 的情形。

12.3 多元回归分析

多元回归(multiple regression)是简单线性回归的推广,模型包含一个因变量和两个或以上的自变量。例如,在研究"销售量 Y"的变化时,只考虑"广告投资 X_1"可能不够,可能还要再考虑"销售人员的数量 X_2""特定产品的价格 X_3""个人可支配所得 X_4"等其他变量,此时采用多元回归分析是比较适当的。需要注意的是,如果因变量是类别变量,例如因变量"购买意向 Y"为二分变量时,也就是($Y=1$ 表示肯定购买,$Y=0$ 表示不一定购买),则要采取 Logistic 回归分析(logistic regression)。

多元回归分析可以达到以下目的:

①了解因变量和自变量之间的关系是否存在,以及该关系的强度。也就是以自变量所解释的因变量的方差部分是否显著,且因变量方差中有多大部分可以用自变量来解释。

②估计回归方程,求算特定已知自变量的情况下,因变量的理论值或预测值,达到预测目的。

③评价特定自变量对因变量的贡献,也就是在控制其他自变量不变的情况下,该自变量的变化所导致的因变量变化情况。

④比较各自变量在拟合中对 Y 的回归相对作用的大小,寻找最重要的和比较重要的自变量。

多元回归模型一般表示为

$$Y = \beta_0 + \beta_1 X_1 + \beta_2 X_2 + \beta_3 X_3 + \cdots + \beta_k X_k + \varepsilon$$

该模型可以用下面的回归方程来估计

$$\hat{Y} = \hat{\beta}_0 + \hat{\beta}_1 X_1 + \hat{\beta}_2 X_2 + \hat{\beta}_3 X_3 + \cdots + \hat{\beta}_k X_k$$

其中 β_0 代表截距,β_i 代表回归系数(也就是偏回归系数),一般都是通过常用的统计软件来估计,统计软件还将同时给出标准的回归系数和对应的标准误差,这些统计量与简单回归中给出的相应统计量的意义是一致的。

对于多元回归模型的评价,可以用类似于简单线性回归中判定系数(coefficient of determination)的统计量 R^2 来度量:

$$R^2 = \frac{SSR}{SST} = 1 - \frac{SSE}{SST}$$

其中 $SST = \sum (Y - \overline{Y})^2 \quad SSR = \sum (\hat{Y} - \overline{Y})^2 \quad SSE = \sum (Y - \hat{Y})^2$

称 R^2 为判定系数或复相关系数 R 的平方。R 和 r^2 具有以下的意义和性质:

R 也可以看成是实际值 Y 和预测值 $\hat{Y}$ 之间的简单相关系数 r。

判定系数 R^2 不会小于因变量 Y 和任一个自变量 X 之间最大的判定系数 R_i^2,即 $R^2 \geqslant \max\{R_1^2, R_2^2, \cdots, R_k^2\}$,其中 R_i^2 为 Y 与 X_i 的判定系数。

自变量 $X_1, X_2, \cdots, X_k$ 之间相关的程度越低,R^2 的值就可能越高。如果自变量 $X_1, X_2, \cdots, X_k$ 间在统计上独立,则 R^2 就等于所有自变量与因变量的判定系数之和,即 $R^2 = \sum R_i^2$。

当回归方程中自变量的个数持续增加时,R^2 的数值不会减小;不过在前几个自变量后,再增加自变量也不会对 R^2 有多大的贡献,因此,不难发现当 R^2 很大时,应考虑是否是因为变量增加所造成的结果。为避免此问题产生,此时宜应加以调整,即按照自变量的个数和样本个数对 R^2 进行如下的调整:

$$R_{adj}^2 = 1 - \frac{SSE/(n-k)}{SST/(n-1)} = R^2 - \frac{k(1-R^2)}{n-k-1}$$

此时称 R_{adj}^2 为调整后判定系数(adjusted coefficient of determination)。

回归模型的假设检验包括两个部分:

- 对整个回归方程的显著性检验
- 对(偏)回归系数的显著性检验

对整个回归方程的显著性检验的原假设为"总体的判定系数 R^2 为零",这个原假设等价于"所有的总体回归系数都为零",即

$$H_0:R^2=0 \quad 或 \quad H_0:\beta_1=\beta_2=\cdots=\beta_k=0$$

检验的统计量为 R^2,最终检验统计量为 F 值,计算公式为

$$F=\frac{SSR/k}{SSE/(n-k-1)}=\frac{R^2/k}{(1-R^2)/(n-k-1)}$$

F 比值的意义实际上是"可以由回归解释的方差"与"不能解释的方差"之比,由总差的分解式可以看到回归方差的显著性检验与方差分析的概念是类似的。因此也称上述检验过程为应用于回归的方差分析。

方差的来源	平方和	自由度	均方差	F 比值
可以解释(回归)	$\sum(\hat{y}-\bar{y})^2$	k	$MSR=\dfrac{SSR}{k}$	$F=\dfrac{MSR}{MSE}$
不可解释(残差)	$\sum(y-\hat{y})^2$	$n-k-1$	$MSE=\dfrac{SSR}{n-k-1}$	
总计	$\sum(y-\bar{y})^2$	$n-1$		

对单一回归系数的显著性检验的原假设为

$$H_0:\beta_i=0$$

检验的最终统计量仍为 t 值

$$t_i=\frac{\beta_i}{SE(\beta_i)},i=1,\cdots,k$$

12.4 回归变量的选择

变量的选择原则主要有:(1)依据专家所提出的相关理论;(2)参考相关研究文献;(3)依据研究人员所欲探讨的变量关系来决定。

在建立回归方程时,可能会涉及很多自变量。然而有些变量可能并不重要,太多的变量会促使模型变得过于复杂;因此,需要对大量的自变量进行必要的筛选,用尽可能少的自变量去解释因变量中最大比例的变异。选择回归变量的常用方法主要有:

所有可能回归法(all-possible-regression procedure):将所有可能的自变量全部加入,

进行回归分析。

向前选择法(forward selection):将自变量逐个加入回归模型,检验其是否满足某个事先规定的标准;如果满足该标准,则将此变量加入回归模型,否则就不保留。例如,根据待加入变量对可解释的方差贡献的大小,可以规定"重要的"变量加入方程所需的最小 F 值(如 $F=3.84$)或最大概率值 P(如 $P=0.05$)。

向后淘汰法(backward elimination):先将全部自变量都加入回归模型中,然后逐个地检验其是否满足某个事先规定的剔除比值;如果满足该标准,则将此变量从回归模型中剔除,否则就保留。例如,根据变量对可解释的方差贡献的大小,可以规定将"不重要的"变量从方程中剔除的 F 值的上限(如 $F=2.71$)或概率值 P 的下限(如 $P=0.10$)。

逐步回归法(stepwise regression):是前两种方法的结合,即根据某些事先规定的标准,逐个加入"重要的"变量,又随时剔除"不重要的"变量,直至既无不显著变量从回归方程中剔除,又无显著变量加入回归方程为止

注意,按照上述方法得到的回归方程其判定系数 R^2 不一定是最大的,即回归效果不一定是最佳的。由于自变量之间可能相关(叫多重共线性),因此重要的变量有可能被剔除,不重要的变量也有可能被加入。为此,在变量选择的问题上要持慎重的态度,要结合相关的专业知识,考虑各种可能,必要时还可将某些"不可缺少"的变量强行加入方程。

12.5 Excel 2013 线性回归操作步骤

Microsoft 线性回归算法是一种回归算法,很适合回归模型。此算法为 Microsoft 决策树算法的特定配置,经由停用分割取得(整个回归式是在单一根节点中建立)。此算法支持连续属性的预测。

【步骤一】点击"高级",点选"创建挖掘结构"。

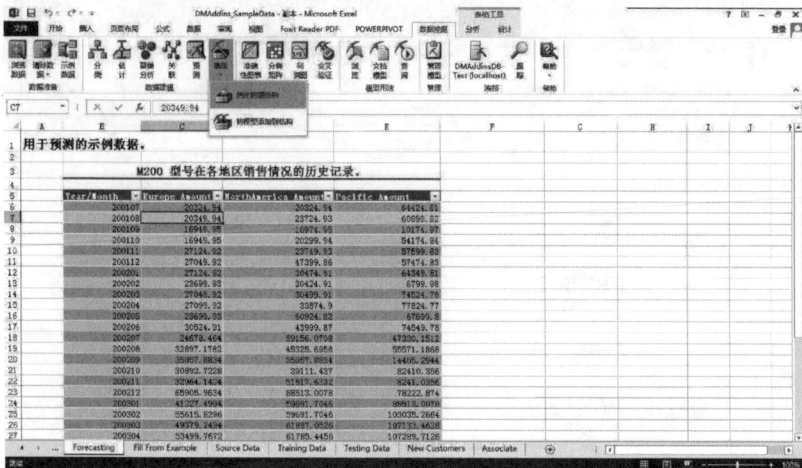

【步骤二】点选"下一步"。

【步骤三】勾选"Analysis Services 数据源",点选"下一步"。

【步骤四】可由"服务器数据源"使用已存在数据库中的数据,或者单击"服务器数据源(S)"栏后第一个按钮,可新增数据源。

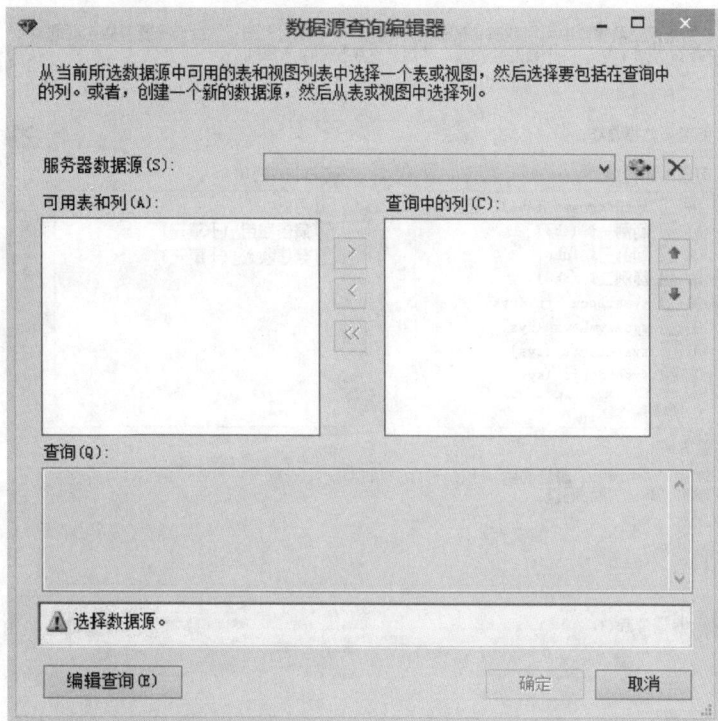

【步骤五】输入服务器名称,选择目录名称,测试连接,点选"确定"。

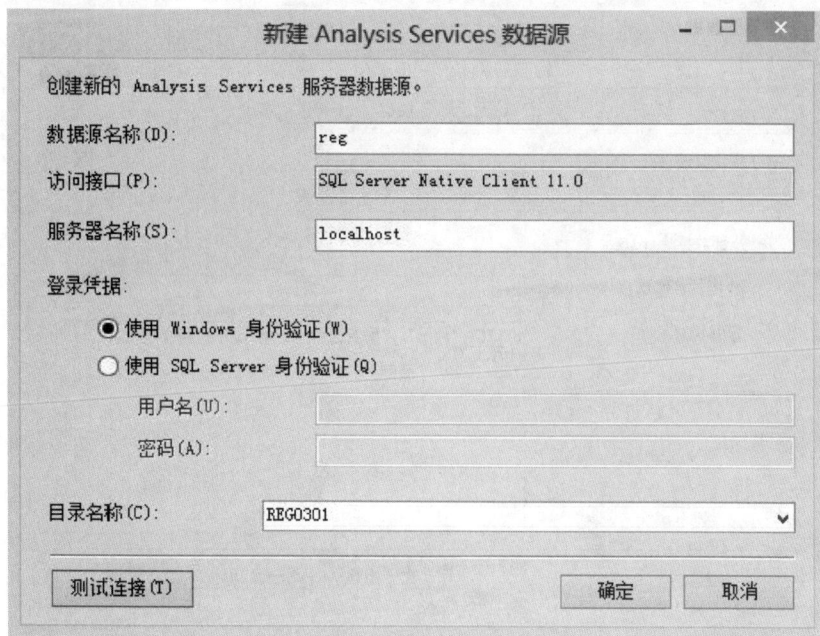

【步骤六】将所需数据表移至"查询中的数据行"。

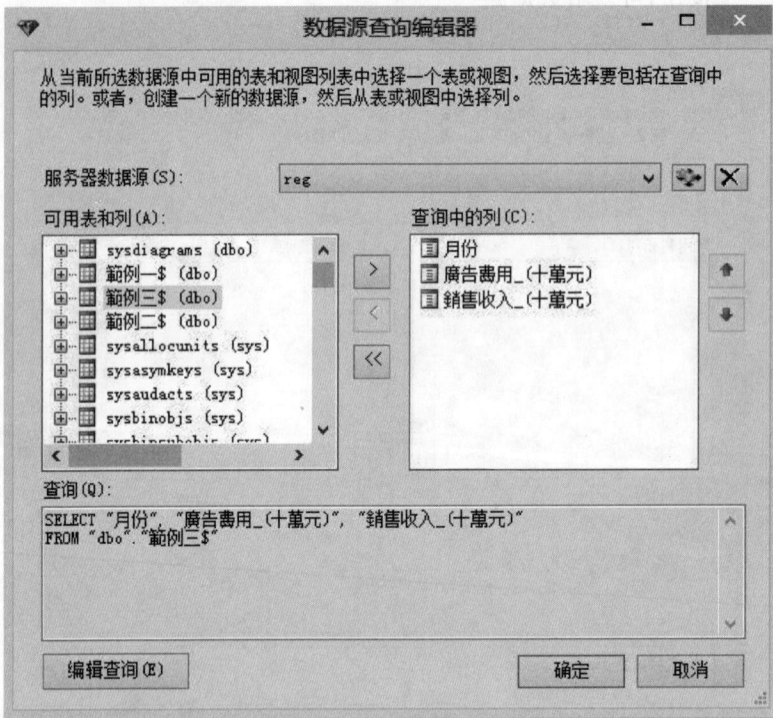

【步骤七】点选"下一步"。

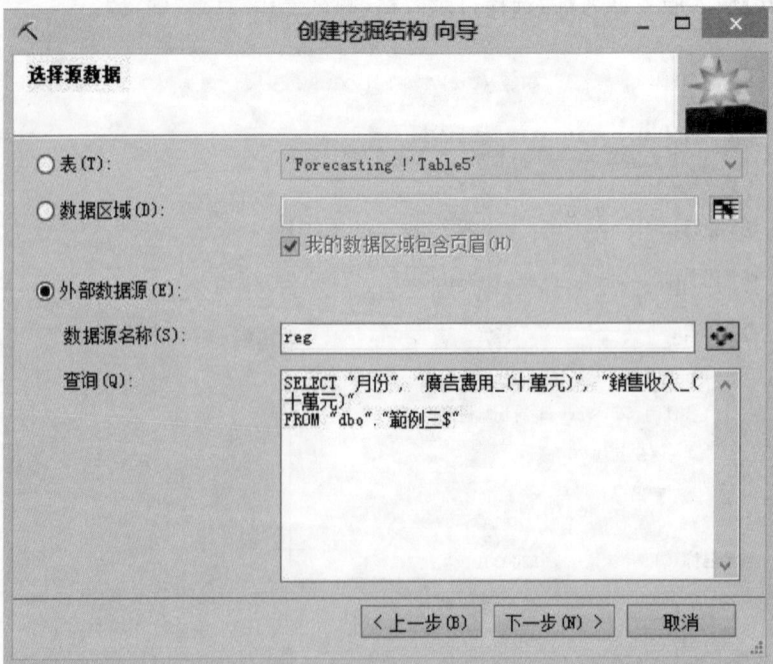

【步骤八】点选"下一步"。

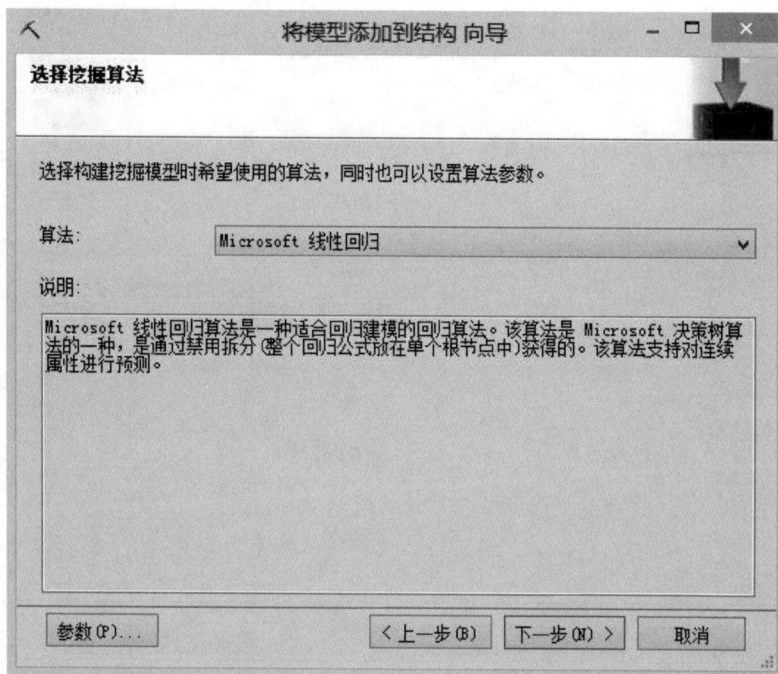

【步骤九】"用法"中将自变量设定为"输入",预测变量设定为"仅预测",此数据中的序号设定为"键",若不使用的变量则设定为"不使用",点选"下一步"。

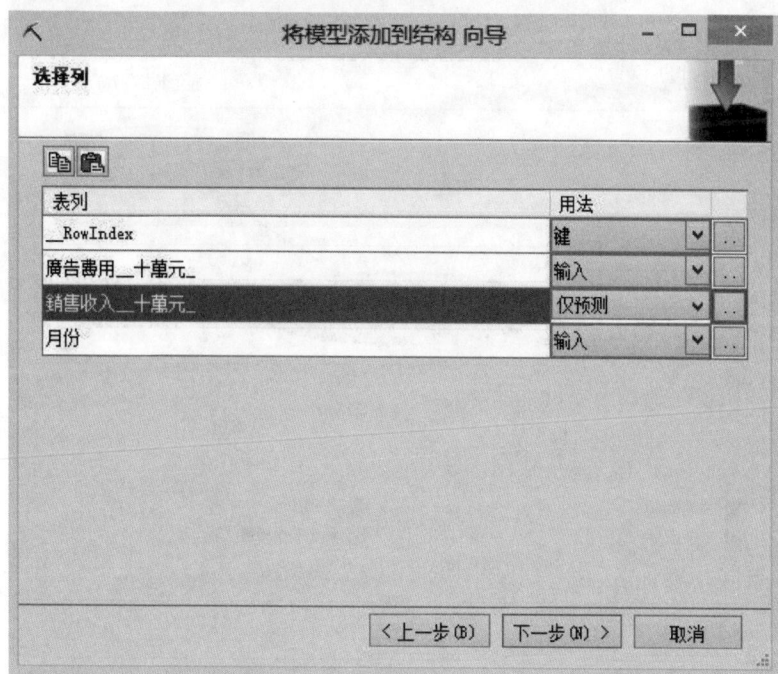

【步骤十】勾选"浏览模型""启用钻取""处理模型",点击"完成"。

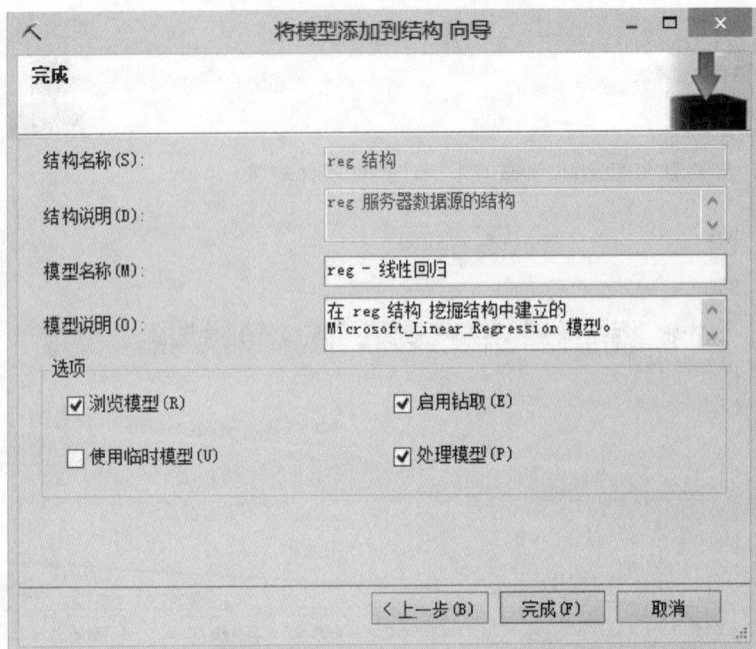

【步骤十一】点选"依赖关系网络",若结果有数个变量与预测变量存在关联性,则可调整"所有链接"看出其中关联的强弱程度。

【步骤十二】点选"数据挖掘",点选"准确性图表",点选"下一步"。

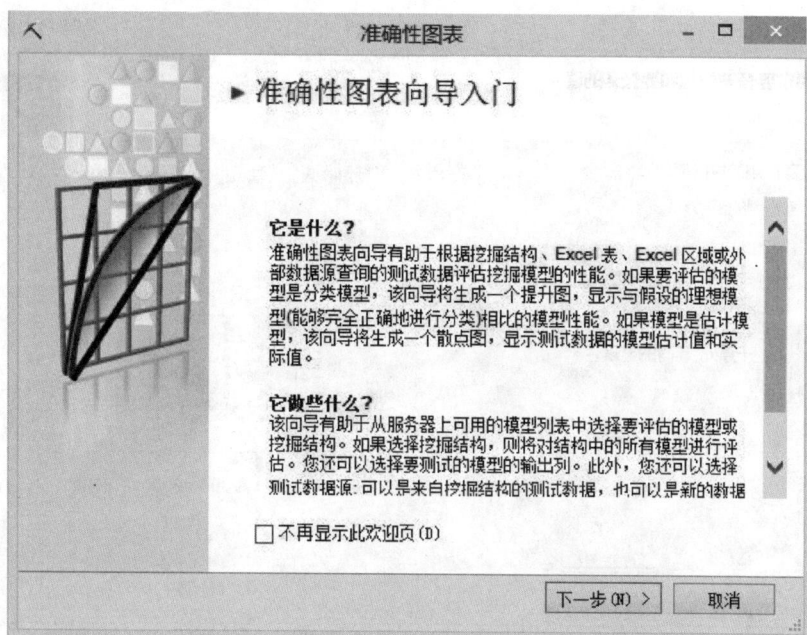

【步骤十三】选择"reg－线性回归",在右侧结构说明中,可查看该回归结构中所含变量,点选"下一步"。

【步骤十四】指定要预测的变量,此处选择"销售收入",点选"下一步"。

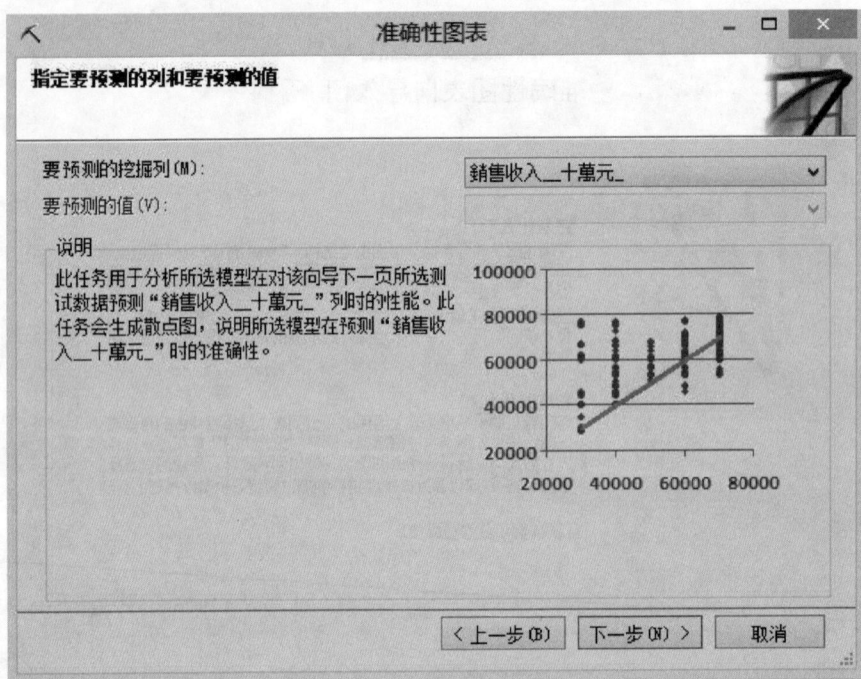

【步骤十五】勾选"Analysis Services"数据源,点选"下一步"。

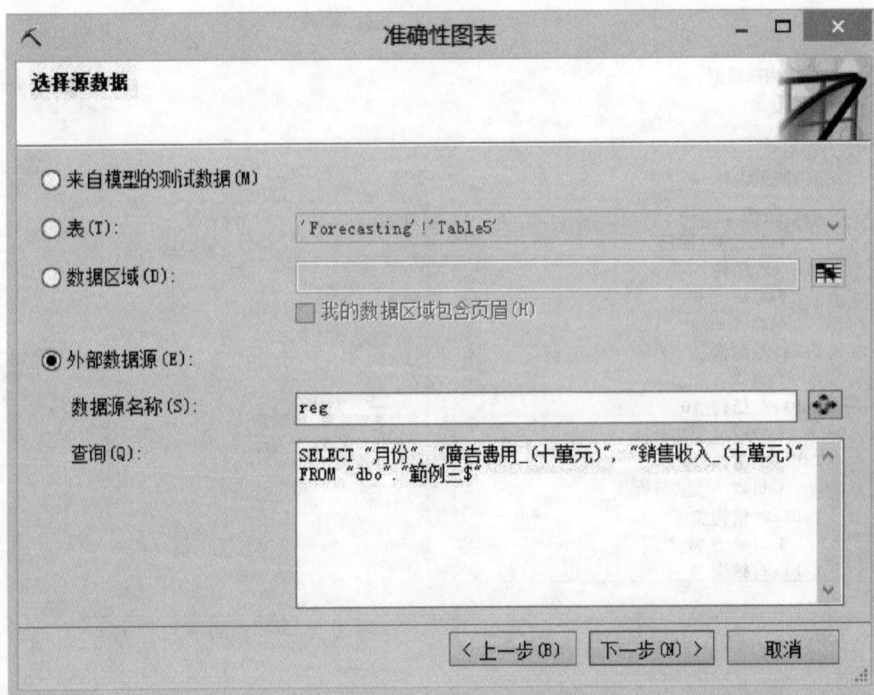

【步骤十六】点选"完成"。

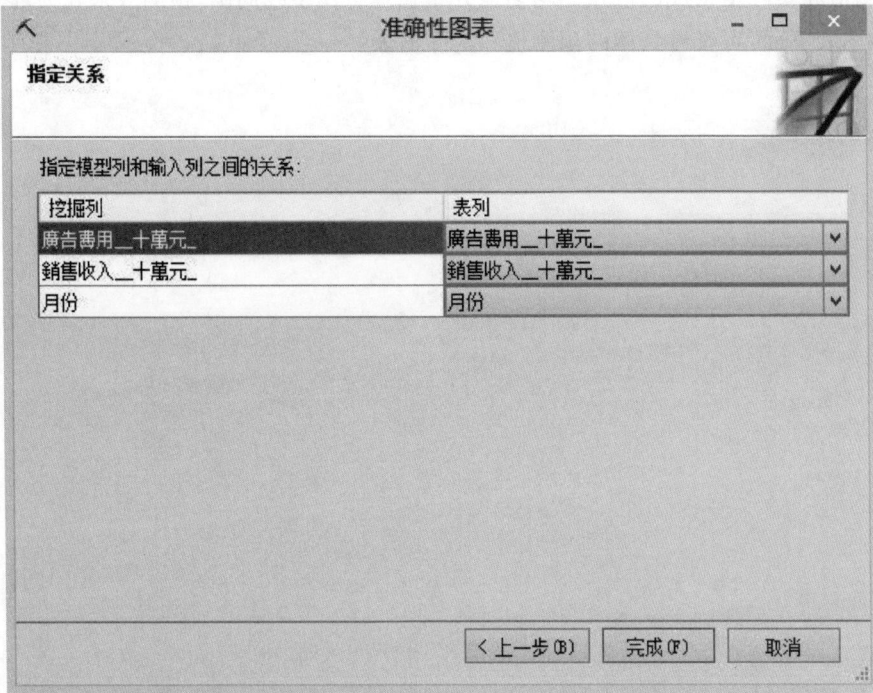

【步骤十七】可得到此模型的准确性图表。

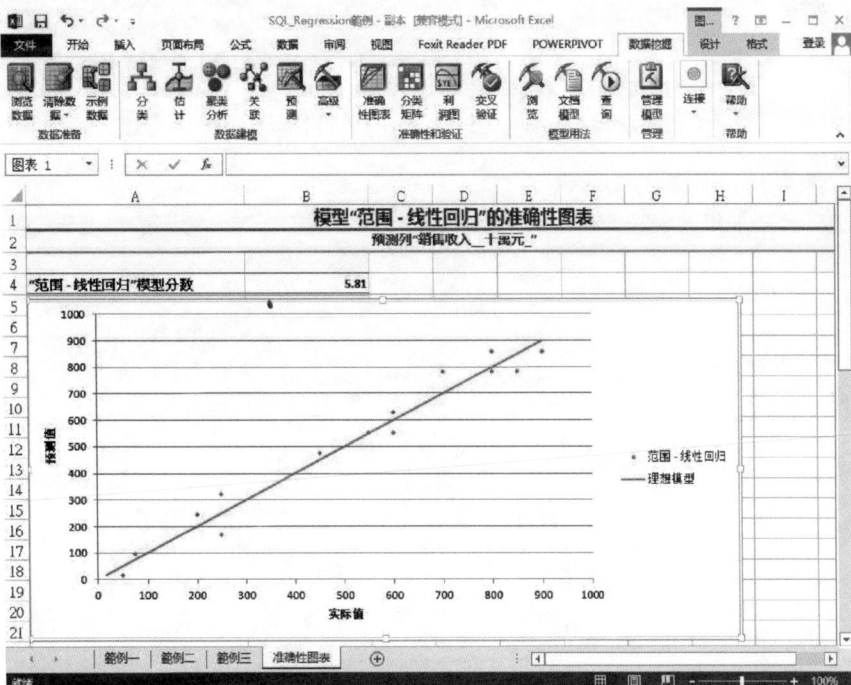

准确性图表中的散点显示了预测值和实际值之间的关系。直线为理想模型,观察发现,预测值和实际值构成的散点图均匀地分布在理想模型线周围,预测效果较为理想。在准确性图表下面,可查看具体的预测值和实际值表。

BIG
DATA

第十三章
Logistic 回归

13.1 基本概念

Logistic 回归模型可分析二值型(binary)或序数型(ordinal)的因变量与解释变量间的关系。Logistic 回归模型中,用自变量去预测因变量在给定某个值(如 1 或 0)的概率。这因变量通常呈现二值中的一个值或序数中最小的一个值。当因变量有很多不同的值时,如:间隔尺度(interval sale)或比例尺度(ratio scale)的数据类型时,通常使用简单回归模型而不用 Logistic 回归模型。对一个二值的因变量 Y,Logistic 回归模型的形式如下:

$$\text{Logit}(\frac{p}{1-p}) = \beta_0 + X\beta_1$$

$p = \text{Prob}(y=1 \mid X)$:代表因变量的概率值。

β_0:代表截距参数。

β_1:代表斜率参数的向量。

X:代表解释变量的向量。

Logistic 回归方程式即将第 i 组个别事件概率(p_i)的对数(logit)转换,表示为自变量的一条直线方程式,一般表示法是用因变量的平均数函数 $g = g(u)$ 来表示它与自变量的线性关系。g 称为链接函数(link function),其他常见的链接函数有 mormit function (被使用在 probit 分析中)和补充的 log-log function。对数函数(logit function)有较易解释的优点,同时,它也可应用到将来或过去曾收集到的数据。

对数线性模型是将列联表中每格的概率(或理论频度)取对数后,分解参数获得的;Logistic 模型是将概率比取对数后,再进行参数化而获得的,它的历史比对数线性模型长,方法也很有特色。为了较好地理解这一方法,我们先介绍 Logit 变换和 Logistic 分布,然后再回到列联表的 Logistic 回归的分析方法。

13.2 logit 变换

人们常常要研究某一事件 A 发生的概率 p，p 值的大小与某些因素有关。例如有毒药物的剂量大小与被试验老鼠的死亡率之间的关系就是一个例子，死亡率 p 随着剂量 x 的增大自然是增长的。但因 p 的值一定在 $[0,1]$ 区间内，所以 p 不可能是 x 的线性函数或二次函数，一般的多项式函数也不适合，这样就给这一类的回归带来很多困难；另外，当 p 接近于 0 或 1 时，一些因素即使有很大变化，p 值的变化也不可能大，像高可靠性的系统，可靠度 p 已是 0.998 了，即使再改善条件、工艺和系统的结构，它的可靠度增大只能在小数点后面的第三位或第四位。又如灾害性天气发生的概率 p 很小，很接近于 0，即使能找到一些刻画它发生的前兆，也不可能将 p 值提高很多。从数学上看，就是函数 p 对 x 的变化在 $p=0$ 或 1 的附近是不敏感的、是缓慢的，而且非线性的程度较高，于是要寻求一个 p 的函数 $\theta(p)$，使得它在 $p=0$ 或 $p=1$ 附近时变化幅度较大，而函数的形式又不是太复杂。因此用 $\dfrac{\mathrm{d}\theta(p)}{\mathrm{d}p}$ 来反映 $\theta(p)$ 在 p 附近的变化是合理的，在 $p=0$ 或 1 时，$\dfrac{\mathrm{d}\theta(p)}{\mathrm{d}p}$ 应有较大的值，这自然要考虑

$$\frac{\mathrm{d}\theta(p)}{\mathrm{d}p} \propto \frac{1}{p(1-p)}$$

如果将上式取成等式，就有

$$\frac{\mathrm{d}\theta(p)}{\mathrm{d}p} = \frac{1}{p(1-p)} = \frac{1}{p} + \frac{1}{1-p}$$

于是求得

$$\theta(p) = \ln \frac{p}{1-p} \tag{13.2.1}$$

上式所做变换称为 logit 变换，是否可以认为就是"logit"（取对数）的意思呢？很明显 $\theta(p)$ 在 $p=0$ 与 $p=1$ 的附近变化幅度很大，而且当 p 从 0 变到 1 时，$\theta(p)$ 从 $-\infty$ 变到 ∞，这样就克服了一开始我们就指出的两点困难。如果 p 对 x 不是线性的关系，θ 对 x 就可以是线性的关系了，这给数据处理带来很多方便。从 (13.2.1) 式，将 p 由 θ 来表示，就得

$$p = \frac{\mathrm{e}^\theta}{1+\mathrm{e}^\theta} \tag{13.2.2}$$

如果 θ 是某些自变量 $x_1,\cdots,x_k$ 的线性函数 $\sum_{i=1}^{k} a_i x_i$，则 p 就是 $x_1,\cdots,x_k$ 的下列函数：

$$p = \frac{e^{\sum_{i=1}^{k} a_i x_i}}{1 + e^{\sum_{i=1}^{k} a_i x_i}} \tag{13.2.3}$$

因此有的书中讨论 Logistic 回归时,直接从(13.2.3)式开始。

13.3 Logistic 分布

分布函数为

$$F(x) = (1 + e^{-(x-\mu)/\sigma})^{-1}, \quad -\infty < x < \infty \tag{13.3.1}$$

的分布称为 Logistic 分布。

其中 $-\infty < \mu < \infty, \sigma > 0$。

(13.3.1)式也可写成

$$F(x) = \frac{1}{2} \left[1 + \tanh\left(\frac{x-\mu}{2\sigma} \right) \right]$$

它的密度函数为

$$f(x) = \frac{1}{\sigma} e^{-\frac{x-\mu}{\sigma}} \left[1 + \exp\left\{ -\frac{x-\mu}{\sigma} \right\} \right]^{-2} \tag{13.3.2}$$

在(13.2.2)式中 p 表示(13.3.1)的 $1 - F(x)$,则有

$$p = 1 - F(x) = e^{-(x-\mu)/\sigma}/(1 + e^{-(x-\mu)/\sigma})$$

相应的 $\theta = -\dfrac{x-\mu}{\sigma}$。从这里可以看出 logit 变换与 Logistic 分布的关系。(13.3.1)式还告诉我们,Logistic 分布仍然是属于位置—尺度参数族,其中 μ 是位置参数,σ 是尺度参数,这样凡与位置—尺度参数族有关的结果,均对 Logistic 分布有效。当 $\mu = 0, \sigma = 1$ 时,相应的分布称为标准 Logistic 分布,它的分布函数 $F_0(x)$ 与分布密度 $f_0(x)$ 为

$$\begin{cases} F_0(x) = (1 + e^{-x})^{-1} \\ f_0(x) = e^{-x}/(1 + e^{-x})^2 \end{cases}, \quad -\infty < x < \infty \tag{13.3.3}$$

很明显,如考虑

$$G_0(x) = e^x/(1 + e^x), \quad -\infty < x < \infty \tag{13.3.4}$$

则 $G_0(x)$ 也是一个分布函数,且有关系式

$$G_0(x) = 1 - F_0(-x) = F_0(x)$$

因此有的书上也从 $G_0(x)$ 出发,以它作为标准分布,经随机变量线性变换后导出的分布作为一般的 Logistic 分布。

13.4 2×2 表的 Logistic 回归模型

现在来讨论如何将 2×2 表化为一个 Logistic 的回归模型,我们以下例为背景来进行分析。

假定吸烟人患肺癌的概率是 p_1,不得肺癌的概率就是 $1-p_1$,不吸烟的人患肺癌的概率是 p_2,不得肺癌的概率为 $1-p_2$。于是经过 logit 变换后:

$$\theta_1 = \ln \frac{p_1}{1-p_1}$$

$$\theta_2 = \ln \frac{p_2}{1-p_2}$$

如果记 θ_2 为 θ,则 $\theta_1 = \theta_2 + (\theta_1 - \theta_2) = \theta + \Delta$。因此患肺癌是否与吸烟有关,就归结为检验

$$H_0 : \Delta = 0 \tag{13.4.1}$$

我们考察了 92 个吸烟的,其中 60 个患肺癌,不吸烟的 14 个人中有 3 个得肺癌。将这个概括一下,就是考察了 n_1 个吸烟的,肺癌者有 r_1 个,n_2 个不吸烟的,肺癌者有 r_2 个,因此 p_1 与 p_2 的估计值分别为 $\hat{p}_1 = \frac{r_1}{n_1}, \hat{p}_2 = \frac{r_2}{n_2}$。令

$$z_i = \ln \frac{r_i}{n_i - r_i}, i = 1, 2$$

则可以证明,当 n_i 相当大时,下述等式是可以成立的

$$E(z_i) = \theta_i, \mathrm{Var}(z_i) = \frac{1}{n_i p_i (1-p_i)}, i = 1, 2 \tag{13.4.2}$$

如果写成向量的形式,就是

$$\begin{cases} E \begin{bmatrix} z_1 \\ z_2 \end{bmatrix} = \begin{bmatrix} 1 & 1 \\ 1 & 0 \end{bmatrix} \begin{bmatrix} \theta \\ \Delta \end{bmatrix} \\ \mathrm{Var} \begin{bmatrix} z_1 \\ z_2 \end{bmatrix} = \begin{bmatrix} \dfrac{1}{n_1 p_1 (1-p_1)} & 0 \\ 0 & \dfrac{1}{n_2 p_2 (1-p_2)} \end{bmatrix} \end{cases}$$

如果 z_1, z_2 是正态变量,这就类似回归模型,而当 n_i 很大时,z_i 是渐近正态的,所以这一类的问题就称为 Logistic 回归。

13.5 Excel 2013 Logistic 回归操作步骤

Microsoft Logistic 回归算法是 Microsoft 神经网络算法的特例,因为删除了神经网络中的隐藏层。此算法同时支持分类变量和数值变量的预测。

【步骤一】进入 Excel 的范例。

【步骤二】点选"高级"→"创建挖掘模型"。

【步骤三】出现数据源窗口,可以选择数据源所在的表的名称、Excel 中数据区域或者输入数据来源的网址。本书中我们选择'Table Analysis Tools Sample'!'Table2'这个数据表进行分析。选好后点选"下一步"。

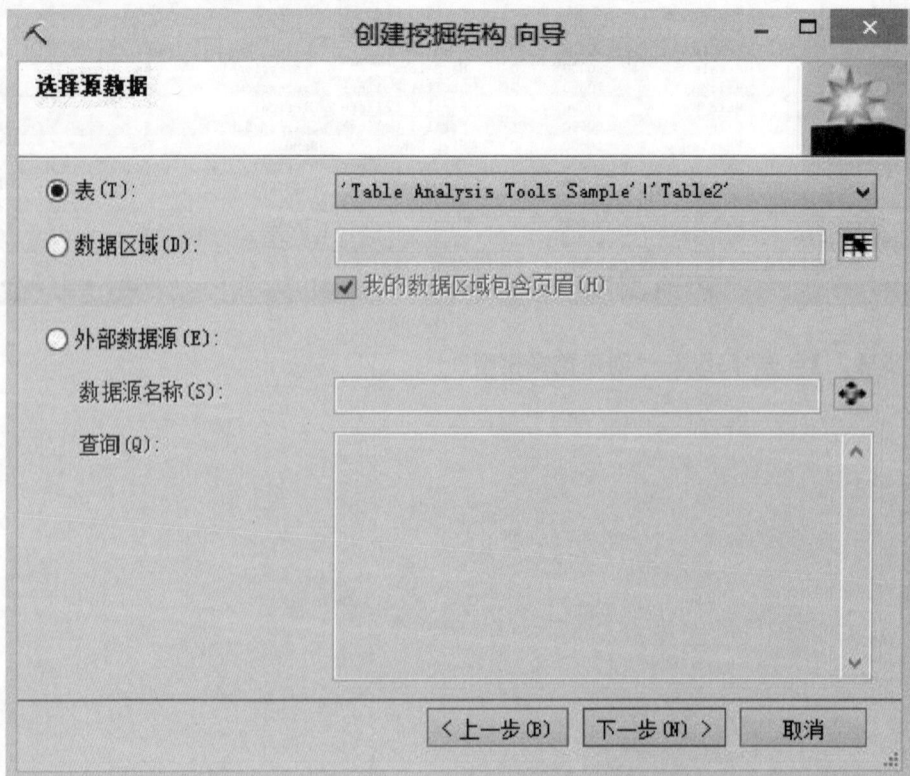

【步骤四】出现"选择挖掘算法",可以选择不同的方法进行数据挖掘。本章中,我们选择逻吉斯回归方法,在算法的下拉菜单中选择"Microsoft 逻吉斯回归"。点选"下一步"。

【步骤五】出现"选择列"窗口,显示了数据表中所有变量的名称以及类型,"包括"表示选入该变量,这里我们选入所有的变量,"仅预测"表示将该变量作为因变量,这里,我们将"Purchased Bike"的类型改为"仅预测"。

【步骤六】进入"完成"窗口,勾选"浏览模型",点击"完成"。

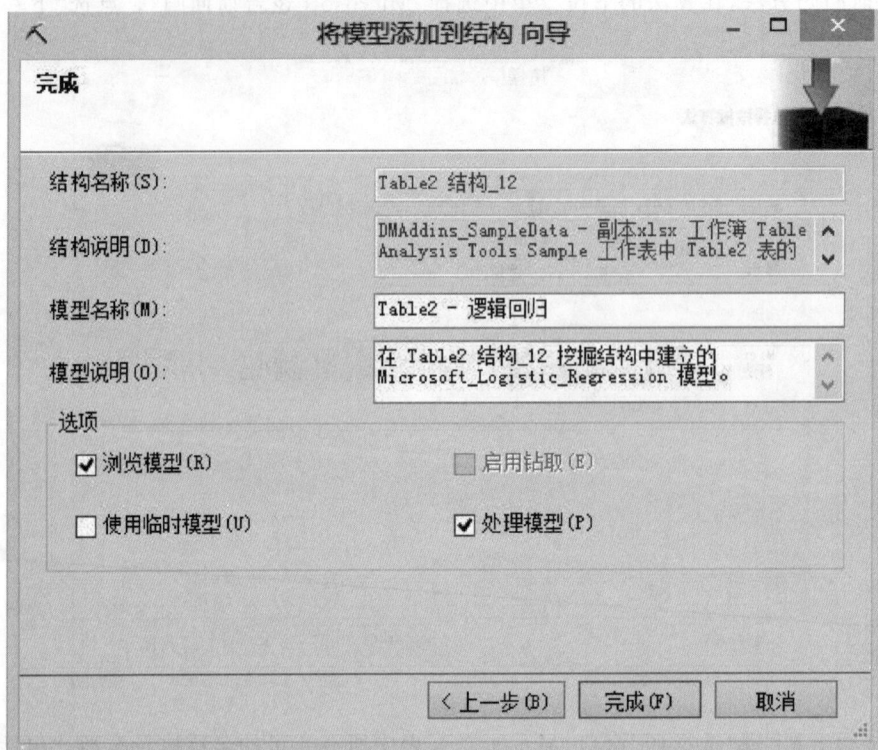

【步骤七】由此可看出在因变量 Purchased Bike 中各变量属性值。

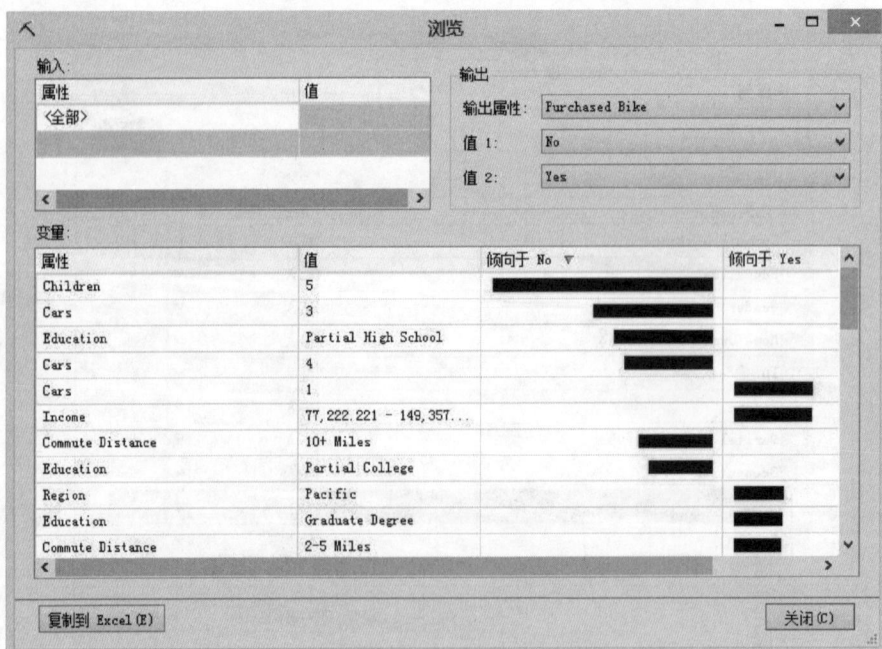

【步骤八】将 Logistic 回归的结果复制至 Excel。

【步骤九】点选"准确性图表",来进行模型评估,分析模型的准确性。

【步骤十】进入"选择结构或模型"窗口,选择要分析的结构和模型,本章我们选择"Table2－逻吉斯回归",点选"下一步"。在说明中,说明了所选数据结构和模型的具体信息。

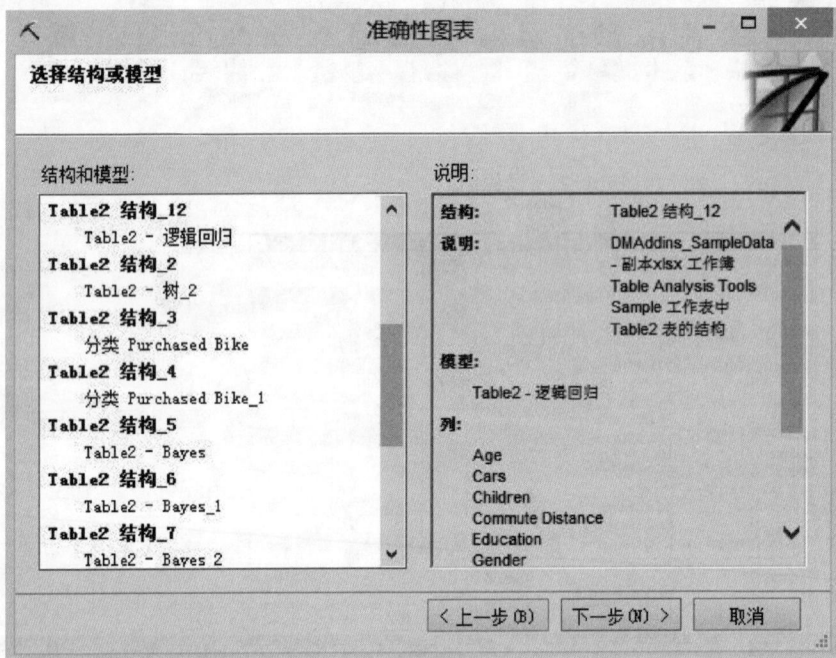

【步骤十一】进入"指定要预测的列和要预测的值"窗口,选定上面步骤中的"Purchased Bike"作为要预测的挖掘列。点选"下一步"。

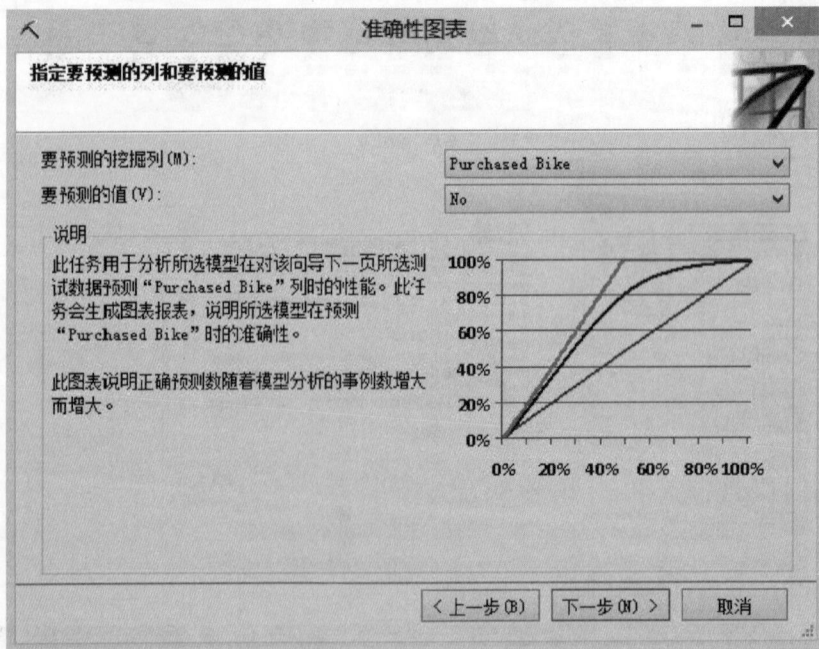

【步骤十二】进入"选择源数据"界面，与上面步骤类似，我们选择所用的数据表，点选"下一步"。

【步骤十三】在"指定关系"界面中，点选"完成"。

【步骤十四】做出准确性图表,其中蓝色线(下线)代表无模型的情况,红色线(上线)代表理想模型的情况,黄色线(中间线)代表我们所作出的预测模型的情况。其中,黄色线越接近理想模型,表明预测效果越好。

【步骤十五】在准确性图表的数据表格中展示了实际数据与预测数据。

【步骤十六】"分类矩阵"通过确定预测值是否与实际值匹配,将模型中的所有事例分为不同的类别。然后会对每个类别中的所有事例进行计数,并在矩阵中显示总计。分类矩阵是评估统计模型的标准工具,有时被称为"混淆矩阵"。点选"下一步"。

【步骤十七】与上面步骤类似,我们选择"逻吉斯回归"模型,点选"下一步"。

【步骤十八】进入"指定要预测的列",选择"Purchased Bike"作为要预测的挖掘列,点选"下一步"。

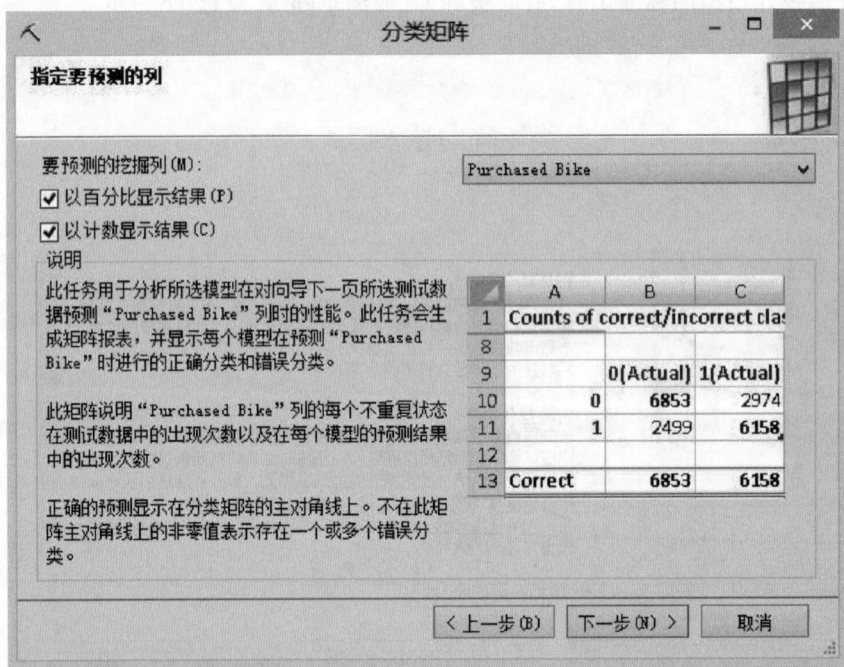

【步骤十九】在"选择源数据"中,选择我们一直用的表格。点选"下一步"。

【步骤二十】在"指定关系"界面中,点击"完成"。

【步骤二十一】于是分类矩阵呈现于此。由表可知分类正确率达 64.60%、分类错误率
为 35.40%。

【步骤二十二】点选"利润图",利润图显示与使用挖掘模型相关联的估计利润增长。点选"下一步"。

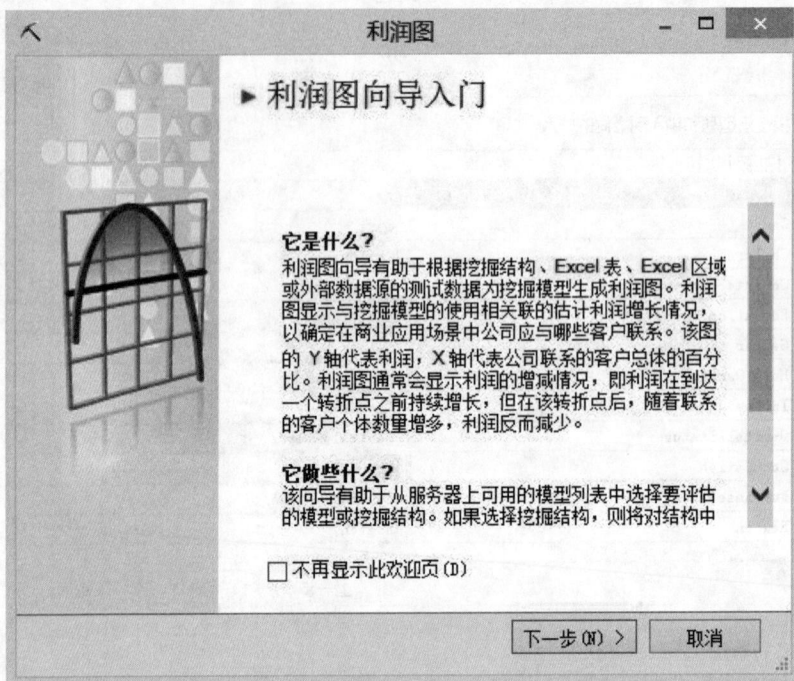

【步骤二十三】同样,选择"逻吉斯回归"模型,点选"下一步"。

【步骤二十四】设定要预测的数据挖掘列、要预测的值、目标总体、固定成本、单项成本、单项收入。目标总体表示创建利润图时要使用的数据集中的事例数,固定成本为与业务问题相关联的固定成本,单项成本表示除固定成本之外的成本,单项收入为与每次成功销售相关联的收入额。

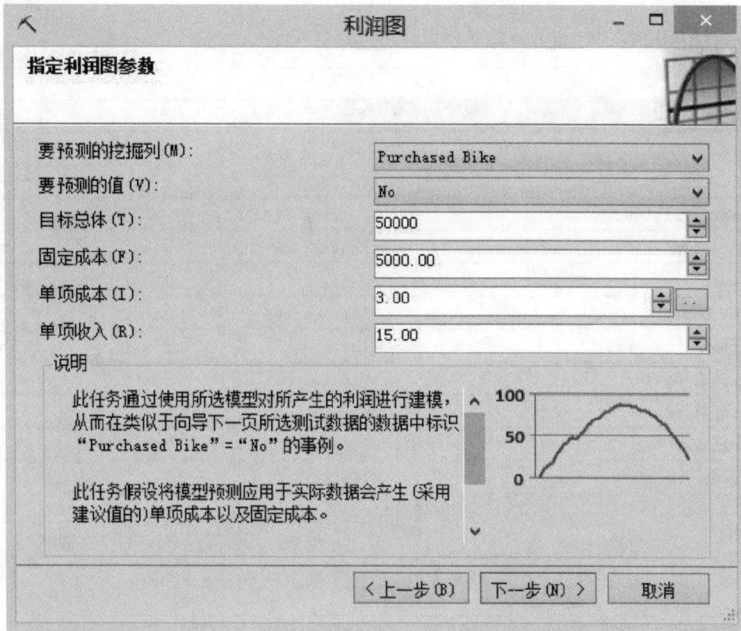

【步骤二十五】选择数据表。

【步骤二十六】点选"完成"。

【步骤二十七】出现利润图。

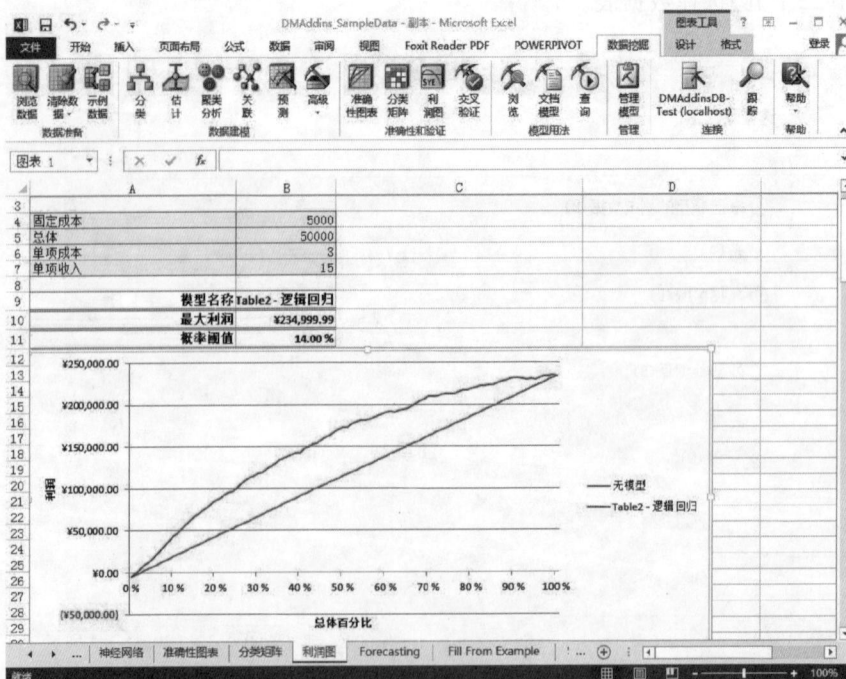

【步骤二十八】出现利润图表。

Excel 窗口中公式栏内容：=SERIES("无模型", 表11[百分位数], 表11[随机推测利润],1)

百分位数	随机推测利润	Table2 —	Table2 — 逻辑	Table2 — 逻辑
0 %	(¥5,000.00)	0.00 %	(¥5,000.00)	100.00 %
1 %	(¥2,607.50)	1.54 %	(¥500.00)	94.71 %
2 %	(¥215.00)	3.08 %	¥4,000.00	92.77 %
3 %	¥2,177.50	4.62 %	¥8,500.00	89.76 %
4 %	¥4,570.00	5.97 %	¥12,250.00	88.04 %
5 %	¥6,962.50	7.51 %	¥16,750.00	85.77 %
6 %	¥9,355.00	9.25 %	¥22,000.00	84.91 %
7 %	¥11,747.50	10.98 %	¥27,250.00	83.43 %
8 %	¥14,140.00	12.72 %	¥32,500.00	80.75 %
9 %	¥16,532.50	14.45 %	¥37,750.00	80.01 %
10 %	¥18,925.00	16.38 %	¥43,750.00	78.51 %
11 %	¥21,317.50	17.53 %	¥46,750.00	77.51 %
12 %	¥23,710.00	19.27 %	¥52,000.00	76.74 %
13 %	¥26,102.50	21.00 %	¥57,250.00	76.19 %
14 %	¥28,495.00	22.35 %	¥61,000.00	74.13 %
15 %	¥30,887.50	24.08 %	¥66,250.00	73.14 %
16 %	¥33,280.00	25.43 %	¥70,000.00	72.80 %
17 %	¥35,672.50	26.78 %	¥73,750.00	72.27 %
18 %	¥38,065.00	28.13 %	¥77,500.00	71.73 %
19 %	¥40,457.50	29.67 %	¥82,000.00	71.00 %
20 %	¥42,850.00	31.02 %	¥85,750.00	70.45 %

工作表标签：神经网络 准确性图表 分类矩阵 利润图 Forecasting Fill Fr ...

第十四章
神经网络

14.1 基本概念

为了由语音及影像辨认获得与人脑相似的功能,自 1940 年起,科学家即着手从事此方面的研究,仿造最简单的神经系统,开始建立最原始的神经网络(artificial neural network,ANN),历经 40 年的发展,神经网络的研究工作曾一度陷入低潮,近几年又再度复苏,并且结合了生理、心理、计算机等科技而成为新的研究领域。

一部机器的运作或是一个事件的发生常常有相对应的因果关系(例如:打开电器的开关,电器开始运作;脚踩油门,车子的速度增加),我们将打开开关与脚踩油门的动作称为系统的输入,电器与车子称为系统,而电器的运作与车子速度的增加称为系统的输出,整个输入与输出的关系可以用一个方块图来表示:

$$输入 \longrightarrow \boxed{系统} \longrightarrow 输出$$

神经网络的一个优点在于并不需要了解何为系统的数学模型,而是直接以神经网络取代系统的模型,得到输入与输出之间的关系。其方块图如下所示:

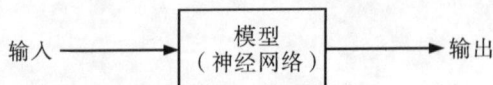

$$输入 \longrightarrow \boxed{\begin{array}{c}模型\\(神经网络)\end{array}} \longrightarrow 输出$$

人类的大脑大约由 10^{11} 个神经细胞(nerve cells)组成,而每个神经细胞又有 10^4 个突触(synapses)与其他细胞互相联结成一个非常复杂的神经网络。一个神经元是由一个细胞主体(cell body)所构成,而细胞主体则具有一些分支凸起的树状突起(dendrite)和一个单一分支的轴突(axom)。树状突起由其他的神经元接收信号,而当其所接受的脉冲(impulse)超过某一特定的阈值(threshold),这个神经元就会被点燃(fire),并产生一个脉冲传递到轴突。

在轴突末端的分支称为胞突(synapse),它是神经与神经的连接点;它可以是抑制的或者是刺激的。抑制的胞状缠络会降低所传送的脉冲,刺激的细胞缠络则会加强。当人类的感官受到外界刺激经由神经细胞传递信号到大脑,大脑便会下达命令传递至相关的受动器(effectors)做出反应(例如:手的皮肤接触到烫的物体立即放开),这样的过程往往需要经由反复的训练,才能做出适当的判断,并且记忆于脑细胞中。如果大脑受到损害(例如中风患者),便需要经由康复的方式,重新学习。

图 14-1 为一个神经元的模型:

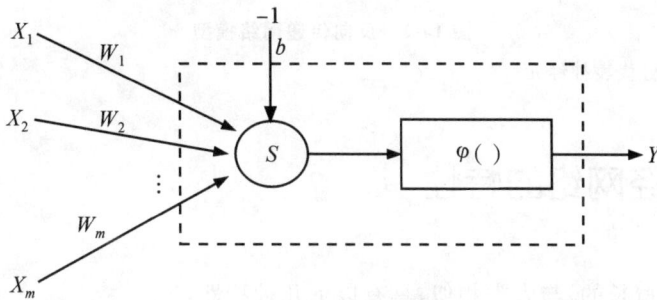

图 14-1　神经元模型

注:

X:称为神经元的输入(input)。

W:称为键值(weights)。

b:称为偏移量(bias),有偏移的效果。

S:称为加法单元(summation),此部分是将每一个输入与键值相乘后加总。

$\varphi()$:称之为激活函数(activation function),通常是非线性函数,有数种不同的形式,其目的是将 S 的值做映像得到所需要的输出。

Y:称之为输出(output),亦即我们所需要的结果。

虚线的部分即为神经元,神经网络的训练就是在调整键值,使其变得更大或是更小,通常由随机的方式产生 $+1$ 到 -1 之间的初始值。键值可视为一种加权效果,其值越大,则代表连接的神经元更容易被激发,对神经网络的影响也更大;反之,则代表对神经网络并无太大的影响,而太小的键值通常可以删除以节省计算机计算的时间与空间。

图 14-2 所显示的是四个输入与一个输出的反向传递网络模型。

这个网络由三层的类神经元所组成。第一层是由输入单元所组成的输入层,而这些输入单元可接收样本中各种不同特征。这些输入单元通过固定强度的链接连接到特征侦测单元后,再通过可调整强度的链接连接到输出层中的输出单元,最后,每个输出单元对应到某一种特定的分类,这个网络是由调整链接强度的程序来达成学习的目的。

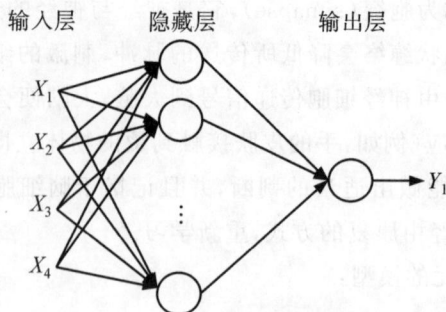

图 14-2　反向传递网络模型

注：圆圈的部分代表神经元

14.2 神经网络的特性

神经网络所擅长的，与人类相似，具有以下几种特性：

表 14-1　神经网络的特性

1.平行处理的特性	现在因超大型平行处理的成熟及若干理论的发展，又成为人工智能中最活跃的研究领域。
2.容错（fault tolerance）特性	其在操作上具有很高的容忍度，整个神经网络都会参与解决问题。即使 10％的神经网络失效，仍能照常运作。
3.结合式记忆（associative memory）的特性	其又称为内容寻址记忆（content addressable memory），它可以记忆曾经训练过的输入样式以及对应的理想输出值。
4.解决优化（optimization）问题	可用于处理非算法表示、或是以算法处理很费时的问题。
5.超大规模集成电路实作（VLSI implementation）	神经网络的结构具有高度的互相连接（interconnection）的特性，而且简单，有规则性（regularity），易以超大规模集成电路（VLSI）来完成。
6.能处理一般算法难以处理的问题	在推销员问题中，为了提高效率起见，我们可利用"个个击破"（divide-and-conquer）的方法，来求得一条正确可走的路径。

14.3 神经网络的架构与训练算法

神经网络隐藏层是其核心部分，其他的构建由样本训练所得。具体有两类算法来实现，如表 14-2 所示。

表 14-2 算法

1.单层知觉网络	其可形成两个决定区域(decision region),进而此二区域由一超平面(hyper-plane)加以分隔开来。有一特殊情形就是,若网络只涉及两个输入,则超平面便退化成一条直线。
2.多层感知网络	是在输入层节点与输出层节点间多了一层或多层的隐藏层(hidden layer),即输入节点没有直接与输出节点连接。

14.4 神经网络应用

由于神经网络对于输入对应到输出有着记忆与学习的功能,并且对于未知的输入有推广性的功用,因此神经网络可运用于各种领域中,举例如表 14-3。

表 14-3 神经网络在各领域的应用

工业应用	•控制器设计与系统鉴别 •产品质量分析(例:汽水瓶装盖与填充监测、珍珠分级) •机电设备诊断(例:数值电路诊断、模拟 IC 诊断、汽车引擎诊断) •化工程序诊断(例:化工厂制作过程故障诊断) •实验数据模型建立(例:复合材料行为模型建立) •工程分析与设计(例:钢梁结构、道路铺面状况评级)
商业应用	•股票投资(例:大盘基本面分析、大盘技术分析、个股技术分析) •债券投资(例:债券分级、美国国库券利率预测) •期货、选择权、外汇投资(例:期货投资、选择权投资、外汇投资) •商业信用评估(例:贷款信用审核、信用卡信用审核) •其他商业应用(例:直销客户筛选、不动产估价)
管理应用	•战略管理(例:市场需求量预测方法的选择、雇工人数规划) •日程管理(例:排程策略选择、工作排程) •质量管理(例:管制图判读、半导体制造过程所需蚀刻时间估计)
信息应用	•影像辨识系统(例:指纹识别、卫星遥测影像分析、医学影像识别) •信号分类 •其他信息应用(例:雷达信号分类、声纳信号分类)
科学应用	•医学(例:皮肤病诊断、头痛疾病诊断、心脏病诊断、基因分类) •化学(例:化合物化学结构识别、蛋白质结构分析) •其他科学应用(例:体操选手运动伤害分析、时间序列分析方法选择)
其他领域的应用	•函数模型建构(例:自来水厂水质处理操作) •预测模型建构(例:电力负载预测、太阳黑子活动预测) •决策模型建构(例:排程策略选择、建筑结构材料选择)

14.5 神经网络的优缺点

神经网络的优缺点总结如表 14-4 所示。

表 14-4　神经网络的优缺点

优　点	缺　点
1.神经网络可以建构非线性的模型,模型的准确度高。 2.神经网络有良好的推广性,对于未知的输入亦可得到正确的输出。 3.神经网络可以接受不同种类的变量作为输入,适应性强。 4.神经网络可应用的领域相当广泛,模型建构能力强。 5.神经网络具有模糊推论能力,允许输出输入变量具有模糊性,归纳学习较难具备此能力。	1.神经网络因为其中间变量(即隐藏层)可以是一层或二层,数目也可设为任意数目,而且有学习速率等参数需设定,工作相当费时。 2.神经网络以迭代方式更新键值与阈值,计算量大,相当耗费计算机资源。 3.神经网络的解有无限多组,无法得知哪一组的解为最佳解。 4.神经网络训练的过程中无法得知需要多少神经元个数,太多或太少的神经元均会影响系统的准确性,因此往往需以试错的方式得到适当的神经元个数。 5.神经网络因为是以建立数值结构(含加权值的网络)来学习,其知识结构是隐性的,缺乏解释能力。而归纳学习以建立符号结构(如:决策树)来学习,其知识结构是显性的,具有解释能力。

14.6 神经网络的限制

(1)神经网络并非人脑。人脑有不同且更复杂的结构:它有相当高程度的模块化,不仅能调整联结的强度大小,还可以建立新的联结。

(2)神经网络目前仍不能仿真高度认知的表征,例如符号。无论人类在实际上是否属于符号系统,我们确实有能力来创造并处理符号。如何以神经网络来处理这些工作须进一步探讨。

(3)神经网络可能具有很差的抽象性,它本身可能无法描述高层次的程序。

(4)高层次的组织和抽象原则是不可避免的。人脑的本身是一个高度结构化和组织化的系统。

(5)人类的某些智慧行为并不是平行的。许多高层次的推理行为在本质上似乎是循序(sequential)的。

(6)人脑是一个相当大的组织,它具有上亿的神经元。虽然在较小的系统中,我们已确定可以实现一些有用的功能,但是具有更多智能的程序所需的神经元个数,可能远超过我们实际能在计算机上实现的数目。

(7)虽然神经架构是人类智慧的基础,但它们可能不是制作在机器上的最佳层次。

虽然有这些困难,但目前计算机的指令周期越来越快,神经网络的训练时间更为缩短,相信在未来神经网络的应用领域将会更大,神经网络还是具有相当大的发展潜力,而且将成为研究的焦点。

14.6 Excel 2013 神经网络操作步骤

Microsoft 神经网络算法使用迭代方法，将多层网络的参数优化，以预测多个属性。它可用于分隔属性的分类以及连续属性的回归。

【步骤一】数据源为 Microsoft 内建数据集，为 2002 至 2013 年自行车购买的数据集。建立神经网络模型，点选"数据挖掘"下的"高级"，开始创建数据挖掘模型，并在向导界面点选下一步。

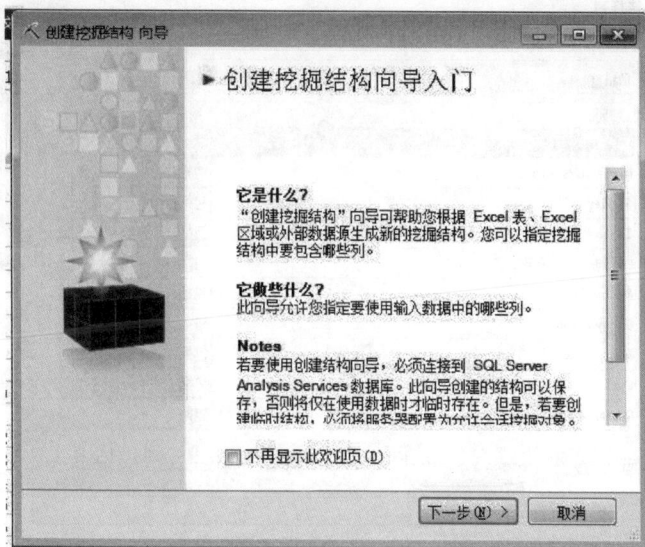

【步骤二】出现数据源窗口,可以选择数据源所在的表的名称、Excel 中数据区域或者输入数据来源的网址。本书中我们选择'Table Analysis Tools Sample'!'Table2'这个数据表进行分析。选好后点选"下一步"。

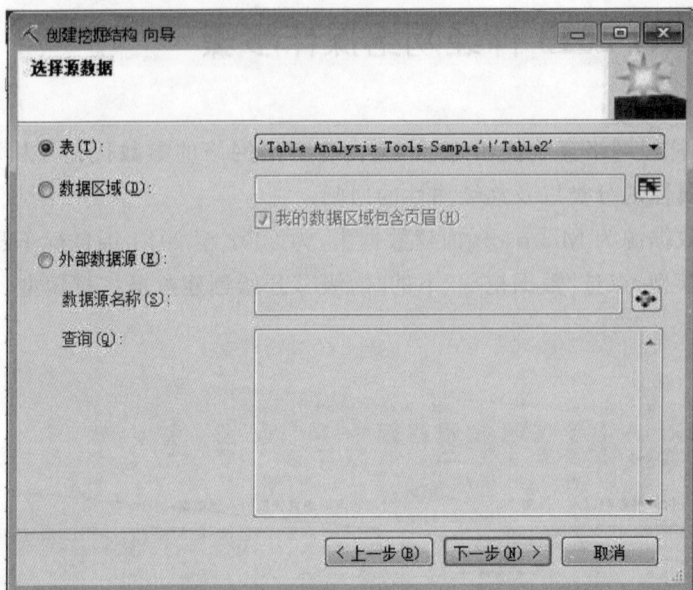

【步骤三】在选取数据行的步骤时,在各个变量后方有一栏是使用方式选取,用户可以选取各个变量的使用方式,包含输入、仅预测、输入和预测、键以及不使用等等,本次使用是否购买自行车(Purchased Bike)作为预测变量 Y,其余变量作为解释变量建立的模型,接着点选下一步。

【步骤四】将数据拆分为定型集与测试集，如下图，用30％的数据做测试，剩下70％的数据建模。

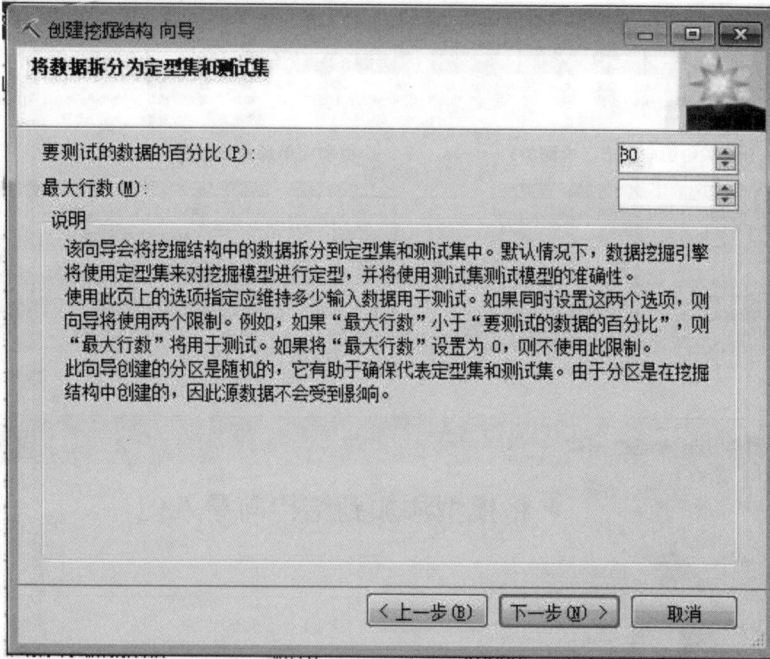

【步骤五】在［完成］的对话框中，点击"完成"键，建立数据挖掘模型。

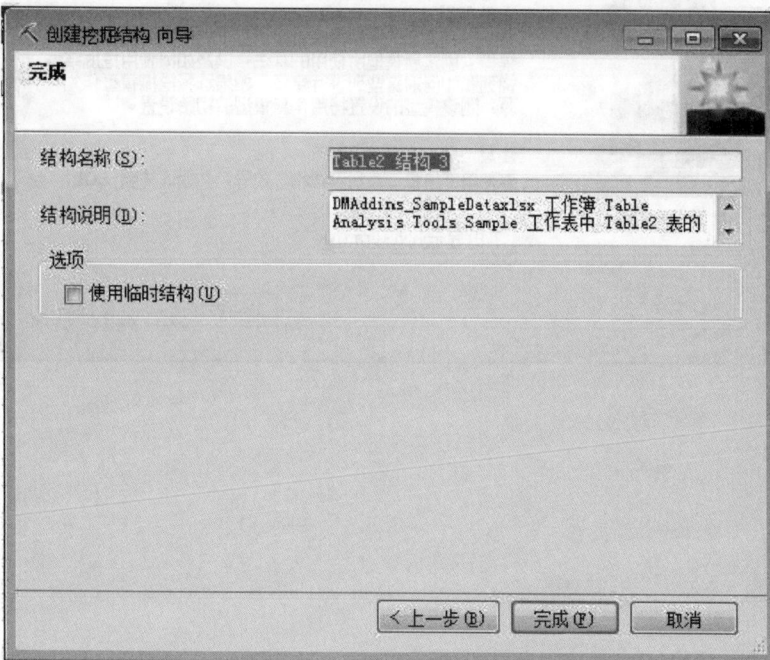

【步骤六】点选"数据挖掘"—"高级"—"将模型添加到结构",进而在出现的界面中点选"下一步"。

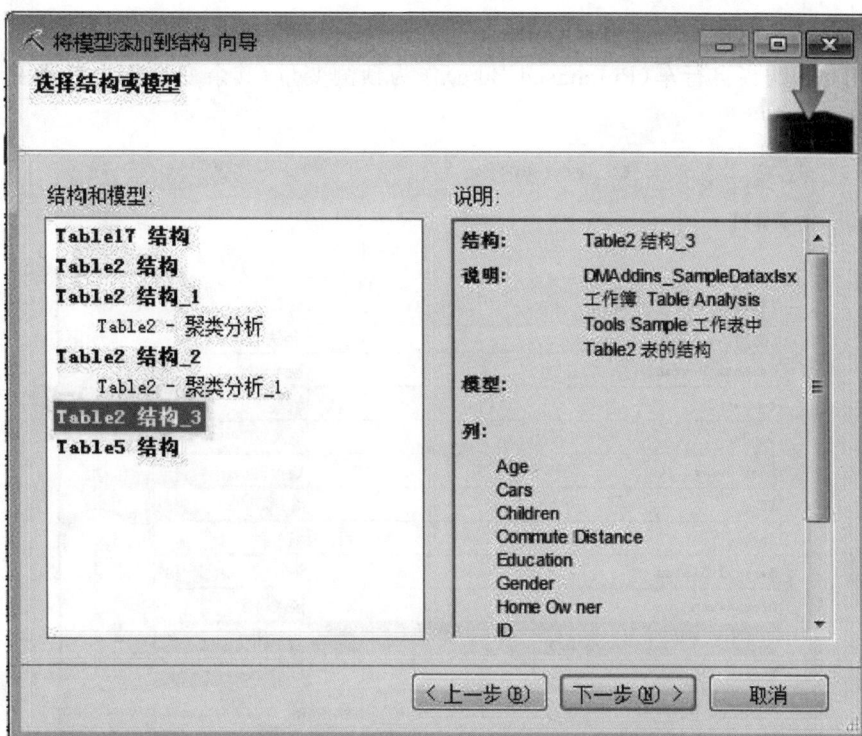

【步骤七】"选择挖掘算法"－选取"Microsoft 神经网络"模型。

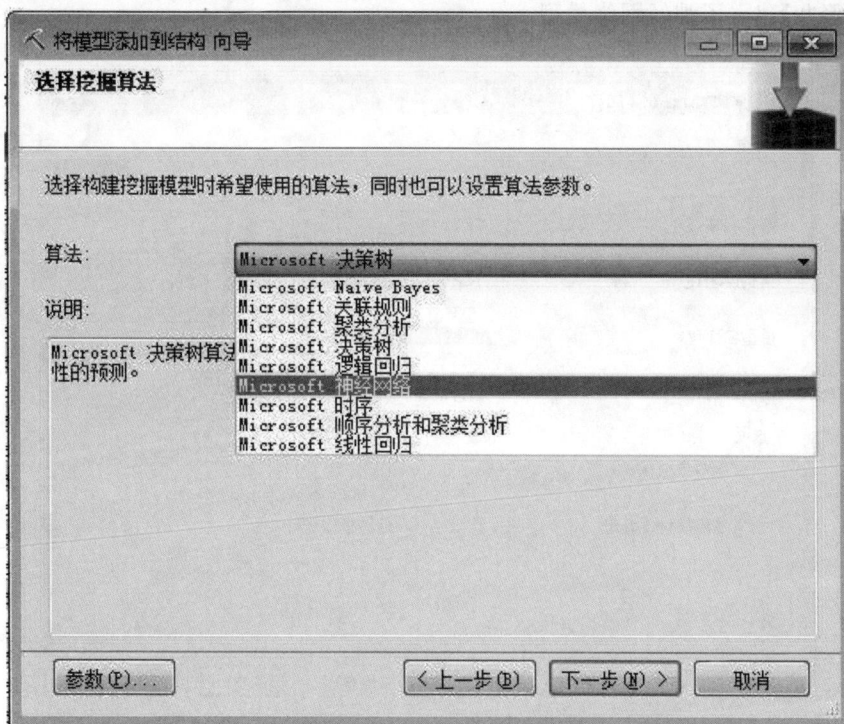

【步骤八】选取变量的使用方式,包含"输入""仅预测""输入和预测""键""不适用"。本次使用是否购买自行车(Purchased Bike)作为预测变量,其余变量作为解释变量预测模型。

【步骤九】建立了神经网络模型。

【步骤十】出现"浏览"对话框，可以利用变量属性来了解购买与不购买在变量属性上的差异。

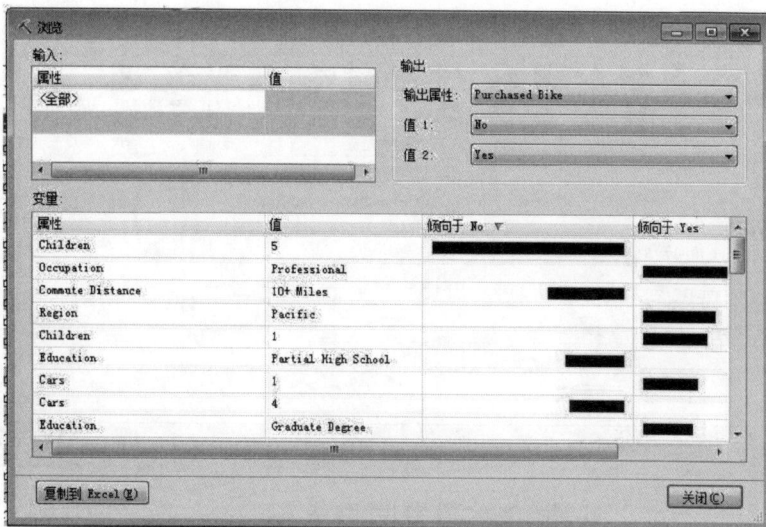

【步骤十一】点选方块左下角"复制到 Excel"，可以将表复制到 Excel 中继续操作。

	A	B	C	D	E
1	Table2 - 神经网络				
2	神经网络				
3	Purchased Bike				
4	属性	值	倾向于 No	倾向于 Yes	
5	Children	5	100		
6	Occupatic	Professional		44.91	
7	Commute I	10+ Miles	40.25		
8	Region	Pacific		39.16	
9	Children	1		34.68	
10	Education	Partial F	31.05		
11	Cars	1		29.83	
12	Cars	4	28.67		
13	Education	Graduate Degree		27.31	
14	Cars	2	23.93		
15	Children	3		22.44	
16	Occupatic	Manageme r	21.78		
17	Education	Partial C	21.46		
18	Marital S	Single		19.3	
19	Commute I	1-2 Miles		18.85	
20	Education	Bachelors		18.47	
21	Region	North Ame	15.98		
22	Occupatic	Clerical	15.61		
23	Income	77,209.446 - 149,3		14.8	
24	Occupatic	Skilled N	14.55		
25	Marital S	Married	14.17		
26	Commute I	0-1 Miles		12.57	
27	Commute I	5-10 Mile	11.99		
28	Children	2		11.67	

Table Analysis Tools Sample 神经网络

【步骤十二】点选"数据挖掘"中"准确性图表",并在出现的对话框中点选下一步,最终获得准确性图表来进行模型评估,分析模型的准确性。

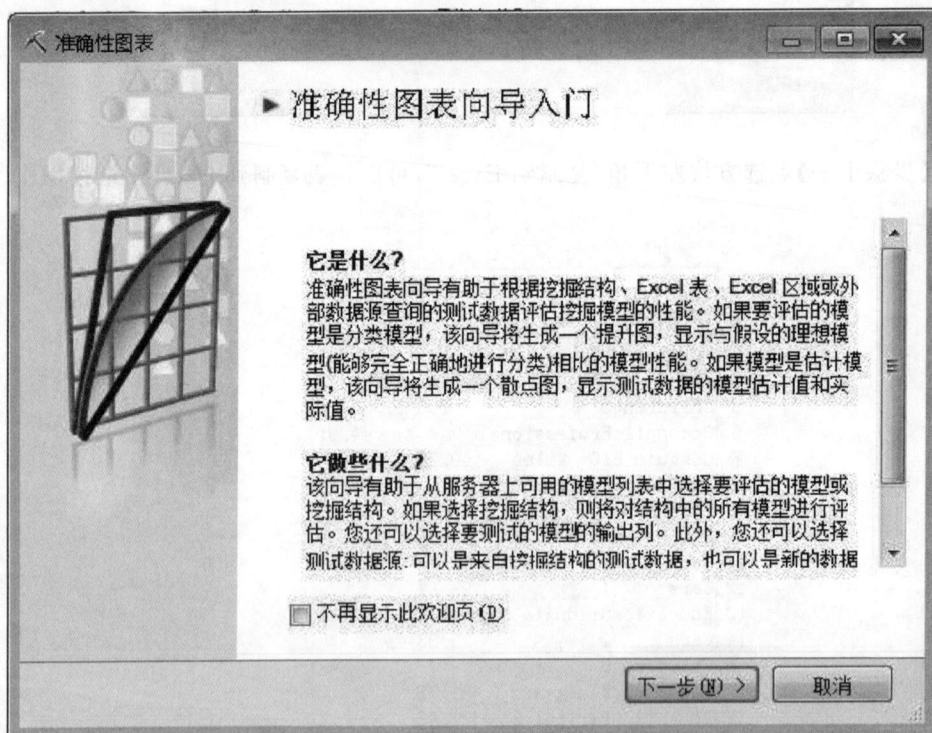

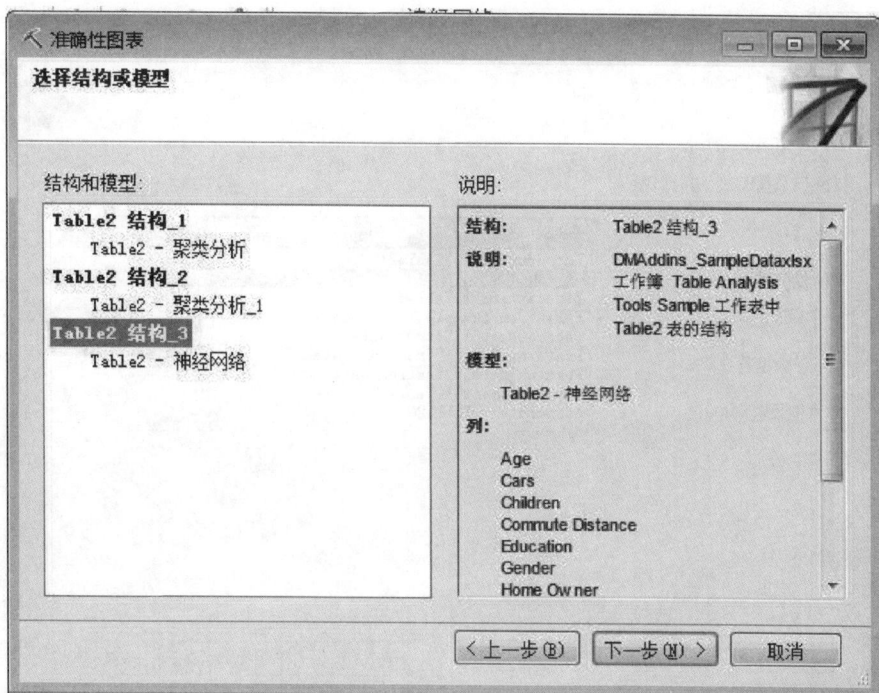

选择结构或模型

结构和模型:

Table2 结构_1
    Table2 - 聚类分析
Table2 结构_2
    Table2 - 聚类分析_1
Table2 结构_3
    Table2 - 神经网络

说明:

结构: Table2 结构_3
说明: DMAddins_SampleData.xlsx
    工作簿 Table Analysis
    Tools Sample 工作表中
    Table2 表的结构

模型:
    Table2 - 神经网络

列:
    Age
    Cars
    Children
    Commute Distance
    Education
    Gender
    Home Owner

【步骤十三】在指定要预测的数据列和值的对话框中,选取将要进行预测的数据列,本次选取"Purchased Bike"进入图表。

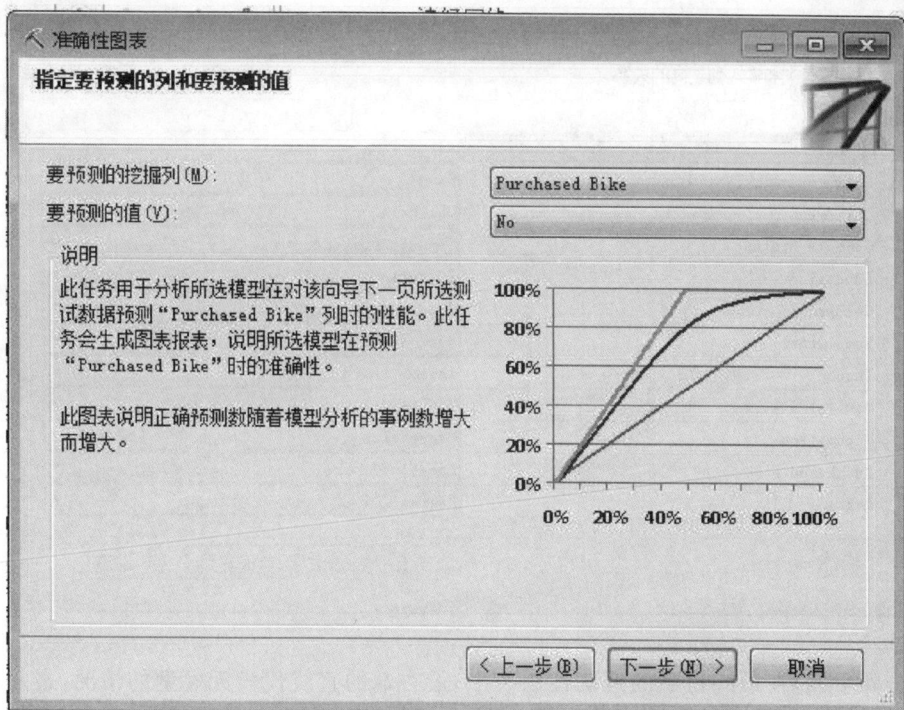

指定要预测的列和要预测的值

要预测的挖掘列(M):   Purchased Bike
要预测的值(V):   No

说明

此任务用于分析所选模型在对该向导下一页所选测试数据预测"Purchased Bike"列时的性能。此任务会生成图表报表,说明所选模型在预测"Purchased Bike"时的准确性。

此图表说明正确预测数随着模型分析的事例数增大而增大。

【步骤十四】在最终得到的准确性图表中,最右端的直线代表无模型的情况,最左端的直线代表理想模型的情况,中间的曲线代表我们所作出的预测模型的情况。其中,中间的

线越接近理想模型,表明预测效果越好。

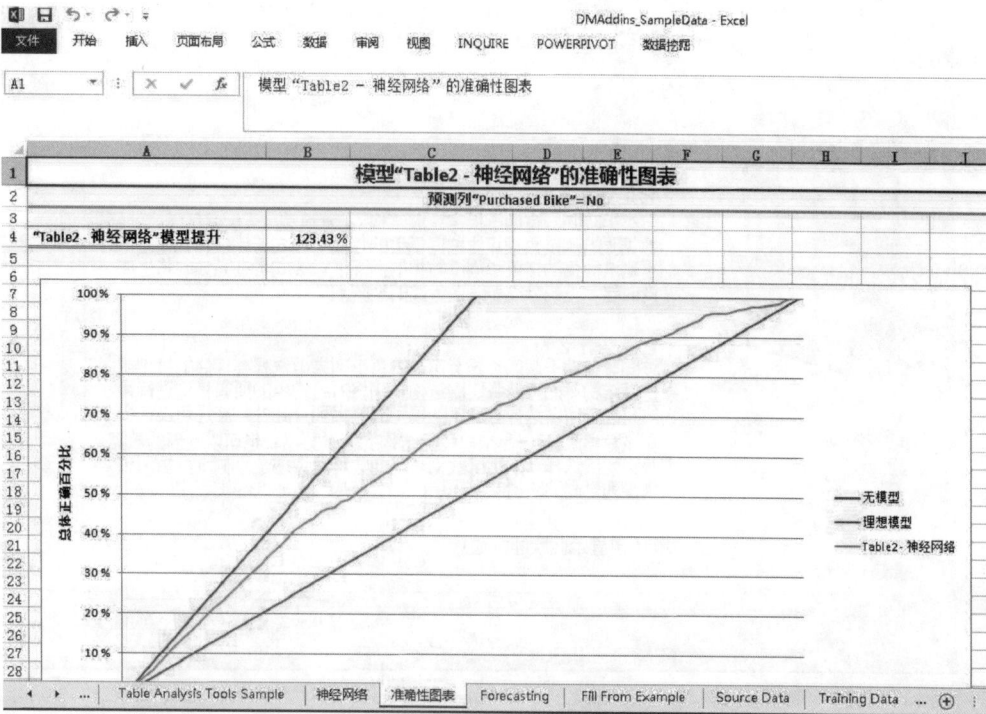

【步骤十五】点选"数据挖掘"-"分类矩阵","分类矩阵"通过确定预测值是否与实际值匹配,将模型中的所有事例分为不同的类别。然后会对每个类别中的所有事例进行计数,并在矩阵中显示总计。分类矩阵是评估统计模型的标准工具,有时被称为"混淆矩阵"。点选"下一步"。

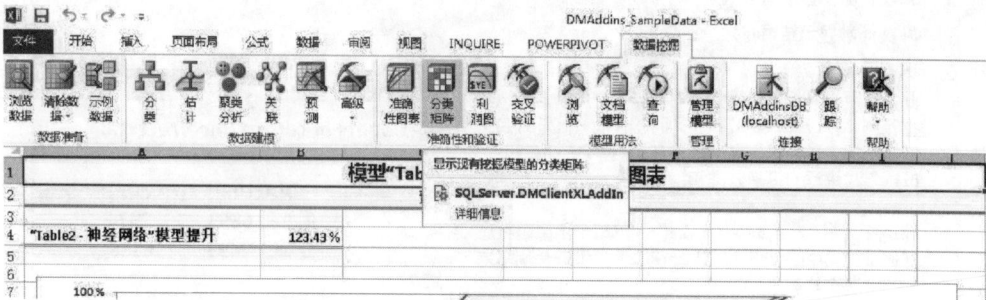

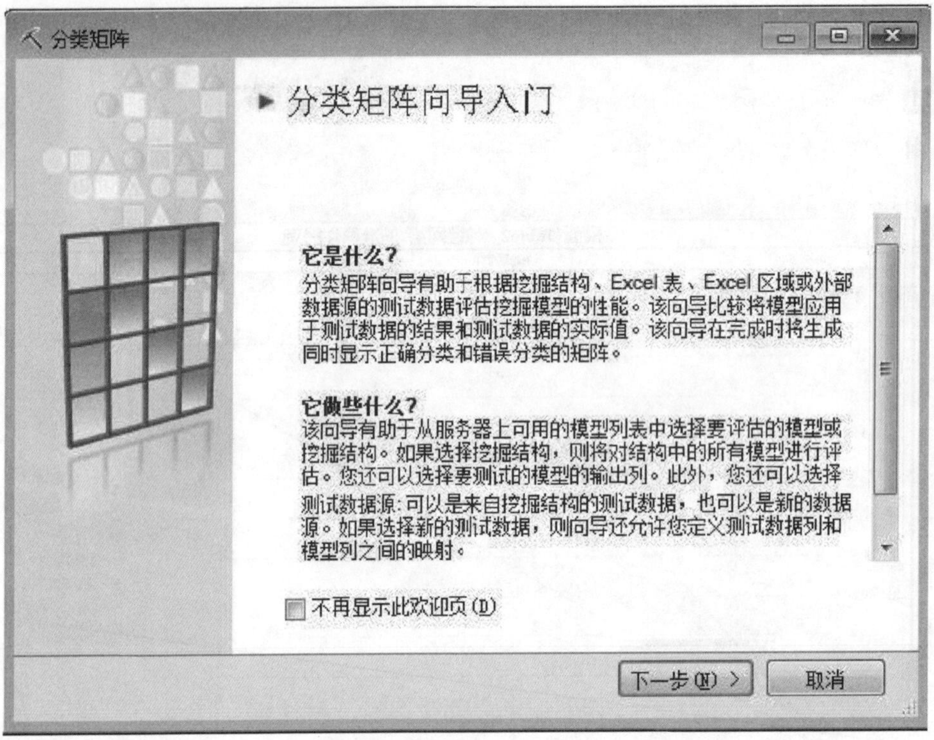
分类矩阵
分类矩阵向导入门
它是什么?
分类矩阵向导有助于根据挖掘结构、Excel 表、Excel 区域或外部数据源的测试数据评估挖掘模型的性能。该向导比较将模型应用于测试数据的结果和测试数据的实际值。该向导在完成时将生成同时显示正确分类和错误分类的矩阵。
它做些什么?
该向导有助于从服务器上可用的模型列表中选择要评估的模型或挖掘结构。如果选择挖掘结构，则将对结构中的所有模型进行评估。您还可以选择要测试的模型的输出列。此外，您还可以选择测试数据源：可以是来自挖掘结构的测试数据，也可以是新的数据源。如果选择新的测试数据，则向导还允许您定义测试数据列和模型列之间的映射。
不再显示此欢迎页(D)
下一步(N) >
取消

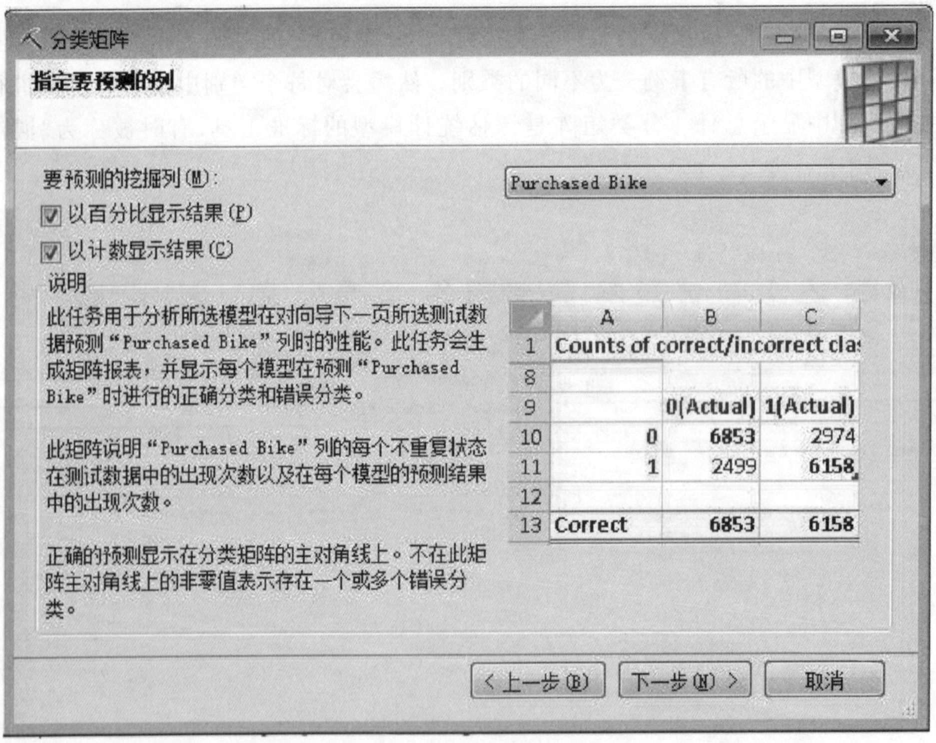
分类矩阵
指定要预测的列
要预测的挖掘列(M):
Purchased Bike
以百分比显示结果(P)
以计数显示结果(C)
说明
此任务用于分析所选模型在对向导下一页所选测试数据预测“Purchased Bike”列时的性能。此任务会生成矩阵报表，并显示每个模型在预测“Purchased Bike”时进行的正确分类和错误分类。
此矩阵说明“Purchased Bike”列的每个不重复状态在测试数据中的出现次数以及在每个模型的预测结果中的出现次数。
正确的预测显示在分类矩阵的主对角线上。不在此矩阵主对角线上的非零值表示存在一个或多个错误分类。
A B C
1 Counts of correct/incorrect clas
8
9 0(Actual) 1(Actual)
10 0 6853 2974
11 1 2499 6158
12
13 Correct 6853 6158
< 上一步(B)
下一步(N) >
取消

【步骤十六】在［指定关系］对话框中，选取变量间关系。

【步骤十七】产生分类矩阵到 Excel 中。可以看出，分类正确率达到 68.5%，分类错误率为 31.5%。

| 文件 | 开始 | 插入 | 页面布局 | 公式 | 数据 | 审阅 | 视图 | INQUIRE | POW |

A1 ··· × ✓ fx 模型"Table2 - 神经网络"的正确/错误分类的

	A	B	C	D
1	**模型"Table2 - 神经网络"的正确/错误分类的计数**			
2	**预测列"Purchased Bike"**			
3	列对应于实际值			
4	行对应于预测值			
5				
6	**模型名称:**	Table2 - 神经网络	Table2 - 神经网络	
7	**正确总计:**	68.50 %	685	
8	**错误分类总计:**	31.50 %	315	
9				
10	**模型"Table2 - 神经网络"的百分比结果**			
11		▼ No(实际) ▼	Yes(实际) ▼	
12	No	69.94 %	33.06 %	
13	Yes	30.06 %	66.94 %	
14				
15	**正确**	69.94 %	66.94 %	
16	**分类错误**	30.06 %	33.06 %	
17				
18	**模型"Table2 - 神经网络"的计数结果**			
19		▼ No(实际) ▼	Yes(实际) ▼	
20	No	363	159	
21	Yes	156	322	
22				
23	**正确**	363	322	
24	**分类错误**	156	159	
25				
26				

◀ ▶ ... | Table Analysis Tools Sample | 神经网络 | 准确性图表 | 分类矩阵 | Fo

【步骤十八】点选"数据挖掘"－"利润图"。利润图显示与使用挖掘模型相关联的估计利润增长。

| 文件 | 开始 | 插入 | 页面布局 | 公式 | 数据 | 审阅 | 视图 | INQUIRE | POWERPIVOT | |

浏览   清除数据   示例   分类   估计   聚类分析   关联   预测   高级   准确性图表   分类矩阵   利润图   交叉验证   浏览   文档模型
数据   数据   数据

数据准备　　　　　数据建模　　　　　准确性和验证　　　　模型用法

1	**模型"Table2 - 神经网络"的正确/错误分类的计数**			
2	预测列"Purchased Bike"			
3	列对应于实际值			
4	行对应于预测值			

获取现有挖掘模型的利润图

SQLServer.DMClientXLA

详细信息

利润图

▶利润图向导入门

它是什么?
利润图向导有助于根据挖掘结构、Excel 表、Excel 区域或外部数据源的测试数据为挖掘模型生成利润图。利润图显示与挖掘模型的使用相关联的估计利润增长情况,以确定在商业应用场景中公司应与哪些客户联系。该图的 Y 轴代表利润,X 轴代表公司联系的客户总体的百分比。利润图通常会显示利润的增减情况,即利润在到达一个转折点之前持续增长,但在该转折点后,随着联系的客户个体数量增多,利润反而减少。

它做些什么?
该向导有助于从服务器上可用的模型列表中选择要评估的模型或挖掘结构。如果选择挖掘结构,则将对结构中

☐ 不再显示此欢迎页 (D)

下一步 (N) >　　　取消

【步骤十九】在指定利润图参数方块中,选入待分析的变量。

193

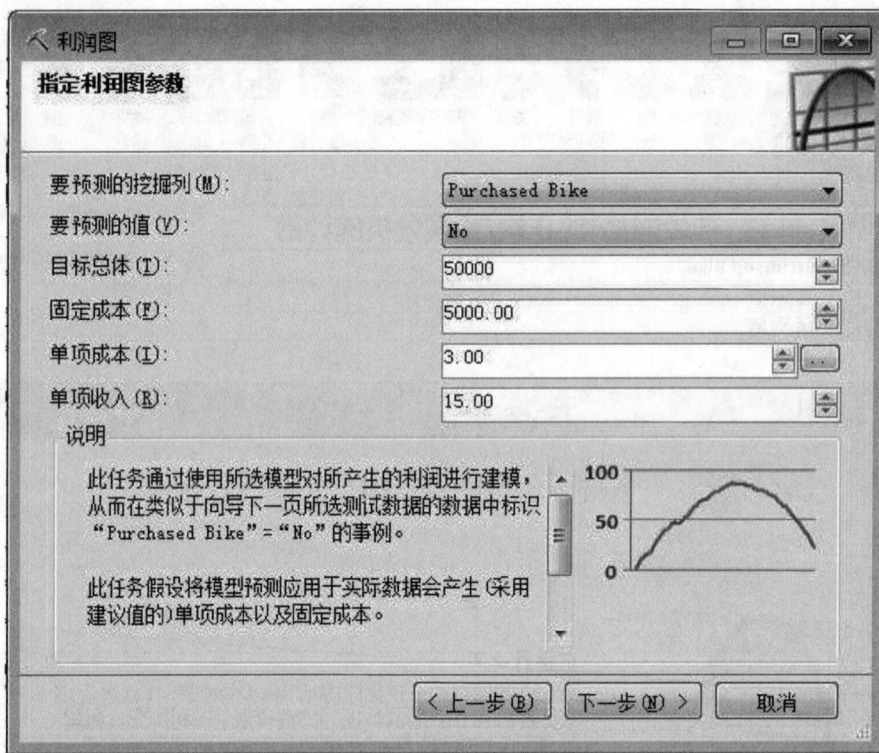

【步骤二十】在［指定关系］的对话框中，选取变量间关联性。

【步骤二十一】产生利润图至 Excel 中。

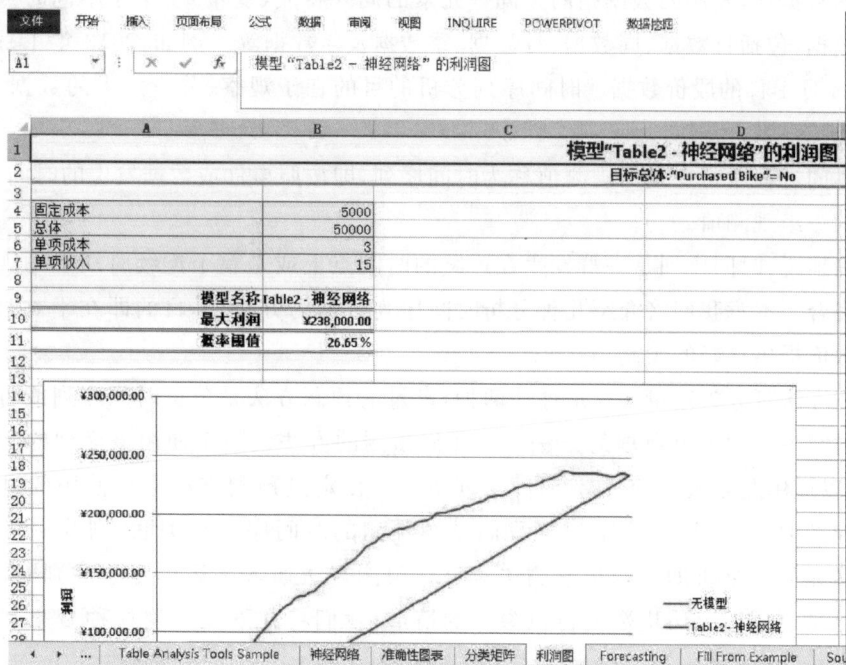

第十五章
时间序列分析

15.1 基本概念

生物现象的观察值,时常随时间变化而发生一系列有规则的变化,此种数据称为时间序列数据,对这类数据的分析方法称为时间序列分析。在自然界中,常常有很多数据具有时间序列的特色,可为解决问题提供重要信息。按照时间序列排序的数据,往往不能采用简单的统计分析,而必须采用考虑其顺序关系的时间序列分析方法,才能发现其变化的原因。

人类社会的各种活动所产生的数据若以发生的时间来区分,则可分为横截面数据(cross section data)及时间序列数据(time series data)两种。横截面数据是指发生于同一时期的数据;时间序列数据指的是同一元素的同一特质(变量)发生于不同时点或不同时期的数据,包括日数据、周数据、月数据、季数据及年数据等。例如:2013 年 1 月 1 日至2013 年 8 月 1 日的股价数据。时间序列分析的目的在于观察、分析过去的数据,以预测未来。

依时间过程所得变量的观测值称为时间序列,即按照事件或数据发生的时间先后,依序排列的一组观测值。

明确地说,时间序列是一群发生在连续的时间点上或是整个连续时期上的观察值所形成的集合。本章我们将介绍几种分析时间序列数据的方法,其目的即在于对时间序列的未来数值提供良好的预测。

预测方法可分为定量法与定性法两种,定量的预测方法是分析时间序列或可能有关的其他时间序列的历史数据的方法。若我们预测的方法仅限于使用该序列的历史数据值,则可以运用此方法,我们称为时间序列法。若在定量预测方法中所使用的过去数据涉及其他的时间序列,且此序列与我们试图预测的时间序列相关联,则我们应使用因果法。多元回归分析即为因果预测法。定性预测方法通常是运用专家的判断,这些程序的优点是可用于无历史数据可供参考的情形,我们将在下文讨论这种专家判断的流程。

时间序列分析已被各界所广泛地采用,其主要目的为:

(1)对序列未来趋势作预测。

(2)将序列分解成主要趋势成分(trend components)、季节变化成分(seasonal components)。

(3)对理论性模型与数据进行拟合优度检验,以讨论模型是否能正确地解释所观测的现象,如一些常见的经济模型。

大部分的序列分析法都先假设其序列存在着某种数学结构的排序,然后在此结构下引申推导出分析结果来。一个序列常被假设为平稳型(stationary),或者是通过某些方法使其平稳,最常用的方法是对数据差分(differencing)。在探讨统计模型是否合适之前首要工作即是先诊断序列的性质是否符合所使用方法的假设前提,然而欲检查一个序列是否符合时间序列分析法的假设前提是一项艰难的工作。因此实务分析时经常以图形或以某些统计量对序列的基本性质做初步的判断。

在经济及商业方面,有许多应用时间序列分析法的实际例子,如国民生产总值(GNP)、失业率与股价。而我们所关心的主题是去了解序列的特性,不仅只是序列本身与过去的自相关,还包括与其他序列的相关程度。这些序列最重要共同特征即是它们很少重复出现。一般可利用随机变量 x_i 建构时间序列 $x_1, x_2, x_3, \cdots$ 但是在时间序列的情况下这些变量却仅能观测一次,这是与其他统计分析法所不同的地方。

经济与商业时间序列的另一项难题是序列的结构常因政策变动或偶发事件而改变。基于对时间序列的实证分析,有大量的文献探讨时间序列的理论观点。在 1940 年代由 Norbort Wiener 和 Andrei Kolmogorov 提出平稳型时间序列的基本理论,而目前时间序列模型的扩展也已转换成较具有实务性课题方面,对此项转变有重要贡献的学者有 Whittle、Quenuille、Rosenblatt、Parzen、Hannan、Box、Grenander、Rozanov、Granger 和 Tiao 等。

在 20 世纪 60—70 年代,一些工程文献提出了新的时间序列技术,著名的学者为 Kalman Kailath,Lennart Ljung 和 B.D.O.Anderson,他们所强调的时间序列分析法的技巧与统计学家及经济学家略有不同。由于工程学的研究数据经常是庞大的,所以他们更加关注过滤(filting)、平滑(smoothing)、算法(algorithm)。而统计学家则是花了许多心思在模型建构、参数估计和拟合优度检验上,因为统计学所遇到的数据规模不需要太大,因而不像工程学家那般关注算法的研究。

自此应用时间序列分析法分成两种,第一种是着重于时间序列的光谱密度(spectral density)及频率范畴分解(frequency domain decomposition)的频率范畴法(frequency domain approach)。这是一门运用无参数的时间序列分析方法,常应用于自然科学方面,如工程学和物理学,但在经济学方面也开始受到重视。由频率定义分析所得的结果常被视为系统中基本的变动。

第二种时间序列分析法则是利用序列的参数模型(parametric modeling)中的 ARIMA(autoregressive integrated moving average)模型及较为复杂的多变量 ARMA 模型,

而 ARMA 模型则包含两个重要的子模型:AR(autoregressive)模型和 MA(moving average)模型。

当利用 ARMA 模型对一平稳型序列建模时,即是利用其参数的结构来描述数据的记忆形态。此法能让我们在建模时仅需利用有限个参数,而相较于无参数的光谱密度法来说可使参数的估计更合理可行,且需要的观测值个数也较少。而利用参数建模时更提供一种由过去数据预测序列未来趋势的实用方法。

此外可利用差分及过滤法对非平稳型(non-stationary)序列建模。在时间序列建模时最重要的观念即是如何利用过去的数据来判定一个变量的未来走向及不同变量间同期(concurrent)或前后期(lead-lag)的关联性。

相较于过去传统的 Box 和 Jenkins 单变量时间序列模型,近来已有许多学者对多变量时间序列模型进行研究,例如 Box 和 Tiao(1982)及 Tiao 和 Tsay(1983)。

多变量时间序列分析法的研究因应了两种目的,一是加入另一个相关的序列后能弥补过去仅由单变量建模的不足之处,二是通过分析一个时间序列与另一个时间序列的关系以获得序列间的相关信息,增进对整体系统的了解。

近 15 年来在非线性及多变量时间序列分析法的领域中有许多新的进展,较为重要的研究课题包含 ARCH Models,Threshold AR Model,Co-Integration,Reduced Rank Models,Scalar Component Models 和 State-Space Models。在本书中引用了 Box 在 1980 年提出的高级建模技术并且探究以递归的方式对时间序列数据建构模型。

时间序列具有如下几个特性:

(1)时间序列中的观测值是由 4 个影响成分所组成,分别是长期趋势(trend)、循环变动(cyclical fluctuation)、季节变动(seasonal fluctuation)、不规则变动(irregular fluctuation)。因此进行时间序列分析时应先将此 4 个成分分解出来,以了解各个成分的影响。

(2)时间序列的各个观测值通常互有关联,只是时间相隔越长,关联越小。

(3)因分析需要,不同时间单位的序列数据,可以转换成相同时间单位的时间序列。如年数据转换为月平均数据。

(4)时间序列应依时间先后顺序排列,不可任意变更。

(5)时间序列的时间单位可以是年、季、月、周、日等,应划分为相同间隔的时间单位。

时间序列的数据在分析前,须将数据按时间次序,以纵轴为变量,横轴为时间作图,称为时间序列图,如图 15-1。从此图中,可观察出时间序列的特性,但相似的频数分布(图右),其时间序列的变动并不相同,如 A、B 两时间序列虽有相似的频数分布,但其时间序列的变化并不相同。

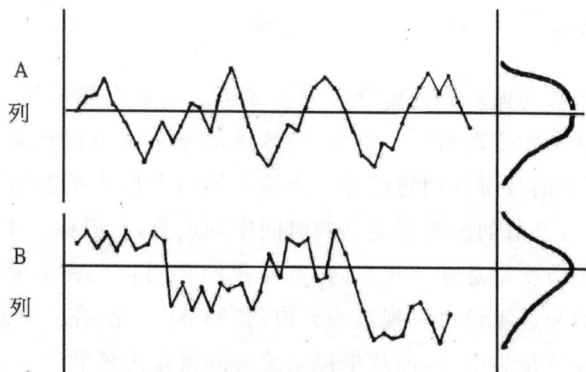

图 15-1　时间序列与频数分布图

15.2 时间序列的成分

为了说明时间序列数据的模型或行为,我们经常将时间序列视为由几种成分组成。通常时间序列系由四个成分——趋势、循环、季节与不规则组成,而构成特定值。现在我们来仔细看看这四个成分。

15.2.1 趋势成分

时间序列分析的测量数据,可取自每小时、天、星期、月或年,或任何其他有规律的区间。我们限制序列的记录值是来自相等的区间,至于不相等区间的观察值的处理问题,则超出了本书的范围。虽然一般的时间序列数据呈现随机的上下变动,但就长期来看,它仍然逐渐地变动或移动成在一定范围内变动的值,这逐渐变动的时间序列,经常是由于长期因素所导致的,例如人口的变动,人口统计上的特征改变,工业技术的改进,以及客户的喜好改变等,我们称为时间序列的趋势。

15.2.2 循环成分

当时间序列在长期呈现逐渐变动或趋势的模型时,我们不能预期所有时间序列的未来值将落在趋势线上。事实上时间序列的变动数值经常落于趋势线上方与下方。落于趋势线的上方与下方序列点的任何超过一年的有规律模型都属于时间序列的循环成分。

许多时间序列的连续观察值规则地落于趋势线的上方与下方,而呈现循环的现象。一般认为在经济上多年的循环变动,可以用循环成分来代表。

15.2.3 季节成分

虽然时间序列趋势与循环成分需分析过去多年的数据方能辨认,然而有许多时间序列在一年内即呈现规则的变动情形。例如,游泳池的制造商可以预测其在秋冬季的月份中销售较差,在春夏季的月份则销售较好。而除雪器材及厚衣的制造商每年的预测模型却恰恰相反,这种随着季节的影响而变动的时间序列成分,我们称为季节成分。一般我们都认为时间序列的季节变动是在一年之内,然而我们常用它来表示少于一年的连续重复的模型。例如每天的交通流量也呈现出一天内的"季节"变化,在上下班时间为高峰,白天的其他时间及上半夜流量为中等,而从午夜至凌晨则流量为最低。

15.2.4 不规则成分

时间序列的不规则成分是当完全以趋势、循环及季节等分量来说明此时间序列时,实际的时间序列值与我们所预期的序列值之间的残差因素。它是用来说明时间序列的随机变动的。时间序列的不规则成分,常是由短期不可预知或非重复的因素所引起的。正因为它是用来说明时间序列的随机变动,故无法预测。我们更无法事先预知其对该时间序列的冲击。

时间序列的 4 种成分的关系可分为 2 种模型:

(1)相加模型(additive model):

$$Y=T+S+C+I$$

①模型中所有的数值均以原始单位表示。

②若 $S>0$ 表示季节变动对 Y 有正向的影响。

③若 $C>0$ 表示景气循环正处于上升期。

④若 $I>0$ 表示有些随机事件对 Y 有正向的影响。

相加模型最大缺点是假设各个组成因素彼此独立,然而现实生活中,任一个因素变动有时会影响其他因素的变动,因此在经济活动中,此模型并不适合。

(2)相乘模型(multiple model):

$$Y=T \cdot S \cdot C \cdot I$$

①模型中 T 以原始单位表示,C、S、I 以百分比表示。

②C、S、I 均大于1时表示相对效果高于趋势值,若小于1时表示相对效果低于趋势值。

③相乘模型假设各个组成因素彼此相互影响,非独立。

④由于季节变动只发生于一年,因此对于年数据的相乘模型为 $Y=T \cdot C \cdot I$。

15.3 利用修匀法预测

本节我们将讨论适于无明显趋势、循环或季节效应的时间序列的预测方法。在这种情况下,预测方法的原理是以平均过程"修匀"时间序列的不规则成分。首先考虑移动平均。

15.3.1 移动平均

移动平均法是将最近 K 期的时间序列数据加以平均,以所得平均值预测下一期的数据。此种预测方法很简单,适用于不存在明显长期趋势与季节循环变动的时间序列数据。

移动平均的计算公式如下:

$$x_t = \frac{1}{n^0} \sum_{i=1}^{n^0} x_{t-i}$$

然而此种方法准不准,则必须看预测值与观测值之间的误差有多大。一般用来衡量预测误差大小的公式为均方误差(mean square error,MSE):

$$MSE = \frac{1}{n^0} \sum_{t=1}^{n^0} (Y_t - \hat{Y}_t)^2$$

式中 Y_t:真实观测值,$\hat{Y}_t$:预测值,n^0:预测的期数。

期数 n^0 的选择影响预测的精确度,该如何选择?一般而言,大都采用"尝试错误"的方法,即采取 T_1,T_2,T_3 等期计算移动平均,并计算 MSE,比较 MSE 之大小,较小的 MSE 表示较为精确。下面用一范例说明各种修匀法的计算。

中介公司的 12 周销售量如表 15-1,预测第 13 周销售量。

表 15-1　中介公司销售量

周次	1	2	3	4	5	6	7	8	9	10	11	12
销售量	63	81	72	63	54	72	87	84	60	48	60	66

由上表可知无明显长期趋势及季节变动,故可利用移动平均法来预测销售量。首先假设期数 $K=3$(以 3 周数据计算移动平均)。

以第 1~3 周销售量平均预测第 4 周,$(63+81+72)/3=72$;

以第 2~4 周销售量平均预测第 5 周,$(81+72+63)/3=72$;

逐个计算可得表 15-2 第 3 列数据。

计算误差大小如表 15-2 第 4、5 列数据,由此可知,

$$MSE = \frac{1}{n^0} \sum_{t=1}^{n^0} (Y_t - \hat{Y}_t)^2 = 2\ 629/9 = 292.1$$

表 15-2　中介公司三周移动平均预测值

周次	时间序列值 Y_t	移动平均预测值 $\hat{Y}_t$	预测误差 $Y_t - \hat{Y}_t$	预测误差平方 $(Y_t - \hat{Y}_t)^2$
1	63			
2	81			

续表

周次	时间序列值 Y_t	移动平均预测值 $\hat{Y}_t$	预测误差 $Y_t - \hat{Y}_t$	预测误差平方 $(Y_t - \hat{Y}_t)^2$
3	72			
4	63	72	−9	81
5	54	72	−18	324
6	72	63	9	81
7	87	63	24	576
8	84	71	13	169
9	60	81	−21	441
10	48	77	29	841
11	60	64	−4	16
12	66	56	10	100
13		58		$\sum(Y_t - \hat{Y}_t)^2 = 2\,629$

15.3.2 加权移动平均

在移动平均法的计算中,每一个观察值均具有相同的权数。另一种可能的方法,即为熟知的加权移动平均,它是赋予每个数据值不同的权数,而后再以加权平均作为预测值。加权移动平均法是依据各期的重要性,给予不同的权数(weight)用以计算 K 期移动平均数。当我们要预测某一期的数值时,通常最近一期的影响最大,而前几期的影响较小;因此最近一期的权数应与其他前几期的权数不同。在大部分的情况中,我们将最大的权数放在最近的观测值上,且权数随着观测值离当前愈来愈久远而呈递减趋势。

在此要注意的是,加权移动平均的权数总和要等于 1,对简易的移动平均而言,也是如此。

对范例用加权移动平均法计算结果见表 15-3。

表 15-3   中介公司三周销售量加权移动平均预测值

周次	时间序列值 Y_t	移动平均预测值 $\hat{Y}_t$	预测误差 $Y_t - \hat{Y}_t$	预测误差平方 $(Y_t - \hat{Y}_t)^2$
1	63			
2	81			
3	72			
4	63	73.5	−10.5	110.25
5	54	69	−15	225
6	72	60	12	144

续表

周次	时间序列值 Y_t	移动平均预测值 $\hat{Y}_t$	预测误差 $Y_t - \hat{Y}_t$	预测误差平方 $(Y_t - \hat{Y}_t)^2$
7	87	64.5	5	506.25
8	84	76.5	7.5	56.25
9	60	83	−23	529
10	48	72.5	−24.5	600.25
11	60	58	2	4
12	66	56	10	100
13		61		$\sum(Y_t - \hat{Y}_t)^2 = 2\,275$

15.3.3 指数修匀

指数修匀法是利用过去时间序列的加权平均值以平滑数据的方法,并利用该加权平均值作为下一期的预测值。

以下仅介绍最简单且常用的一阶加权平均数(first-order exponential smoothing method),公式如下:

$$F_{t+1} = \alpha Y_t + (1-\alpha) F_t$$

其中,

F_{t+1} 为 $t+1$ 期的时间序列预测值;

Y_t 为 t 期的时间序列实际值;

F_t 为 t 期的时间序列预测值;

α 为修匀系数($0 \leqslant \alpha \leqslant 1$)。

若时间序列的规则变动(随机方差)较大,则平滑指数 α 应较小,以避免因大的预测误差而影响预测值。

F_1 为第 1 期的预测值,但因无第 1 期以前的数据,故一般以第 1 期的观测值为预测值。距预测期越近的观测值对预测值影响越大,距预测期越远的观测值对预测值影响越小。较小的 α 值产生较平滑的曲线,较大 α 值产生较不平滑的曲线。

为了解任一期的预测值为所有前期的实际值的加权平均,假设有一含三期数据 Y_1, Y_2, Y_3 的时间序列。首先令 F_1 等于第 1 期的时间序列实际值,也就是说,$F_1 = Y_1$。因此,第 2 期的预测值如下所示:

$$
\begin{aligned}
F_2 &= \alpha Y_1 + (1-\alpha) F_1 \\
&= \alpha Y_1 + (1-\alpha) Y_1 \\
&= Y_1
\end{aligned}
$$

一般而言,第 2 期的指数修匀预测值等于第 1 期的时间序列实际值。欲得到第 3 期

的预测值,我们将 $F_2 = Y_1$ 代入 F_3 的表达式,则得

$$F_3 = \alpha Y_2 + (1-\alpha)Y_1$$

最后,将此 F_3 的表达式代入 F_4 的表达式,我们得到

$$F_4 = \alpha Y_3 + (1-\alpha)[\alpha Y_2 + (1-\alpha)Y_1]$$
$$= \alpha Y_3 + \alpha(1-\alpha)Y_2 + (1-\alpha)^2 Y_1$$

由此我们可以获知 F_4 是前三个时间序列值的加权平均,并且我们注意到 Y_1, Y_2, Y_3 的系数或权数的和为 1。对于任一 F_{t+1} 的预测值而言,我们一样可以依此推导出,它是前面 t 个时间序列值的加权平均。

指数修匀法的好处是仅需要极少的过去数据来做简易的处理,只要修匀系数 α 一经选定,则要计算下一期的预测值,只需二项数据。如同式中,若 α 已给定而要求 $t+1$ 期的预测值,只要知道 t 期的实际值 Y_t 与预测值 F_t 即可。

事实上只要 α 值介于 0 与 1 间都可以。当然某一些值比其他值更好,而从下面的改写后的基本指数修匀模型中,我们可以选择出一个良好的 α 值

$$F_{t+1} = \alpha Y_t + (1-\alpha)F_t$$
$$F_{t+1} = \alpha Y_t + F_t - \alpha F_t$$
$$F_{t+1} = F_t + \alpha(Y_t - F_t)$$

由此我们知道新的预测值 F_{t+1} 等于前期的预测值 F_t 加上一项修正项即是 α 倍的最近预测误差 $Y_t - F_t$。也就是第 $t+1$ 期的预测值是由第 t 期的预测值经预测误差修正而获得的。若此一时间序列的随机方差很大,则修匀系数应选较小的,其理由是预测误差大部分是由随机方差引起的。因此我们不希望太快地高估或低估这些预测值。但若一时间序列的随机方差极小,则我们选择较大的修匀系数,以便当预测误差发生时,因应其变化的状况,能很快地降低预测值或提高预测值。

我们选择平滑常数的标准和前面移动平均计算选择期数的标准一样,即要选择一个 α 值使均方误差(MSE)为最小。

对范例用指数平滑法加以计算,取 $\alpha = 0.2$,计算结果见表 15-3。

表 15-3　指数平滑法的预测值

周次	时间序列值 Y_t	移动平均预测值 $\hat{Y}_t$	预测误差 $Y_t - \hat{Y}_t$	预测误差平方 $(Y_t - \hat{Y}_t)^2$
1	63			
2	81	63	18	324
3	72	66.6	5.4	29.16
4	63	67.68	−4.68	21.9
5	54	66.74	−12.74	163.31

续表

周次	时间序列值 Y_t	移动平均预测值 $\hat{Y}_t$	预测误差 $Y_t - \hat{Y}_t$	预测误差平方 $(Y_t - \hat{Y}_t)^2$
6	72	64.19	7.81	61
7	87	65.75	21.25	451.56
8	84	70	14	196
9	60	72.8	−12.8	163.84
10	48	70.24	−24	494.62
11	60	65.79	−5.79	33.52
12	66	64.63	1.37	1.88
13		64.9		$\sum (Y_t - \hat{Y}_t)^2 = 1\,940.79$

15.4 用趋势投射预测时间序列

描述自变量 X 与因变量 Y 之间的直线关系估计回归方程为

$$\hat{Y} = b_0 + b_1 X$$

而在预测时,为了使自变量为时间的事实更明显,我们以 t 代替上式中的 X,另外以 T_t 代替 $\hat{Y}$。因此估计销售量的线性趋势即可被表示成如下的时间函数:

线性趋势的方程:

$$T_t = b_0 + b_1 t$$

其中:

T_t 为第 t 期的时间序列预测值(以趋势为准);

b_0 为趋势线的截距;

b_1 为趋势线的斜率;

t 为时点。

在上式中,我们令 $t = 1$ 表示时间序列数据第一个观测值所对应的时间,$t = 2$ 为第二个观测值所对应的时间等等。至于估计回归系数(b_0 与 b_1)的计算公式我们在以前已经提过了,我们再重述如下,并以 t 代替 X,利用最小二乘法:

$$\hat{b}_1 = \frac{\sum t Y_t - n\,\bar{t}\,\bar{Y}}{\sum t^2 - n\bar{t}^2}$$

$$\hat{b}_0 = \bar{Y} - \hat{b}_1 \bar{t}$$

其中

Y_t 为第 t 期的时间序列观测值；

n 为期数；

$\overline{Y} = \sum Y_t / n$；

$\bar{t} = \sum t / n$。

15.5 预测含趋势与季节成分的时间序列

在前一节，我们说明如何预测含趋势成分的时间序列。本节将讨论如何预测含趋势与季节两种成分的时间序列。我们所使用的方法是先除去时间序列中的季节效应或季节成分。此步骤称为消除季节性。在消除季节性后，时间序列将仅含趋势成分，然后我们就可用前一节所介绍的方法，辨识其趋势成分。而后应用趋势投射计算，我们将可预测未来时期的时间序列的趋势成分。最后再以季节指数调整趋势投射。如此一来，我们将可辨识趋势与季节成分，并在预测时同时考虑此二者。

除了趋势成分(T)与季节成分(S)外，我们将假设该时间序列也有不规则成分(I)。不规则成分反映了不能由趋势与季节成分解释的随机效应。以 T_t，S_t 及 I_t 代表时间 t 的趋势、季节与不规则成分，我们将假设实际的时间序列模型(multiplicative time series model)表示为：

$$Y_t = T_t \times S_t \times I_t$$

在此模型中，T_t 是以预测项目的单位度量的趋势，而 S_t 与 I_t 则是以相对数值度量，若其值高于 1.00，则表示效应在趋势之上；若其值低于 1.00，则表示效应在趋势之下。

15.5.1 消除时间序列的季节性

求季节指数的目的通常是欲消除时间序列中的季节效应，此过程称为消除时间序列的季节性。像当前商业调查与华尔街日报等刊物常报道经季节变异调整过后的经济时间序列(除去季节性的时间序列)。利用乘法模型，我们得到

$$Y_t = T_t \times S_t \times I_t$$

将各时间序列观察值除以对应的季节指数，即可将季节效应除去。

15.5.2 消除季节性的时间序列，辨识趋势

当已有消除季节性后的数据后，可以直接利用这些每季的量值来计算。因此估计量的线性趋势方程，可以写成如下的时间函数

$$T_t = b_0 + b_1 t$$

其中

T_t 为第 t 期量的趋势值；

b_0 为趋势线的截距；

b_1 为趋势线的斜率。

跟以前一样，我们令 $t=1$ 为时间序列的第一个观测值的时间，$t=2$ 为第二个观测值的时间等等。在此我们再将计算 b_0 与 b_1 值的公式列于下：

$$b_1 = \frac{\sum tY_t - n\bar{t}\bar{Y}}{\sum t^2 - n\bar{t}^2}$$

$$\hat{b}_0 = \bar{Y} - \hat{b}_1\bar{t}$$

其中 Y_t 是于时间 t 时的除去季节性的时间序列值，而非时间序列的实际值。

15.5.3 循环成分

在数学上，可将乘法模型推广为如下的含循环成分的模型：

$$Y_t = T_t \times C_t \times S_t \times I_t$$

循环成分与季节成分相同，亦以趋势的百分比来表示。如 15.1 节所述，此成分归因于时间序列的多年循环。其与季节成分相类似，只是经过的时间较长而已。然而由于时间太长，很难收集足够的相关数据来估计循环成分。

15.6 利用回归模型预测时间序列

在回归分析讨论中，我们说明如何以一个及以上的自变量预测单一因变量的值。将回归分析视为预测工具，则我们待预测的时间序列值可视为因变量。因此，若能找到一组良好的自变量或预测变量，我们可建立预测时间序列的估计回归方程。

记得在建立估计回归方程时，我们需要一个包含因变量及所有自变量的观测值样本，而在时间序列分析中，N 个时期的时间序列数据，恰可作为用于此分析中的每一个变量的 N 个观察值样本。对含有 k 个自变量的函数而言，我们以下列的符号表示：

Y_t 为第 t 期时间序列的实际值；

X_{1t} 为第 t 期的第 1 个自变量值；

X_{2t} 为第 t 期的第 2 个自变量值；

$\vdots$

X_{kt} 为第 t 期的第 k 个自变量值。

你可以想象得到，在一个预测模型中，自变量的选择有许多种，其中一种可能的选择是以时间为一自变量。令 $X_{1t}=t$，则我们可求得形式为

$$\hat{Y}_t = b_0 + b_1 t$$

的估计回归方程,其中 $\hat{Y}_t$ 为时间序列 Y_t 值的估计值,而 b_0 与 b_1 为估计回归系数。在更复杂的模型中,可加入时间的高次幂项。例如,令

$$X_{2t} = t^2$$

且

$$X_{3t} = t^3$$

则估计回归方程变成

$$\hat{Y}_t = b_0 + b_1 X_{1t} + b_2 X_{2t} + b_3 X_{3t}$$
$$= b_0 + b_1 t + b_2 t^2 + b_3 t^3$$

注意:此模型可估计具有曲线时间特征的时间序列的预测值。

回归方法能否提供一个良好的预测值,全赖于我们所得到的自变量数据是否与此时间序列有紧密的关系而定。一般在建立一个估计回归方程时,会考虑到许多种自变量的组合。所以回归分析的部分程序,即将注意力集中于所要选择的自变量上,以期能提供一个最好的预测模型。

我们曾提到因果预测模型利用与欲预测序列相关的序列。回归分析即为常用以建立这些因果模型的工具。相关的序列便为自变量,欲预测的时间序列则为因变量。

另一种以回归为基础的预测模型,则为其自变量是此时间序列的所有前期值。例如,若以 $Y_1, Y_2, \cdots, Y_n$ 表示时间序列值,而因变量为 Y_t,则我们可以建立形如 $\hat{Y}_t = b_0 + b_1 Y_{t-1} + b_2 Y_{t-2} + b_3 Y_{t-3}$ 的估计回归方程。

以时间序列的前期值为自变量的回归模型称为自回归模型(autoregressive model)。

最后,另一种以回归为基础的预测方法则是综合前述所讨论的自变量。例如,我们可能选择时间变量、一些经济及人口统计变量、一些前期值。

15.7 其他预测模型

所谓"简算法"(naive method),是指一种不需依靠繁琐的计算和复杂的理论即可由过去数据得出预测值的方法,由于它较其他预测方法简单、快速,故不失为一有用的预测法。通常有下列两种方法,参见 Martin and Witt (1989a):

方法一: $\hat{Y}_{t+1} = Y_t$

方法二: $\hat{Y}_{t+1} = Y_t \times \left(1 + \dfrac{Y_t - Y_{t-1}}{Y_{t-1}}\right)$

由方法一,我们可以得知,第 $t+1$ 期的预测值,即等于第 t 期的观测值。我们可以了解,在没有特殊状况的情形下,用简算法做预测,是直接而合理的,但是在使用这样的方法

时,通常要辅以其他方法。

在方法二中,第 $t+1$ 期的预测值即等于第 t 期的观测值加上第 t 期的观测值乘以第 t 期的增长率。这样的方法,考虑了第 t 期的增长趋势对第 $t+1$ 期的影响,一般说来,对稳定增长的时间序列做预测,用这样的方法并无不妥。若第 t 期有正增长,第 $t+1$ 期便同样是正增长;若第 t 期正增长,第 $t+1$ 期便为同幅度的正增长。

15.8 单变量时间序列预测模型

假设随机变量 Y_t 为在时间 t 的一个观测值,那么一组 Y_t 所组成的序列,就称为一个随机过程(stochastic process)。我们有所谓的 ARIMA(autoregressive integrated moving average model)模型,记作 $Y_t \sim \mathrm{ARIMA}(p,d,q)$,其公式如下:

$$\varphi_p(B)Z_t = \theta_q(B)a_t$$

其中

$$\varphi_p(B) = 1 - \varphi_1 B - \varphi_2 B^2 - \cdots - \varphi_p B^p$$
$$\theta_q(B) = 1 - \theta_1 B - \theta_2 B^2 - \cdots - \theta_q B^q$$
$$Z_t = (1-B)^d Y_t$$

- 后移运算符(backward shift operator) B:

$$BZ_t = Z_{t-1}$$
$$B^m Z_t = Z_{t-m}$$
$$Z_t : t \text{ 时的观察值}$$

- 后移差异(backward difference) $1-B$:

$$\overline{V}Z_t = Z_t - Z_{t-1} = (1-B)Z_t$$

- 相加运算(summation operation) S:

$$S = \overline{V}^{-1}$$
$$\sum_{j=0}^{\infty} Z_{t-j} = Z_t + Z_{t-1} + Z_{t-2} + \cdots$$
$$= (1 + B + B^2 + \cdots)Z_t$$
$$= (1-B)^{-1}Z_t = SZ_t = \overline{V}^{-1}Z_t$$

- 白噪音(white noise):

$$a_t, a_{t-1}, \cdots, a_{t-k}, \cdots$$
$$E(a_t) = 0 \qquad V(a_t) = \sigma_a^2$$

15.8.1 自回归模型（autoregressive models，AR model）

$$\hat{Z}_t = Z_t - u$$

$$\hat{Z}_t = \varphi_1 \hat{Z}_{t-1} + \varphi_2 \hat{Z}_{t-2} + \cdots + \varphi_p \hat{Z}_{t-p} + a_t$$

$$\hat{Z}_t = \varphi_1 B \hat{Z}_t + \varphi_2 B^2 \hat{Z}_t + \cdots + \varphi_p B^p \hat{Z}_t + a_t$$

故 $a_t = (1 - \varphi_1 B - \varphi_2 B^2 - \cdots - \varphi_p B^p)\hat{Z}_t = \varphi(B)\hat{Z}_t$

$$\varphi(B)\hat{Z}_t = a_t, \Leftrightarrow \hat{Z}_t = \psi(B)a_t$$

$$\psi(B) = \varphi^{-1}(B)$$

15.8.2 移动平均过程模型（moving average process model，MA model）

$$\hat{Z}_t = a_t - \theta_1 a_{t-1} - \theta_2 a_{t-2} - \cdots - \theta_q a_{t-q}$$

$$\hat{Z}_t = a_t - \theta_1 B a_t - \theta_2 B^2 a_t - \cdots - \theta_q B^q a_t$$

$$= a_t(1 - \theta_1 B - \theta_2 B^2 - \theta_3 B^3 - \cdots - \theta_q B^q)$$

故 $\hat{Z}_t = \theta(B)a_t$ $\theta(B) \Rightarrow$ MA 运算符

15.8.3 AR-MA 模型（mixed AR-MA model）

$$\hat{Z}_t = \varphi_1 \hat{Z}_{t-1} + \varphi_2 \hat{Z}_{t-2} + \cdots + \varphi_p \hat{Z}_{t-p} + a_t - \theta_1 a_{t-1} - \theta_2 a_{t-2} - \cdots - \theta_q a_{t-q}$$

$$\hat{Z}_t - \varphi_1 B \hat{Z}_t - \varphi_2 B^2 \hat{Z}_{t-2} - \cdots - \varphi_p B^p \hat{Z}_t = a_t - \theta_1 B a_t - \theta_2 B^2 a_t - \cdots - \theta_q B^q a_t$$

$$\varphi(B)\hat{Z}_t = \theta(B)a_t$$

在实际应用中，AR-MA 模型之 p、q 值小于或等于 2。

15.8.4 季节循环性时间序列模型

有些时间序列有季节循环的特性，称为 SARIMA 模型（seasonal autoregressive integrated moving average model，SARIMA model），记作 $Y_t \sim \text{SARIMA}(p, d, q)$，其公式如下：

$$\Phi_P(B)Z_t = \Theta_Q(B)a_t$$

其中：

$$\Phi_P(B) = 1 - \Phi_1 B - \Phi_2 B^2 - \cdots - \Phi_P B^{PS}$$

$$\Theta_P(B) = 1 - \Theta_1 B - \Theta_2 B^2 - \cdots - \Theta_Q B^{QS}$$

S 为季节循环期数 $Z_t = (1 - B^S)^D Y_t$。

时间序列模型是依照随机变量间的相关性而建立，若是有外在的因素干扰，则时间序

列趋势必有所改变,有鉴于此,在做时间序列分析时,可以考虑干扰因子模型

$$Y_t = \frac{\omega(B)B^b}{\delta(B)} I_t + N_t$$

其中 $N_t \sim$ 单变量时间序列模型

$$I_t = S_t = \begin{cases} 0 & \text{干扰因子发生前} \\ 1 & \text{干扰因子发生后} \end{cases}$$

在应用时间序列分析方法时,最重要的假设,是这个序列的平稳性(stationarity)。但是在实际应用方面,许多时间序列都不符合平稳的要求,针对这个问题,有两个解决之道:一是对 Y_t 作方差平稳转换(variance stabilizing transformation);二是对 Y_t 作差分(differencing)。在实际应用时,应该先决定是否要作方差平稳转换,其次再决定如何作差分。模型中的 a_t 表示残差项,如果模型配置良好,残差项应该像是一个白噪声过程(white noise process)。单变量时间序列模型的建立过程主要有三个阶段:模型识别(identification)、参数估计(estimation)和模型诊断(diagnostic checking),见图 15-2。当模型诊断时发现拟合不良,应注意拟合较差的模型有何特征,以便决定其他可能的模型,此时再重复建立模型的三个阶段。这样的过程不断重复,直到找出拟合优良的模型为止。

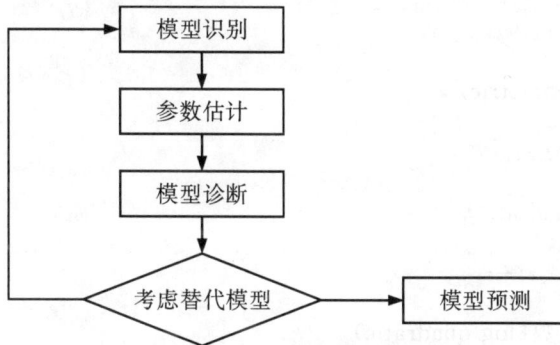

图 15-2　模型建立过程

15.9 时间趋势预测模型

时间趋势模型(trend curve analysis)是以需求量为被解释变量,而以时间为解释变量,依据各种组合模型试图拟合一个最佳模型来表示需求量与时间的关系。这十种函数关系如下所示(Martin and Witt,1989):

(1)线性函数(linear)

$$\hat{Y}_t = \beta_0 + \beta_1 t + \varepsilon_t$$

211

（2）双曲线函数（hyperbolic）

$$\hat{Y}_t = \beta_0 + \beta_1 t^{-1} + \varepsilon_t$$

（3）限制型双曲线函数（constrained hyperbolic）

$$\frac{1}{\hat{Y}_t} = \beta_0 + \beta_1 t^{-1} + \varepsilon_t$$

（4）变形双曲线函数（modified hyperbolic）

$$\frac{1}{\hat{Y}_t} = \beta_0 + \beta_1 t + \varepsilon_t$$

（5）指数函数（exponential）

$$\ln \hat{Y}_t = \beta_0 + \beta_1 t + \varepsilon_t$$

（6）变形指数函数（modified exponential）

$$\ln \hat{Y}_t = \beta_0 + \beta_1 t^{-1} + \varepsilon_t$$

（7）半对数函数（semilog）

$$\hat{Y}_t = \beta_0 + \beta_1 \ln t + \varepsilon_t$$

（8）几何函数（geometric）

$$\ln \hat{Y}_t = \beta_0 + \beta_1 \ln t + \varepsilon_t$$

（9）二次函数（quadratic）

$$\hat{Y}_t = \beta_0 + \beta_1 t + \beta_2 t^2 + \varepsilon_t$$

（10）对数二次函数（log quadratic）

$$\ln \hat{Y}_t = \beta_0 + \beta_1 t + \beta_2 t^2 + \varepsilon_t$$

其中 $\hat{Y}_t$ 为 t 期的需求量，β_0，β_1，β_2 为参数，ε_t 为随机干扰项。

上述模型即一般的回归模型，因此在参数估计方面是最小二乘法估计。在模型选取时，根据模型解释度高低和参数估计值显著程度判断，再综合模型预测能力，实际应用时由调整后 R^2 值反映模型解释能力及由 MAPE、RMSPE 评估其预测能力，选出理想的模型。

15.10 Excel 2013 时间序列操作步骤

SQL 中的时间序列与一般我们所熟知的时序方法不尽相同，它是使用线性回归决策树的方法来分析时间相关的数据。它建立的模型可用来预测未来时间序列的值。

【步骤一】数据是三个地区 2001 年至 2004 年 M200 型销售记录，数据选取后点选"高级"→"创建挖掘模型"。

【步骤二】点选下一步。

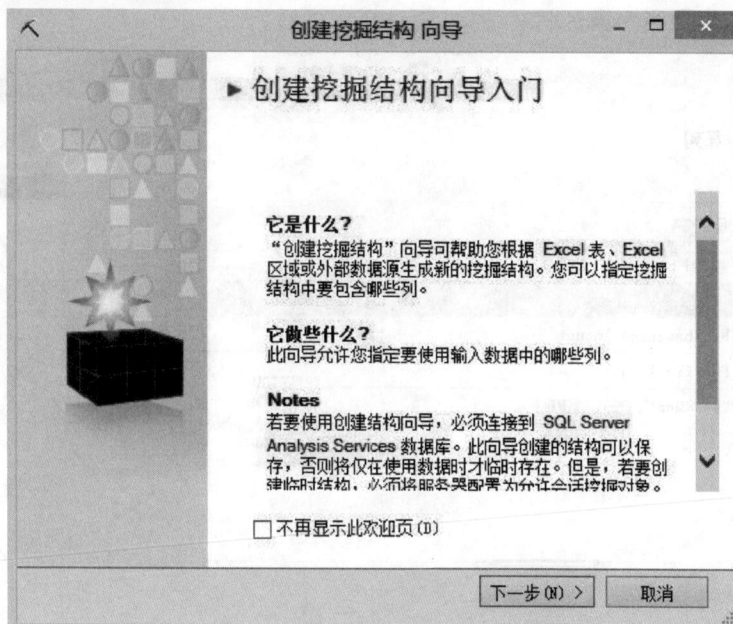

【步骤三】出现挖掘算法的选择，可以选择不同的方法进行数据挖掘。本章中，我们选择时序分析方法，在算法的下拉菜单中选择"Microsoft 时序"。点选"下一步"。

【步骤四】出现选择列窗口,显示了数据表中所有变量的名称以及类型,"包括"表示选入该变量,这里我们选入所有的变量,"仅预测"表示将该变量作为因变量,这里,将三个地区的变量都选为预测变量。

【步骤五】显示时间序列的决策树,发现共分为二层,以每月月收总额 200 305.859 作为分类水平。

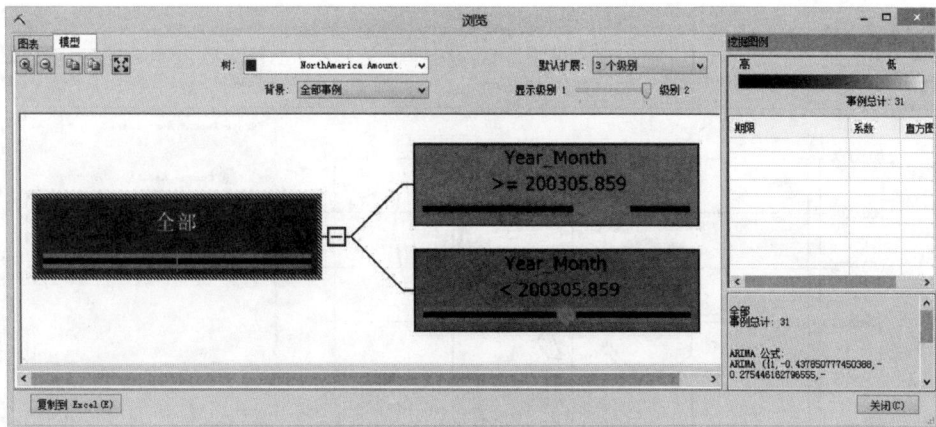

【步骤六】将图表复制至 Excel。

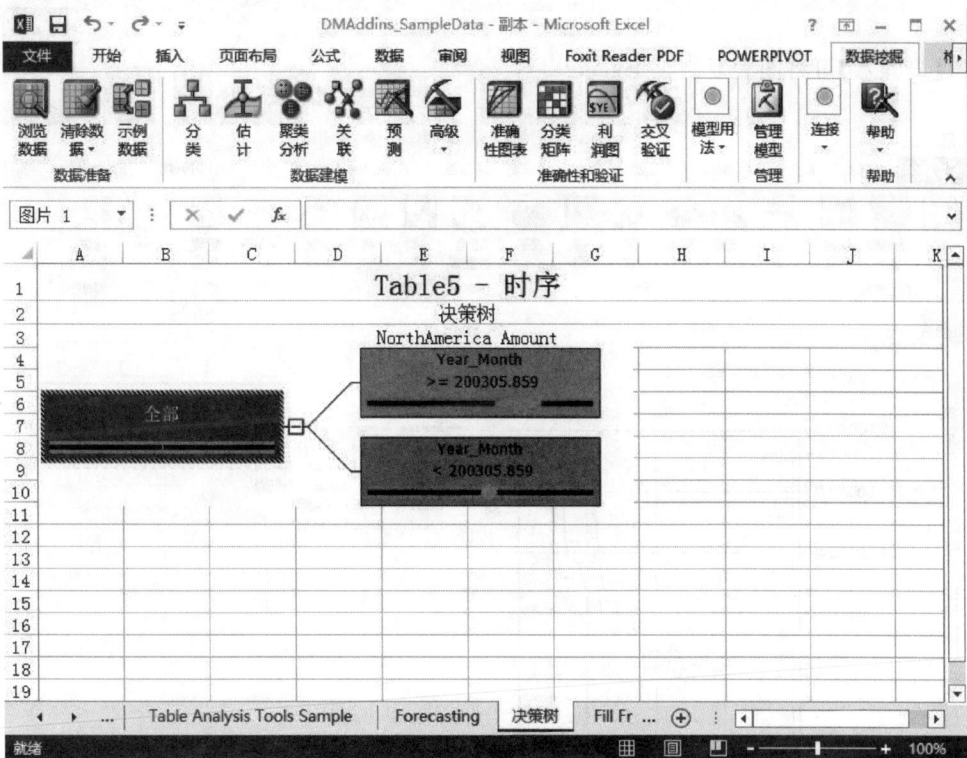

【步骤七】下表为三个地区的时间序列预测趋势图,在图中预测步骤处可点选期望预测期数,在此选择预测 12 期,由图表可发现未来预测销售呈逐渐上升趋势。

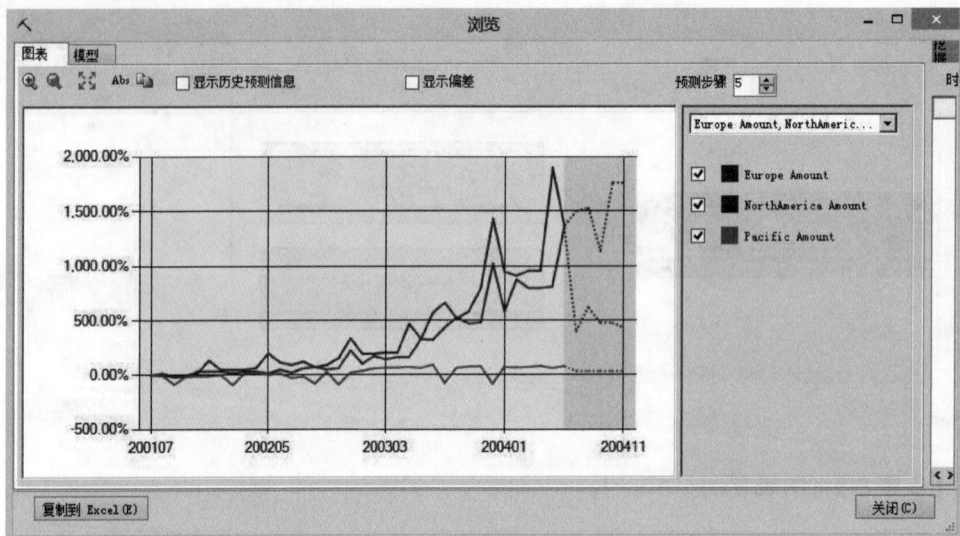

【步骤八】可将图表复制至 Excel。

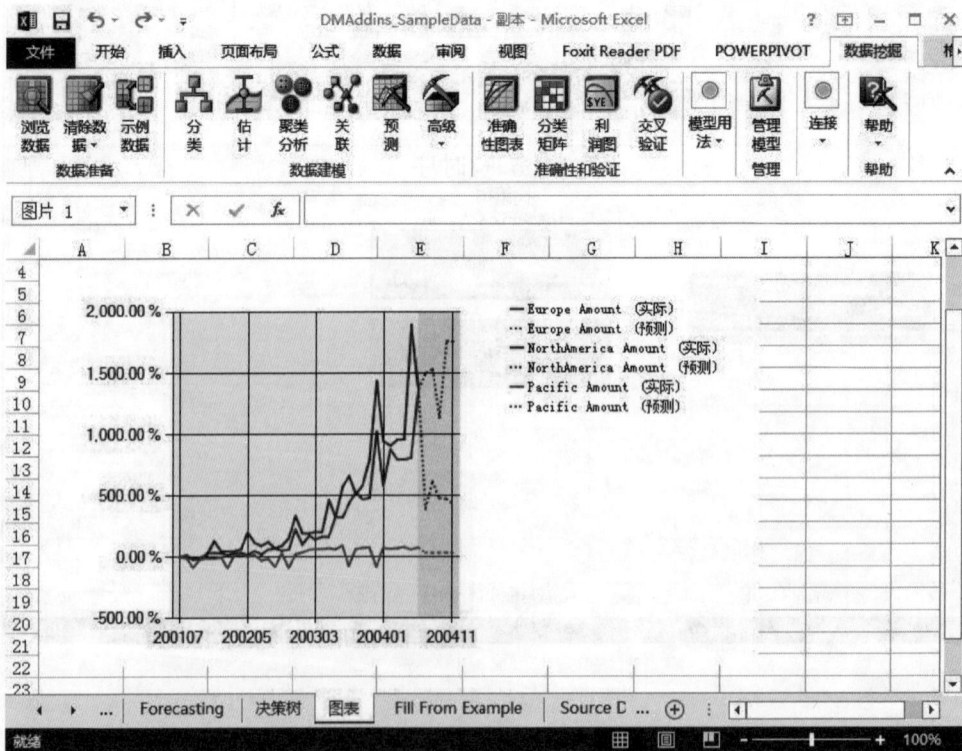

第十六章
DMX 介绍

16.1 DMX 介绍

DMX 全名 data mining extension,是在 SQL Server 2012 中用于建立和操作数据挖掘模型的语言,可以用来建立新数据挖掘模型的结构,以及训练、浏览、管理与预测模型。DMX 是由数据定义语言(data definition language,DDL)语句、数据操作语言(data manipulation language,DML)语句,以及函数和运算符等所组成。使用前须定义对象如下。

标识符

定义名称对象,例如挖掘模型、挖掘结构及数据行。基本上分为两种,一般标识符与分隔标识符。一般标识符长度不可超过 100 字符,起始字符必须为底线或被 Unicode Standard 2.0 所定义的字母。标识符不可为保留关键词,不论大小写,且中间不可有空格;分隔标识符以[]包住,在条件未符合一般标识符时使用,但长度仍不可超过 100。

数据类型

定义挖掘模型数据行包含的数据类型。基本上有 Text,Long,Boolean,Double,Date 五种数据类型。每种数据类型又分别支持不同内容类型,如连续、类别等。

表达式

通常包含单一或标量值、对象,或数据表值的语法单位。

常数是代表单一特定值的符号。常数可以是字符串,或者数值或日期值。您必须使用单引号'来分隔字符串与日期常数。标量函数会传回单一值,非标量函数会传回数据表。而对象标识符在 DMX 中视为简单表达式。

运算符

配合一个或多个简单 DMX 表达式使用,以产生更复杂的 DMX 表达式。

函数

采用 0、1 或多个输入值,并传回标量值或数据表的表达式。SQL 2012 中还可使用 VBA(Microsoft Visual Basic for Applications)或 Excel 的函数,也可以使用 Common

Language Runtime 程序设计语言建立扩充 DMX 功能的预存程序。

批注

文字元素,可以插入 DMX 语句或脚本中以说明语句的目的。方便程序员未来开发或维护。//(双斜线)与——(双连字符)后的所有文字将被视为批注,而/ * … * /(斜线与星字号的配对)之间的文字也将被视为批注。

保留关键词

保留给 DMX 使用的字,为数据库中的对象命名时不应使用这些字。若名称冲突时,需使用标识符注记。

内容类型

定义挖掘结构数据行所包含的内容。每种算法支持不同的内容类型,基本上分为下列几种。

DISCRETE——如性别数据为一典型的分类变量数据。数据内包含有限的类别,即使是数值数据也不一定有排序意义,如电话号码。所有的数据类型皆可使用此种内容类型。

CONTINUOUS——数据为连续的数值数据,具有度量意义,可能有无限的小数值,如收入、身高等。Date,Double 和 Long 三种数据类型支持此内容类型。

DISCRETIZED——若数据为连续,但却须划分为分类变量时,SQL 2012 会自动分隔成几等分的值域,如身高在 150~180cm 之间可能有无限多个小数,可分割成 150~160、160~170、170~180 四种类型支持三个值域。分割方式有 Automatic,CLUSTERS,EQUAL_AREAS,Thresholds 四种。Date,Double,Long 和 Text 四种数据类型支持。

KEY——此数据行会唯一识别数据列。Date,Double,Long 和 Text 四种类型支持。

KEY SEQUENCE——为特定索引键类型,其值具有时间意义。其值已排序且不必为等距。Double,Long,Text 和 Date 四种类型支持。

KEY TIME——为特定索引键类型,其值代表已排序且会在某时段发生的值,Double,Long 和 Date 三种类型支持。

ORDERED——代表该数据为排序的值,如名次,但间距并没有意义,如第一名不代表成绩为第五名的五倍。所有数据类型都支持。

CYCLICAL——代表该数据属于循环且排序的值,如月份为一典型例子。所有数据类型都支持此内容类型。

数据分布

定义数据的分布类型。定义之后,算法有可能得到更精确的结果。有三种分布可供选择,normal 为正态分布、log normal 为对数正态分布、uniform 为均匀分布。

使用方式

在挖掘模型中须定义如何使用数据,基本类别如下。

Key 为索引键、Key Sequence 为顺序索引键、Key Time 为具有时间性质的索引键、Predict 为同时用作输入与输出的值、PredictOnly 为只用作输出的值,其余未指定的值将用作输入值。

模型标记

定义其他的提示，如 Not null 为数据不能为空，REGRESSOR 为算法可以在回归算法的回归公式里使用指定的数据列等。

16.2 DMX 函数介绍

基于 DMX 的数据挖掘分为三个阶段，下面分段介绍 DMX 应用。

16.2.1 模型建立

语法习惯：粗体为必须完全相同；斜体为使用者自定义；|（竖线）在方括号或大括号内用来分隔语法项目，只能选择一种；[ ]（方括号）为选择性语法，使用时不键入方括号；{ }（大括号）为必要项目，使用时不键入大括号；，…指出逗号之前的项目可以重复任意多次，项目间以逗号区隔。

CREATE[SESSION]**MINING MODEL**⟨*model*⟩
(
[(⟨column definition list⟩)]
)
USING⟨algorithm⟩[(⟨parameter list⟩)][WITH DRILLTHROUGH]

model——为该模型的唯一名称。

SESSION——建立在连接关闭或会话过期时就自动删除的挖掘模型。

algorithm——使用何种算法。

parameter list——定义算法的参数。

WITH DRILLTHROUGH——定义是否可以钻研。

column definition list——行间用逗号分隔，定义数据属性详细如下。

若为单一数据如下：

⟨column name⟩⟨data type⟩[⟨Distribution⟩][⟨Modeling Flags⟩]⟨Content Type⟩[⟨prediction⟩][⟨column relationship⟩]

若为嵌套数据如下：

⟨column name⟩TABLE[⟨prediction⟩](⟨non-table column definition list⟩)

范例如下：

```
CREATE MINING MODEL   PredictRisk
（ID KEY，
Gender TEXT DISCRETE，
Income LONG CONTINUOUS，
Job TEXT DISCRETE，
Area TEXT DISCRETE，
Risk TEXT DISCRETE PREDICT）
USING Microsoft_Decision_Trees
```

使用微软决策树算法建立一名称为 PredictRisk 的 Model，有六个数据行。

Risk 同时为输入和被预测的数据域，ID 字段为识别键，其余四个为输入值。

16.2.2 模型训练

语法格式如下：

INSERT INTO［MINING MODEL］|［MINING STRUCTURE］〈model〉|〈structure〉（〈mapped model columns〉）〈source data query〉

INSERT INTO［MINING MODEL］|［MINING STRUCTURE］〈model〉|〈structure〉.COLUMN_VALUES（〈mapped model columns〉）〈source data query〉

model——挖掘模型的名称。

structure——挖掘结构的名称。

mapped model columns——数据列标识符或嵌套标识符的逗号分隔清单。

source data query——提供者自定义格式中的来源查询。

实例如下：

```
INSERT INTOPredictRisk
（Id，Gender，Income，Job，Area，Risk）
SELECTID，Gender，Income，Job，Area，Risk
FromCustomers
```

上两行是插入的挖掘模型或挖掘结构，下两行是对应的源数据。

16.2.3 模型使用（预测）

基本语法如下：

SELECT［FLATTENED］［TOP〈n〉］〈select expression list〉

FROM〈model〉|〈sub select〉

［NATURAL］**PREDICTION JOIN**〈source data query〉

［ON〈join mapping list〉］

［WHERE〈condition expression〉］

［ORDER BY〈expression〉［DESC|ASC］］

n——指定要传回多少数据列的整数。

select expression list——从挖掘模型衍生的数据标识符与表达式的分隔清单。

model——模型名称。

sub select——内嵌的 SELECT 语句。

source data query——来源查询。

join mapping list——比较模型中的数据与来源查询中的数据的逻辑表达式。

condition expression——限制返回值的条件。

expression——返回标量值的表达式。

实例如下：

```
SELECT NewCustomers.CustomerID,PredictRisk.Risk,CreditProbability(Predic-
tRisk)

FROM PredictRisk PREDICTION JOIN NewCustomers

ON PredictRisk.Gender＝NewCustomer.Gender

AND PredictRisk.Income＝NewCustomer.Income

AND PredictRisk.Job＝NewCustomer.Job

AND PredictRisk.Area＝NewCustomer.Area
```

此外，若想删除挖掘模型或挖掘结构可使用：

DROP MINING MODEL〈model〉

DROP MINING STRUCTURE〈structure〉

若要将模型或结构输出或备份：

EXPORT〈object type〉〈object name〉[，〈object name〉][〈object type〉〈object name〉]
[，〈object name〉]**TO**〈filename〉［WITH DEPENDENCIES］

实例如下：

```
EXPORT MINING MODEL [PredictRiskTO 'C:\PredictRisk.abf' WITH DEPEN-
DENCIES
```

WITH DEPENDENCIES 指的是将所有相关的对象一起存入.abf 文件中，像是数据源和数据源查看等。

同理，要将文件导入语法如下：

IMPORT[〈object type〉〈object name〉[，〈object name〉][〈object type〉〈object name〉]
[，〈object name〉]]**FROM**〈filename〉

实例如下：

```
IMPORT FROM 'C:\Predict.Risk.abf'
```

16.2.4 其他函数语法

BottomCount

根据次序表达式，以递增顺序返回数据表，包含 count 数目的最底部数据行。

BottomCount(⟨table expression⟩,⟨rank expression⟩,⟨count⟩)

BottomPercent

类似 BottomCount,但是将 count 换成百分比,同样包含符合指定百分比表达式的最小数目的最底部数据行。

BottomPercent(⟨table expression⟩,⟨rank expression⟩,⟨percent⟩)

BottomSum

类似 BottomCount,但是将 count 换成 Sum,同样包含符合 sum 表达式的最小数目的最底部数据行。

BottomSum(⟨table expression⟩,⟨rank expression⟩,⟨sum⟩)

TopCount

语法与功用类似 BottomCount,但是为递减顺序。

TopCount(⟨table expression⟩,⟨rank expression⟩,⟨count⟩)

TopPercent

语法与功用类似 BottomPercent,但是为递减顺序。

TopPercent(⟨table expression⟩,⟨rank expression⟩,⟨percent⟩)

TopSum

语法与功用类似 BottomSum,但是为递减顺序。

TopSum(⟨table expression⟩,⟨rank expression⟩,⟨sum⟩)

Cluster

传回最可能包含输入案例的聚类。不需要参数,但该挖掘模型支持聚类时才可使用。

Cluster

ClusterProbability

类似 Cluster,返回输入案例属于聚类的概率。同样要挖掘模型支持聚类时才可使用。

ClusterProbability([⟨Node_Caption⟩])

IsDescendant

指出目前的节点是否从指定的节点衍生,返回布尔值

IsDescendant(⟨NodeID⟩)

IsInNode

指出指定的节点是否包含案例,同样返回布尔值。

IsInNode(⟨NodeID⟩)

Lag

返回目前案例的日期与数据的最后日期间的时间差。返回整数。

Lag()

Predict

在指定的数据列上执行预测。

Predict(〈scalar column reference〉,[option1],[option2],,[INCLUDE_NODE_ID],
n) Predict(〈table column reference〉,[option1],[option2],,[INCLUDE_NODE_ID],n)

PredictAdjustedProbability

返回指定的可预测数据列的已调整概率。

PredictAdjustedProbability(〈scalar column reference〉,[〈predicted state〉])

PredictAssociation

在数据列中,预测关联的成员资格,可用于决策树、贝叶斯和神经网络三种挖掘模型。

PredictAssociation(〈table column reference〉,option1,option2,n…)

PredictCaseLikelihood

返回输入案例符合现有模型的可能性。此函数只能配合聚类模型使用(聚类和时序聚类两种挖掘模型)。

PredictCaseLikelihood([NORMALIZED|NONNORMALIZED])

PredictHistogram

返回指定数据列的直方图表。

PredictHistogram(〈scalar column reference〉|〈cluster column reference〉)

PredictNodeId

返回选取案例的 NodeID。

PredictNodeId(〈scalar column reference〉)

PredictProbability

返回指定数据列的概率。

PredictProbability(〈scalar column reference〉,[〈predicted state〉])

PredictSequence

预测顺序中的下一个值。

PredictSequence(〈table column reference〉)

PredictSequence(〈table column reference,n〉)

PredictSequence(〈table column reference,n-start,n-end〉)

PredictStdev

返回指定数据列的标准差。

PredictStdev(〈scalar column reference〉)

PredictSupport

返回数据列的支持值。

PredictSupport(〈scalar column reference〉,[〈predicted state〉])

PredictTimeSeries

返回时间序列的预测值。

PredictTimeSeries(⟨table column reference⟩)

PredictTimeSeries(⟨table column reference,n⟩)

PredictTimeSeries（⟨table column reference，n-start，n-end⟩）PredictTimeSeries（⟨scalar column reference⟩）

PredictTimeSeries(⟨scalar column reference,n⟩)

PredictTimeSeries(⟨scalar column reference,n-start,n-end⟩)

PredictVariance

返回指定数据列的方差。

PredictVariance(⟨scalar column reference⟩)

RangeMax

返回针对指定分隔式数据列探索的预测值值域的最大数值。

RangeMax(⟨scalar column reference⟩)

RangeMid

返回针对指定分隔式数据列预测值值域的中位数。

RangeMid(⟨scalar column reference⟩)

RangeMin

返回针对指定分隔式数据列探索的预测值值域的最小值。

RangeMin(⟨scalar column reference⟩)

16.3 DMX 数据挖掘语法

本小节将针对 Microsoft SQL Server 2012 所提供的九种数据挖掘的方法论做参数介绍，并提供范例供读者参考。但在分别介绍九种方法论的 DMX 数据挖掘语法前，我们先来看看建立数据挖掘模型的基本语法。

CREATE[SESSION]MINING MODEL⟨model⟩

(

[(⟨column definition list⟩)]

)

USING⟨algorithm⟩[(⟨parameter list⟩)][WITH DRILLTHROUGH]

CREATE MINING MODEL⟨model⟩FROM PMML⟨xml string⟩

其中各参数意义如表 16-1 所示。

表 16-1　参数说明

参数名称	描　　述
model	模型的唯一名称。
column definition list	数据列定义的逗号分隔清单。

续表

参数名称	描 述
algorithm	数据挖掘的提供者自定义名称。
parameter list	提供者自定义的算法参数的逗号分隔清单。(可选)
XML string	XML 编码的模型(PMML)。字符串必须使用单引号(')括住。仅限高级使用。

16.3.1 决策树

Microsoft 决策树算法支持数个会影响所产生的挖掘模型的效能和精确度的参数。表 16-2 描述了每一个参数。

表 16-2　参数描述

参数名称	默认值	描 述
MAXIMUM_INPUT_ATTRIBUTES	255	定义在使用功能选项前,算法可以处理输入属性的数目。此值设定为 0 将关闭功能选项。
MAXIMUM_OUTPUT_ATTRIBUTES	255	定义在使用功能选项前,算法可以处理输出属性的数目。此值设定为 0 将关闭功能选项。
SCORE_METHOD	3	确定用来计算分岔准则的方法。可用的选项:Entropy(1),Bayesian with K2 Prior(2)或 Bayesian Dirichlet Equivalent (BDE) Prior(3)。
SPLIT_METHOD	3	确定用来计算分岔节点的方法。可用的选项:Binary(1)、Complete(2)或 Both(3)。
MINIMUM_SUPPORT	10	确定要在决策树中产生分岔所需的最小分叶案例数目。
COMPLEXITY_PENALTY		控制决策树的成长。低值会增加分岔数目,而高值会减少分岔数目。默认值按照特定模型的属性数目而有所不同,如下列清单所述: 1 到 9 个属性,默认值为 0.5。 10 到 99 个属性,默认值为 0.9。 100 个以上的属性,默认值为 0.99。
FORCED_REGRESSOR		强制算法使用指定的数据列作为回归输入变量,不考虑算法计算出来的数据列的重要性。此参数只用于预测连续属性的决策树。

[范例]

本案例考虑"性别""年龄""身份""收入""账户金额"等属性,分类目标为"信用评级"(好、不好),确定客户的信用评级。使用决策树分类建立的数据挖掘模型程序代码如下。

```
CREATE MINING MODEL Credit
(
[ID]LONG KEY,
[Sex]TEXT DISCRETE,
[Age]LONG DISCRETIZED,
[Identity]TEXT DISCRETE,
[Income]LONG DISCRETIZED,
[Accounting]LONG DISCRETIZED,
```

```
...
[CreditLevel]TEXT DISCRETE PREDICT
)
USING Microsoft_Decision_Trees(MAXIMUM_INPUT_ATTRIBUTES=0)
```

16.3.2 贝叶斯概率分类

Microsoft 贝叶斯概率分类算法支持数个会影响挖掘模型的效能和精确度的参数。表 16-3 描述了每一个参数。

表 16-3　参数描述

参数名称	默认值	描述
MAXIMUM _ INPUT _ATTRIBUTES	255	指定在使用功能选项前,算法可以处理输入属性的最大数目。将此值设定为 0,会停用输入属性的功能选项。
MAXIMUM _ OUT-PUT_ATTRIBUTES	255	指定在使用功能选项前,算法可以处理输出属性的最大数目。将此值设定为 0,会停用输出属性的功能选项。
MINIMUM _ DE-PENDENCY _ PROBABILITY	0.5	指定介于输入和输出属性之间的最小相依概率。这个值会用来限制算法所产生内容的大小。此属性可设定为 0 到 1。值越大模型内容中的属性数目越少。
MAXIMUM_STATES	100	指定算法所支持属性状态的最大数目。如果属性拥有的状态数目大于状态的最大数目,算法会使用属性最常用的状态并将其余的状态视为遗漏。

[范例]

本案例考虑"性别""年龄""身份""收入"四个属性,分类目标为"办卡"(会、不会),决定会员是否会办理信用卡。使用贝叶斯概率分类建立的数据挖掘模型程序代码如下:

```
CREATE MINING MODEL CreditCards
(
[ID]LONG KEY,
[Sex]TEXT DISCRETE,
[Age]LONG DISCRETIZED,
[Identity]TEXT DISCRETE,
[Income]LONG DISCRETIZED,
[UseCard]TEXT DISCRETE PREDICT
)
USING Microsoft_Naive_Bayes(MAXIMUM_INPUT_ATTRIBUTES=5)
```

16.3.3 关联规则

Microsoft 关联分析算法支持数个会影响挖掘模型的效能和精确度的参数。表 16-4 描述各个参数。

表 16-4　参数描述

参数名称	默认值	描　　述
MINIMUM_SUPPORT	0.03	指定算法产生规则前必须包含项目集的最小案例数目。将此值设定为小于 1,是以总案例数的百分比来指定最小案例数目。将此值设定为大于 1 的整数,是以必须包含项目集的绝对案例数目来指定最小案例数目。如果内存有限,算法可增加此参数的值。
MAXIMUM _ SUP-PORT	1	指定项目集可支持的最大案例数目。如果此值小于 1,则此值代表总案例数的百分比。大于 1 的值代表可包含项目集的绝对案例数目。
MINIMUM _ ITEM-SET_SIZE	1	指定项目集内所允许的最小项目数目。
MAXIMUM _ ITEM-SET_SIZE	3	指定项目集内所允许的最大项目数目。将此值设定为 0,即代表没有大小限制。
MAXIMUM _ ITEM-SET_COUNT	200 000	指定要产生的最大项目集数目。如果没有指定数目,算法会产生所有可能的项目集。
MINIMUM_PROBA-BILITY	0.4	指定规则为 True 的最小概率。例如,将此值设定为 0.5 是指定不产生概率小于 50% 的规则。
OPTIMIZED _ PRE-DICTION_COUNT		定义要为预测进行快取或优化的项目数目。

［范例］

本案例考虑"性别""年龄""收入""最喜爱的演员""最喜爱的导演""最喜爱的电影类型"等属性,决定最有卖点的电影内容及其市场。使用关联规则建立的数据挖掘模型程序代码如下:

```
CREATE MINING MODEL GoodMovies
(
[ID]LONG KEY,
[Sex]TEXT DISCRETE,
[Age]LONG DISCRETIZED,
[Income]LONG DISCRETIZED,
[FavoriteActor]TEXT DISCRETE PREDICT,
[FavoriteDirector]TEXT DISCRETE PREDICT,
[FavoriteMovie]TEXT DISCRETE PREDICT,
…
)
USING Microsoft_Association_Rules(MINIMUM_SUPPORT=0.05,MINIMUM_PROBABILITY=0.70)
```

16.3.4 聚类分析

Microsoft 聚类算法支持数个会影响挖掘模型的效能和精确度的参数。表 16-5 描述

227

了各个参数。

表 16-5　参数描述

参数名称	默认值	描　　述
CLUSTERING _ METHOD	1	指定算法要使用的聚类方法。可用的聚类方法有:可扩充的 EM(1)、不可扩充的 EM(2)、可扩充的 K-means(3)和不可扩充的 K-means(4)。
CLUSTER_COUNT	10	指定算法要建立的聚类数目。如果无法从数据建立聚类数目,则算法会尽可能建立最多的聚类。将 CLUSTER_COUNT 设定为 0 会造成算法使用启发式法,自动选择聚类个数。
CLUSTER_SEED	0	指定在模型建立的初始阶段,用于随机产生聚类的种子数。
MINIMUM _ SUP-PORT	1	指定每一个聚类的最小案例数目。
MODELLING _ CAR-DINALITY	10	指定在聚类处理期间建构的范例模型数目。
STOPPING_TOLER-ANCE	10	指定用来决定何时到达收敛状态以及算法完成建立模型的值。当聚类概率的整体变更小于本参数值除以模型大小的比率时,就到达收敛状态。
SAMPLE_SIZE	50 000	指定如果 CLUSTERING_METHOD 参数设定为可扩充的聚类方法之一时,算法使用在每个行程上的案例数目。将本参数设定为 0 会导致将整个数据集在单一行程中聚类。这会造成内存和效能的问题。
MAXIMUM _ INPUT _ATTRIBUTES	255	指定使用功能选项前,算法可以处理输入属性的最大数目。将此值设定为 0 即表示属性数目没有上限。
MAXIMUM _ STATES	100	指定算法所支持属性状态的最大数目。如果属性的状态数目大于状态数目上限,则算法会使用属性最常用的状态,而忽略其余状态。

[范例]

以下范例以客户的年龄与收入作为分群维度做聚类分析。

```
CREATE MINING MODEL Customer_Clustering
(
[ID]LONG KEY,
[Age]LONG DISCRETIZED,
[Income]LONG DISCRETIZED
)
USING Microsoft_Clustering(CLUSTERING_METHOD=3)
```

16.3.5 时序聚类

Microsoft 时序聚类算法支持数个会影响挖掘模型的效能和精确度的参数。表 16-6 描述各个参数。

表 16-6　参数描述

参数名称	默认值	描　　述
CLUSTER_COUNT	10	指定算法要建立的聚类数目。如果无法依数据建立聚类数目,则算法会尽可能建立最多的聚类。将本参数值设定为 0,会导致算法使用启发式来判断可建立的最佳聚类数目。
MINIMUM_SUPPORT	10	指定每一个聚类的最小案例数目。
MAXIMUM _ SEQUENCE_STATES	64	指定一个序列可以具有的最大状态数目。将此值设定为大于 100 的数字将可能导致算法建立一个无法提供有用信息的模型。
MAXIMUM_STATES	100	针对算法支持的非序列属性指定最大状态数目。如果非序列属性的状态数目大于最大状态数目,算法会使用该属性最常用的状态,并将其余的状态视为遗漏。

[范例]

以下范例考虑 Web 应用程序的用户经常通过各种路径浏览网站,根据浏览站点的页面类型对用户进行分组,以帮助分析消费者并确定消费者可能浏览的网站,提高网站效益。

```
CREATE MINING MODEL WebSequence
(
[CustomerId]TEXT KEY,
[Location]TEXT DISCRETE,
[ClickPath]TABLE PREDICT
(
[SequenceId]LONG KEY Sequence,
[URLCategory]TEXT,
)
)
USING Microsoft_Sequence_Clustering(CLUSTER_COUNT=0)
```

16.3.6 线性回归分析

Microsoft 线性回归分析算法支持数个会影响挖掘模型的效能和精确度的参数。表 16-7 描述各个参数。

表 16-7　参数描述

参数名称	默认值	描　　述
MAXIMUM _ INPUT _ATTRIBUTES	255	定义使用功能选项之前,算法可以处理输入属性的数目。如此值设定为 0 将关闭功能选项。
MAXIMUM _ OUTPUT_ATTRIBUTES	255	定义使用功能选项之前,算法可以处理输出属性的数目。如此值设定为 0 将关闭功能选项。
FORCED _ REGRESSOR		强制算法使用指定的数据列作为回归输入变量,不考虑算法计算出来的数据列的重要性。

[范例]

以下范例以身高预测体重,使用线性回归分析建立的数据挖掘模型程序代码如下。

```
CREATE MINING MODEL PreWeight
(
[Id]LONG KEY,
[Height]LONG DISCRETE,
[Weight]LONG DISCRETE PREDICT
)
USING Microsoft_Linear_Regression
```

16.3.7 Logistic 回归

MicrosoftLogistic 回归算法支持数个会影响挖掘模型的效能和精确度的参数。表 16-8 描述各个参数。

表 16-8　参数描述

参数名称	默认值	描　　述
HOLDOUT _ PER-CENTAGE	30	指定用于计算测试错误的训练数据内的案例百分比,本参数在训练挖掘模型时是作为停止准则的一部分。
HOLDOUT_SEED	0	在随机决定测试数据时,指定用来植入虚拟随机产生器的数字。如果本参数值设定为 0,则此算法会依据挖掘模型的名称产生种子,以保证在重新处理期间模型内容保持不变。
MAXIMUM _ INPUT _ATTRIBUTES	255	定义使用功能选项之前,算法可以处理输入属性的数目。如此值设定为 0 将关闭功能选项。
MAXIMUM _ OUT-PUT_ATTRIBUTES	255	定义使用功能选项之前,算法可以处理输出属性的数目。如此值设定为 0 将关闭功能选项。
MAXIMUM_STATES	100	指定算法所支持属性状态的最大数目。如果属性拥有的状态数目大于状态的最大数目,算法会使用属性最常用的状态,并忽略其余的状态。
SAMPLE_SIZE	10 000	指定用来训练模型的案例数目。此算法提供者会使用此数字或不包括在测试百分比(由 HOLDOUT_PERCENTAGE 参数指定)中的总案例数的百分比,以较小者为准。 换句话说,如果 HOLDOUT_PERCENTAGE 设定为 30,则算法将使用此参数的值,或等于总案例数 70% 的值,以较小者为准。

[范例]

以下范例估计肥胖或抽烟的人中会得高血压的人数。

```
CREATE MINING MODEL Logistic_Hypertension
(
[No]LONG KEY,
[Fat]Boolean DISCRETE,
[Smoke]Boolean DISCRETE,
[People]LONG DISCRETE,
```

```
[Hypertension]LONG DISCRETE PREDICT
)
USING Microsoft_Logistic_Regression
```

16.3.8 神经网络

Microsoft 神经网络算法支持数个会影响挖掘模型的效能和精确度的参数。表 16-9 描述各个参数。

表 16-9　参数描述

参数名称	默认值	描　　述
HIDDEN _ NODE _ RATIO	4.0	指定隐藏神经与输入和输出神经的比例。使用下列公式确定隐藏层中的初始神经数目。 HIDDEN_NODE_RATIO * SQRT(Total input neurons * Total output neurons)
HOLDOUT _ PER-CENTAGE	30	指定用来计算测试错误之训练数据内的案例百分比,这可作为训练挖掘模型时停止准则的一部分。
HOLDOUT_SEED	0	在算法随机确定测试数据时,指定用来植入虚拟随机产生器的数字。如果此参数设定为 0,此算法会依据挖掘模型的名称产生种子,以保证在重新处理期间,模型内容保持不变。
MAXIMUM_ INPUT _ATTRIBUTES	255	确定在运用功能选项之前可提供给算法的输入属性的最大数目。将此值设定为 0,会停用输入属性的功能选项。
MAXIMUM _ OUT-PUT_ATTRIBUTES	255	决定在运用功能选项之前可提供给算法的输出属性的最大数目。将此值设定为 0,会停用输出属性的功能选项。
MAXIMUM _ STATES	100	指定算法支持的每个属性的分隔状态的最大数目。如果特定属性的状态数目大于对这个参数所指定的数字,则算法会使用该属性最常用的状态,并将剩余状态视为遗漏。
SAMPLE_SIZE	10 000	指定用来训练模型的案例数目。此算法会使用此数字或不包括在测试数据中的总案例数的百分比(由 HOLDOUT_PERCENTAGE 参数指定),以较小者为准。 换句话说,如果 HOLDOUT_PERCENTAGE 设定为 30,则算法将使用这个参数的值或等于总案例数 70% 的值,以较小者为准。

[范例]

本案例以"性别""年龄""职业""教育程度""小孩数"等属性作为输入变量,预测会员拥有的信用卡数。使用神经网络建立的数据挖掘模型程序代码如下。

```
CREATE MINING MODEL CardNumber
(
[ID]LONG KEY,
[Sex]TEXT DISCRETE,
[Age]LONG DISCRETIZED,
[Occupation]TEXT DISCRETE,
[Education]TEXT DISCRETE,
```

```
[TotalChildren]LONG DISCRETIZED，
[OwnCard]LONG DISCRETE PREDICT
)
USING Microsoft_Neural_Network(HOLDOUT_PERCENTAGE=20)
```

16.3.9 时间序列

Microsoft 时间序列算法支持数个会影响挖掘模型的效能和精确度的参数。表 16-10 描述各个参数。

表 16-10　参数描述

参数名称	默认值	描　　述
MINIMUM_SUPPORT	10	指定要在每一个时间序列树中产生分割所需的时间配量的最小数目。
COMPLEXITY_PEN-ALTY	0.1	控制决策树的成长。减少此值可增加分割的可能性，增加此值则减少分割的可能性。
PERIODICITY_HINT	{1}	提供算法关于数据周期性的提示。例如，若每年销售不同，序列中的度量单位是月，则周期性是 12。此参数采用{n[,n]}的格式，其中 n 是任何正数。方括号[]内的 n 是选择性的，可以视需要而重复。
MISSING_VALUE_SUBSTITUTION		指定用来填满历程记录数据中的间距的方法。依默认，数据中不允许有不规则的间距或不完全的边缘。以下是可用来填满不规则间距或边缘的方法：依据上一个（previous）值、依据平均（mean）值或依据特定数值常数（numeric constant）。
AUTO_DETECT_PERIODICITY	0.6	指定 0 和 1 之间的数值，用来侦测周期性。将这个值设定为愈接近 1，就会探索更多接近周期性的模式，并自动产生周期性提示。处理大量周期性提示时，可能会造成更长的模型训练时间及更精确的模型。如果将此值设定为愈接近 0，则只会侦测到周期性很强的数据。
HISTORIC_MODEL_COUNT	1	指定要建立的历程记录模型数目。
HISTORICAL_MODEL_GAP	10	指定两个连续历程记录模型之间的时间延迟。例如，将此值设定为 g，会造成要建立历程记录模型的数据，按 g、2g、3g 等分隔而遭到时间配量截断。

[范例]

以下范例预测未来台湾人口总数，使用时间序列建立的数据挖掘模型程序代码如下。

```
CREATE MINING MODEL PopulationNumber
(
[Time]DATE KEY，
[Population]LONG DISCRETIZED PREDICT
)
USING Microsoft_Time_Series
```

16.4 DMX 应用范例

经过前三节的介绍,读者对 DMX 有了基本的了解。以下我们再对 DMX 做较为完整的应用范例介绍,让读者能更清楚地知道 DMX 的用法。在本节的范例介绍中,我们以数据挖掘所包含的五项功能:(1)分类(classification);(2)估计(estimation);(3)预测(prediction);(4)关联分组(affinity grouping);(5)同质分组(clustering)作为分类,于各类别举一范例做 DMX 语法介绍。需要注意的是,以下数据源扩展名为 xls,请先使用 Microsoft SQL Server Management Studio 导入来源档案进入数据库。

16.4.1 分类(classification)

所谓分类,即为按照分析对象的属性分门别类加以定义,建立类组(class)。例如,将信用申请者的申请结果区分为核卡或不核卡。使用的技巧有决策树(decision tree)等。以下举决策树技巧作为范例。

【数据源】投保.xls(导入成为数据库 Insure)

【目标】

以保单号码(Policy No)为主键,缴费方式(Method)、保险类别 1(Insur_type4)、保险类别 2(Insurance_type)、性别(Rate_sex)、保额组别(Face_group)、理赔金组别(Claim_group)作为自变量,有无理赔(Cl_flag)作为预测变量进行分类,进行理赔行为判定。

【模型建立】

```
CREATE MINING MODEL InsureDecisiontree
(
[Policy No]TEXT KEY,
[Insur_type4]TEXT DISCRETE,
[Insurance_type]TEXT DISCRETE,
[Rate_sex]TEXT DISCRETE,
[Face_group]TEXT DISCRETE,
[Claim_group] TEXT DISCRETE,
[Cl_flag]TEXT DISCRETE PREDICT
)
USING Microsoft_Decision_Trees
```

【数据源链接字符串】

Provider=SQLNCLI.1;Data Source=DM-SERVER;Integrated Security=SSPI;Initial Catalog=Insure

根据数据挖掘模型预测行为:

```
SELECT
t.[face_group],[Insure].[Cl Flag]
From
[Insure]
PREDICTION JOIN
OPENQUERY([Insure],
'SELECT
[method],
[insur_type4],
[insurance_type],
[rate_sex],
[face_group],
[claim_group],
[cl_flag]
FROM
[dbo].[insure$]
')AS t
ON
[Insure].[Method]=t.[method]AND
[Insure].[Insur Type4]=t.[insur_type4]AND
[Insure].[Insurance Type]=t.[insurance_type]AND
[Insure].[Rate Sex]=t.[rate_sex]AND
[Insure].[Face Group]=t.[face_group]AND
[Insure].[Claim Group]=t.[claim_group]AND
[Insure].[Cl Flag]=t.[cl_flag]
```

16.4.2 估计(estimation)

根据具有连续性的相关属性数据,可获知某一属性的未知值。例如按照信用申请者教育程度、行为类型来估计其信用卡消费量。使用的方法包括回归分析及神经网络等。以下以线性回归方法为例估计模型。

【数据源】投保.xls(导入成为数据库 Insure)

【目标】

以保单号码(Policy No)为主键,保额(Face_amt)作为自变量,缴费年期(Collect_year)作为预测变量进行线性回归分析来比较两者之间的关联。

【模型建立】

```
CREATE MINING MODEL InsureRegression
(
[Policy No]TEXT KEY,
[Face_amt]DOUBLE CONTINUOUS,
[Collect_year]DOUBLE CONTINUOUS PREDICT
)
USING Microsoft_Linear_Regression
```

【数据源链接字符串】

```
Provider=SQLNCLI.1;Data Source=DM-SERVER;Integrated Security=SSPI;Initial Catalog=Insure
```

以下为本例挖掘模型预测语法：

```
SELECT
t.[collect_year]
From
[Insure_R]
PREDICTION JOIN
OPENQUERY([Insure],
'SELECT
[collect_year_ind],
[collect_year],
[face_amt]
FROM
[dbo].[insure $ ]
') AS t
ON
[Insure_R].[Face Amt]=t.[face_amt]AND
[Insure_R].[Collect Year]=t.[collect_year]
```

16.4.3 预测(prediction)

根据对象属性的过去观测值来估计该属性未来值。例如由客户过去的刷卡消费量预测其未来刷卡消费量。使用的方法包括回归分析、时间序列分析及神经网络。以下以使用时间序列分析为例预测模型。

【数据源】15 岁以上人口总计.xls(导入成为数据库 Population)

【目标】

以年底别(Year)为主键,15 岁以上人口总计(Population)作为输入及预测变量,进行时间序列分析预测下年度人口数。

【模型建立】

```
CREATE MINING MODEL Population_TimeSeries
(
[Year]LONG KEY TIME,
[Population]DOUBLE CONTINUOUS PREDICT
)
USING Microsoft_Time_Series
```

【数据源链接字符串】

```
Provider=SQLNCLI.1;Data Source=DM-SERVER;Integrated Security=SSPI;Initial Catalog=Population
```

如要进行人口预测,可使用以下语法做未来 5 年的人口预测:

```
SELECT PredictTimeSeries(Population,5) AS FuturePopulation
FROM Population_TimeSeries
```

16.4.4 关联分组(affinity grouping)

日常生活中经常会分析所有对象中哪些相关对象应该放在一起。例如超市中相关的盥洗用品(牙刷、牙膏、牙线)应放在同一间货架上。在客户营销系统上,此种功能系用来确认交叉销售(cross selling)的机会以设计出吸引人的产品类别以增加销售。

【数据源】投保.xls(导入成为数据库 Insure)

【目标】

以保单号码(Policy No)为主键,性别(Rate_sex)、缴费方式(Method)、保险类型 1(Insur_type4)、保险类型 2(Insurance_type)、渠道(Channel_code)、公司(Company_code)作为输入变量,缴费方式(Method)、保险类型 1(Insur_type4)、保险类型 2(Insurance_type)、渠道(Channel_code)、公司(Company_code)作为预测变量进行关联分析以找出最适销售策略。

【模型建立】

```
CREATE MINING MODEL Insure_Association
(
[Policy No]TEXT KEY,
[Rate_sex]TEXT DISCRETE,
[Method]TEXT DISCRETE PREDICT,
[Insur_type4]TEXT DISCRETE PREDICT,
[Insurance_type]TEXT DISCRETE PREDICT,
[Channel_code]TEXT DISCRETE PREDICT,
[Company_code]TEXT DISCRETE PREDICT
)
USING Microsoft_Association_Rules(MINIMUM_PROBABILITY=0.60)
```

【数据源链接字符串】

Provider＝SQLNCLI.1；Data Source＝DM-SERVER；Integrated Security＝SSPI；Initial Catalog＝Insure

16.4.5 同质分组(clustering)

同质分组是将异质总体区隔为较具同质性的类别(clusters)。同质分组相当于营销术语中的细分(segmentation)，但是假定事先未对于分类加以定义，而数据中自然产生区隔。此即为聚类分析。

【数据源】投保.xls(导入成为数据库 Insure)

【目标】

以保单号码(Policy No)为主键，将理赔件次(Claim_cnt)与投保件次(Po_cnt)作为输入变量进行聚类分析以找出分群特性。

【模型建立】

```
CREATE MINING MODEL Insure_Clustering
(
[Policy No]TEXT KEY，
[Claim_cnt]DOUBLE CONTINUOUS，
[Po_cnt]DOUBLE CONTINUOUS
)
USING Microsoft_Clustering
```

【数据源链接字符串】

Provider＝SQLNCLI.1；Data Source＝DM-SERVER；Integrated Security＝SSPI；Initial Catalog＝Insure

第十七章
其他分析工具

17.1 分析关键影响因素

"分析关键影响因素"工具可选取包含所要结果或目标值的数据列，然后分析数据集内的模式，以判断哪些因素对结果有最强的影响力。例如，如果客户列表包含了显示每一位客户在过去一年所购买的项目总计的数据列，可以据此来判断购买项目最多的客户。

【步骤一】加载数据分析库，单击"文件"，点击"选项"，点击"加载项"。浏览 Excel 中的加载项。

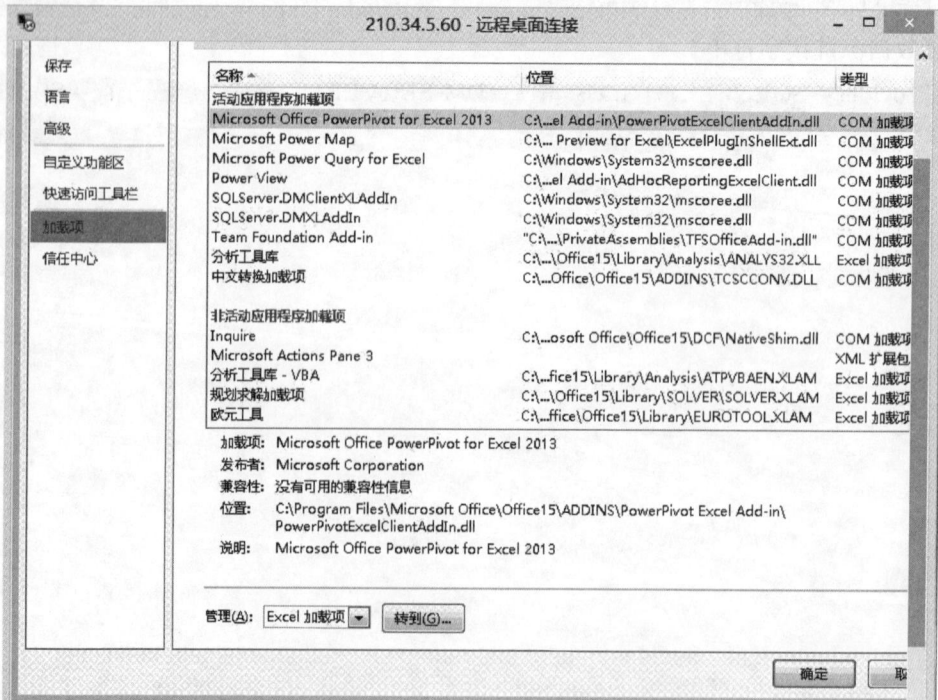

【步骤二】在"管理"中选择 Excel 加载项,点击"转到"出现如下"加载宏"界面。在该界面中勾选"分析工具库",点击"确定"。

【步骤三】打开 Excel2013＋SQL2012－DM 示例数据,选取要分析的工作表。在 Excel 工具栏会出现"分析"以及"设计"选项。

239

【步骤四】点击"表格工具"下的"分析"选项。点击"分析关键影响因素"。出现"分析
关键影响因素"窗口。在"列选择"上选中要分析的列。本例中我们选取"Purchased
Bike"为要分析的目标变量。

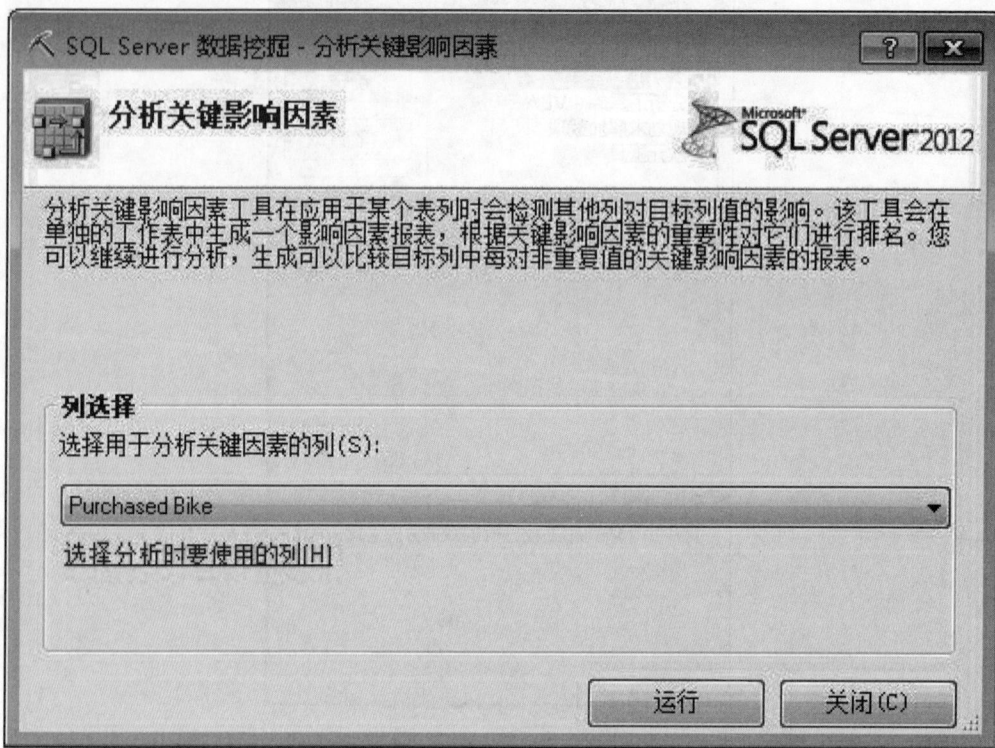

【步骤五】点击"选择分析时要使用的列",选择对目标变量有影响的变量。本例中选
择除了 ID 和 Income 以外的所有变量。点击"确定",再点击"运行"。当"分析关键影响
因素"工具在建立报表时,会执行三个操作:

(1)建立数据挖掘结构来储存与数据有关的关键信息。

(2)使用 Microsoft 贝叶斯概率分类算法来建立数据挖掘模型。

(3)针对指定的每一对属性进行预测查询,以识别明显区别两个目标属性的因素。

此工具在执行数据分析后会自动设定所有参数,以确定最佳的设定。

建立的报表会包含具有下列信息的四个数据列:

• 数据列包含区别因素的数据列名称。

• 值与目标之间具有最强关联的值。

• 倾向于此因素的结果或目标值。

• 相对影响指标,用有阴影的线表示,用以表示关联的强度。

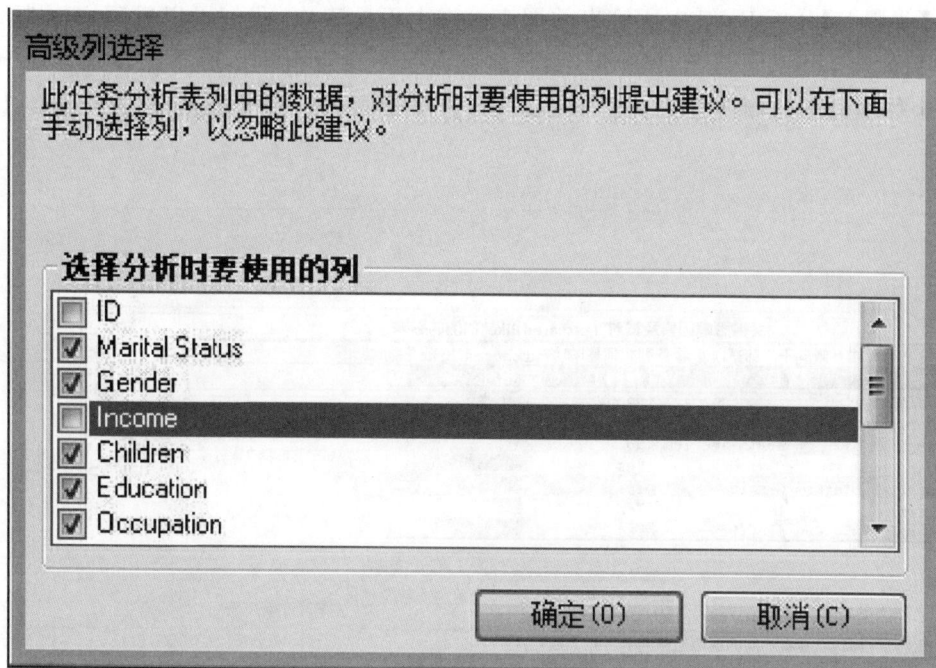

【步骤六】运行完成后,会出现以下界面询问是否增加对比报表。点击"添加报表"会在 Excel 中出现对比表。点击"关闭"。

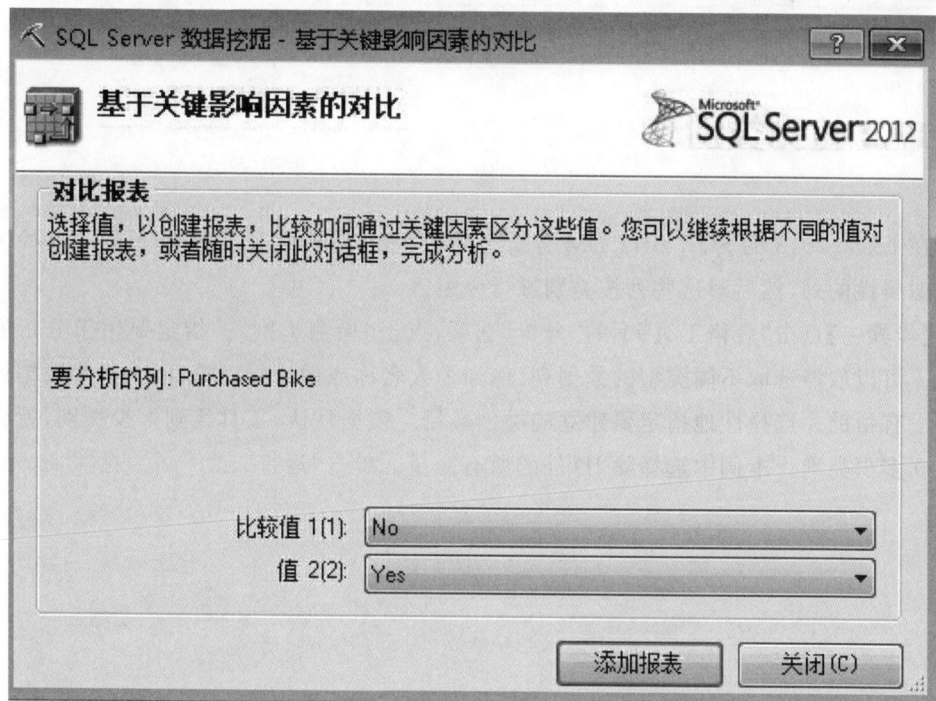

【步骤七】分析 Excel 中所给出的图表。在上面的表中,我们可以发现 cars 为 2 的个体更倾向于不买自行车,Married 的个体倾向于不买自行车。但是比较来说,cars 为 2 的个体不买车的倾向性更大。下方的表,为步骤六中所添加的报表,主要做对比分析。

17.2 检测类别

在 Excel 2013 的 SQL 2012 DM 分析工具栏下,有一检测类别选项,可以自动检测具有类似属性的列,然后对这些列按类别进行分组。

【步骤一】点击"表格工具"下的"分析"选项,点击"检测类别"。指定要用于分析的数据列。可以取消选取不同类型的数据列,例如个人名称或记录标识符,因为这些数据列对分析没有帮助。选择性地指定要建立的类别数目。根据默认,工具找到多少类别,就会自动建立多少类别。本例中选择除 ID 外的所有变量。单击"运行"。

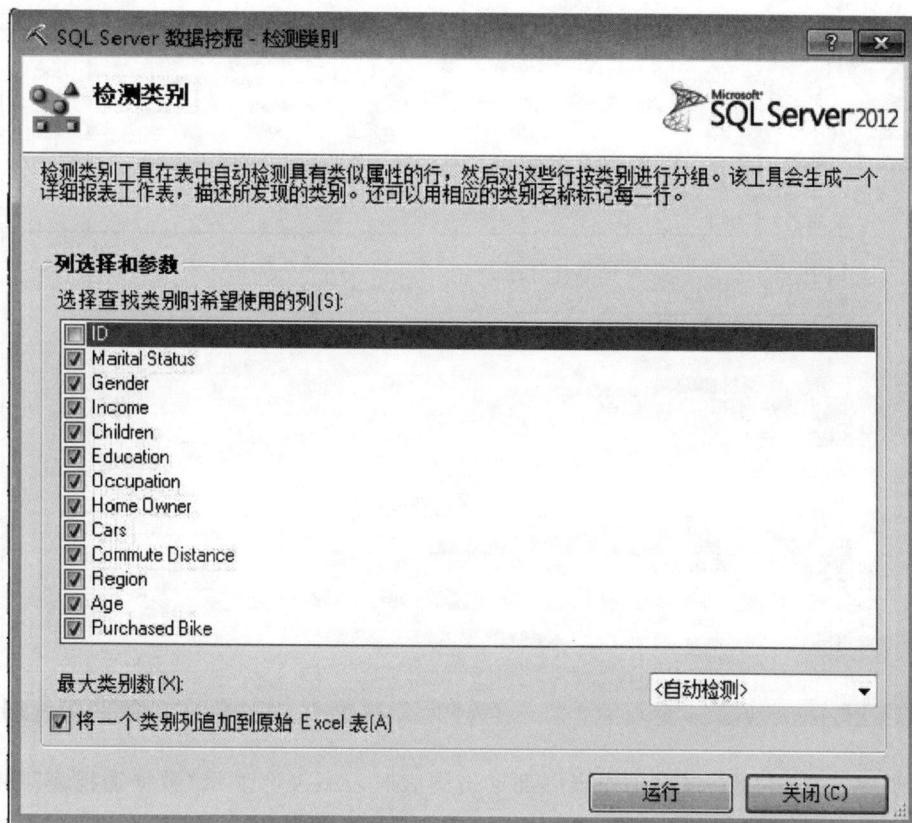

【步骤二】工具会建立名为"分类报表"的新工作表,其中包含类别列表及其特征。执行后会将检测到的类别统计在新的 Excel 中给出。第一个数据表会依暂时性名称"类别1""类别 2"等依次列出新类别。若要让类别更容易使用,可以查看特征列表并且对类别指派新名称。例如,如果类别 1 的特征包含客户年龄和地区,可以单击上方图表的"类别1"名称,然后输入所要的类别项目名称。新的类别卷标会立即反映在下方的图表,以及源数据工作表中的类别命名数据列。在第二个表中,展示了对于分类来说变量的重要程度。从表中可以看出对于类别 1 来说,Income 的值低于 39 050 是一个最重要的指标,其次是 Region。在类别数据列顶端,单击"筛选"按钮即可检视每个类别的特征。

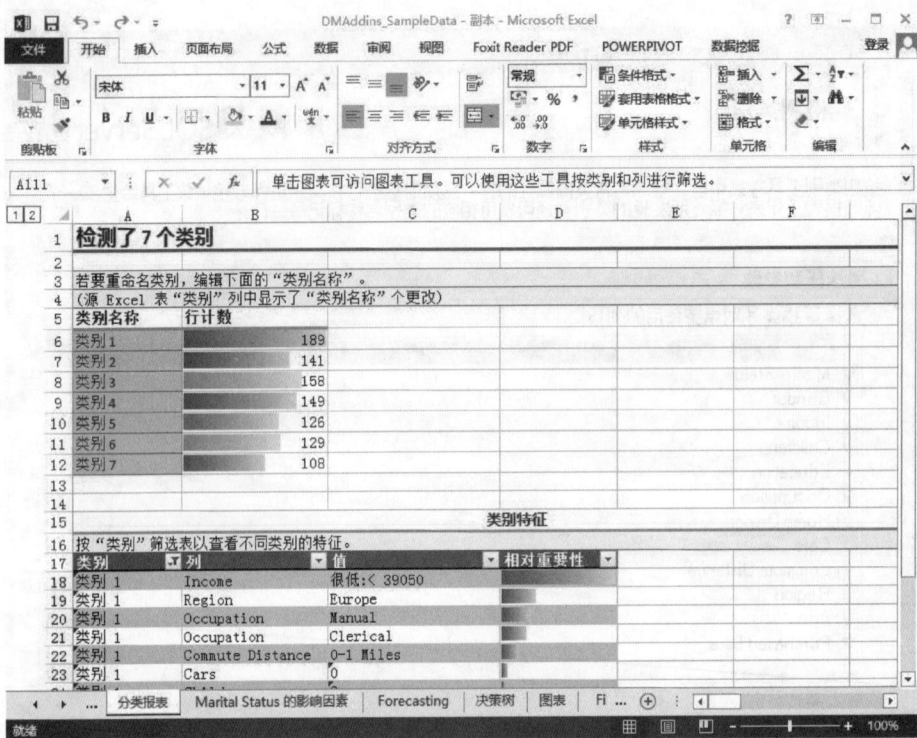

【步骤三】当在类别报表工作表底部单击图表时,Excel 会显示"数据透视表"图表工具,以互动方式筛选及重新排列字段。在"类别"的下拉菜单中可以选择要分析的类别,本例中选择类别 2,在"列"的下拉菜单中可以选择要分析的变量,本例中选择 Cars 和 Purchased Bike。从图中可以看出,有超过 80％的类别 2 中的个体有 0 辆车,而仅有不到 30％的个体不买自行车。

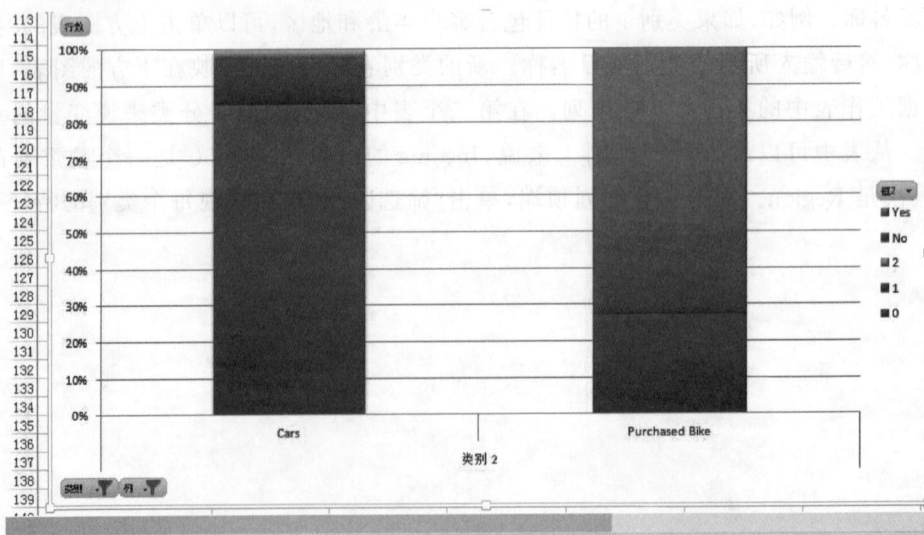

17.3 从示例填充

首先开启 Excel 2013＋SQL 2012－DM 的"从示例填充"范例。"从示例填充"工具能够在 Excel 数据表和对新值所提供的范例中找到模式,快速建立新的数据列。例如,在列出客户及其年度购买额的数据表中,可以建立几种范例的新数据列和类型,如"High-value Customer"和其他等等。此工具会分析数据中的现有模式,并会套用已输入的范例,填满数据行其余部分的值。如果对结果不满,即可提供更多范例进行修改。

可以指定对预测遗失数据值最有帮助的数据列,以便自定义结果。例如,如果从经验得知,在一个数据列和一个具有遗失值的数据列之间有较强的关联,即可取消选取其他数据列以取得较佳结果。分析完成时,向导便会建立包含分析结果的新工作表。名为"＜数据列名称＞模式"的新工作表,会报告找到的数据列规则(或称关键影响因子),并会显示每条规则的概率。如果向导检查到模式,便会将包含新值的数据列新增到原始的数据表。可以检查这些值,并且将其与原始的值比较。

模式报表会显示所预测的每个值的关键影响因子。每个影响因子或规则都会被描述为数据列,该数据列中的值,以及规则对于预测的相对影响的组合。

17.4 预测

【步骤一】首先打开 Excel 2013＋SQL 2012－DM 的预测范例,该范例为三个不同地区 2001 年 7 月至 2004 年 6 月 M200 型号的销售记录。

"预测"工具可根据 Excel 数据表或其他数据源中的数据来进行预测,并且选择性地查看与每个预测值相对应的概率。例如,如果数据包含日期数据列以及显示当月每日总销售额的数据列,可以预测未来日期的销售。也可以指定要进行的预测数目:例如,可以预测 10 天或 20 天。

当向导完成时,它会将新的预测值附加在源数据的结尾,并且突出显示。新的时间序列值不会附加,可以先查看预测。

向导也会建立名为"预测报表"的新工作表。这个工作表会报告向导是否成功做出预测。新工作表也包含显示历史趋势的折线图。

当延伸时间序列以包含新预测值时,预测值会加入折线图。实际值以实线表示,预测值则以虚线表示。

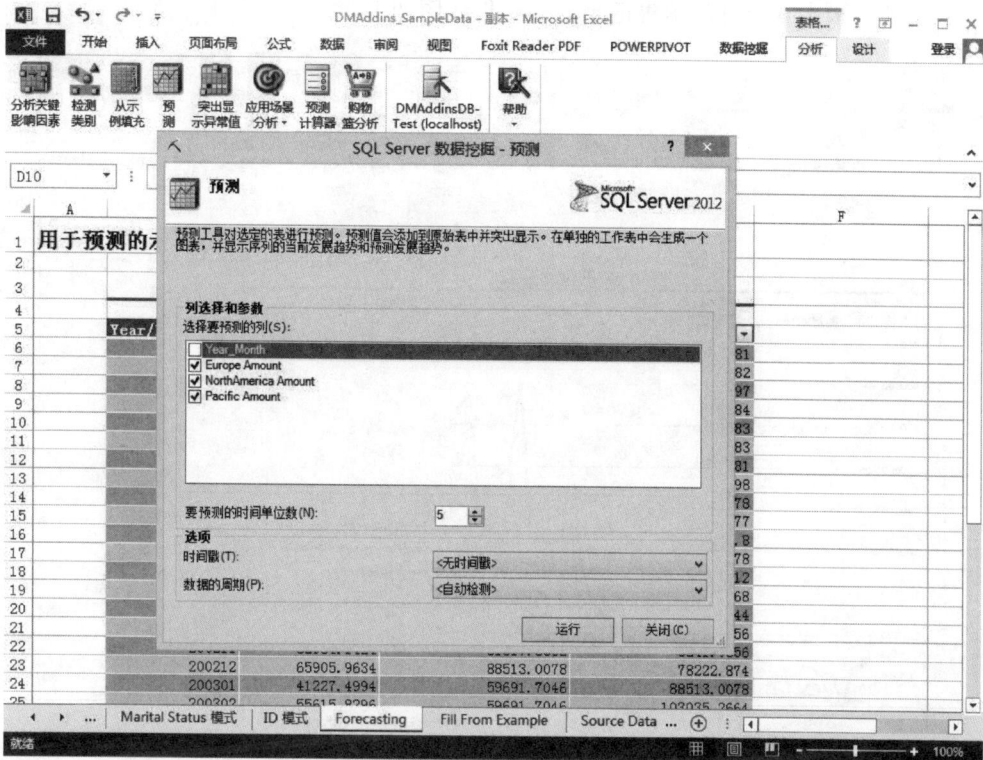

【步骤二】勾选除时间变量以外的三个变量为所要求的预测变量，并选定要预测的期数为 5 期。点击"运行"，生成附加在原时序数据后的预测值，共有 5 期。

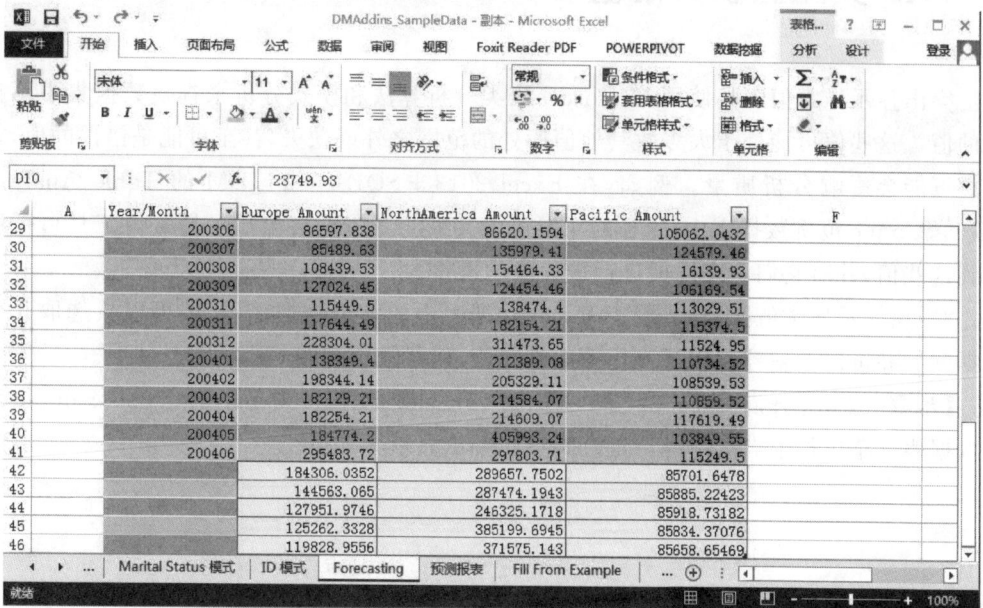

三个地区未来 5 个月的销售记录的预测折线图如下。

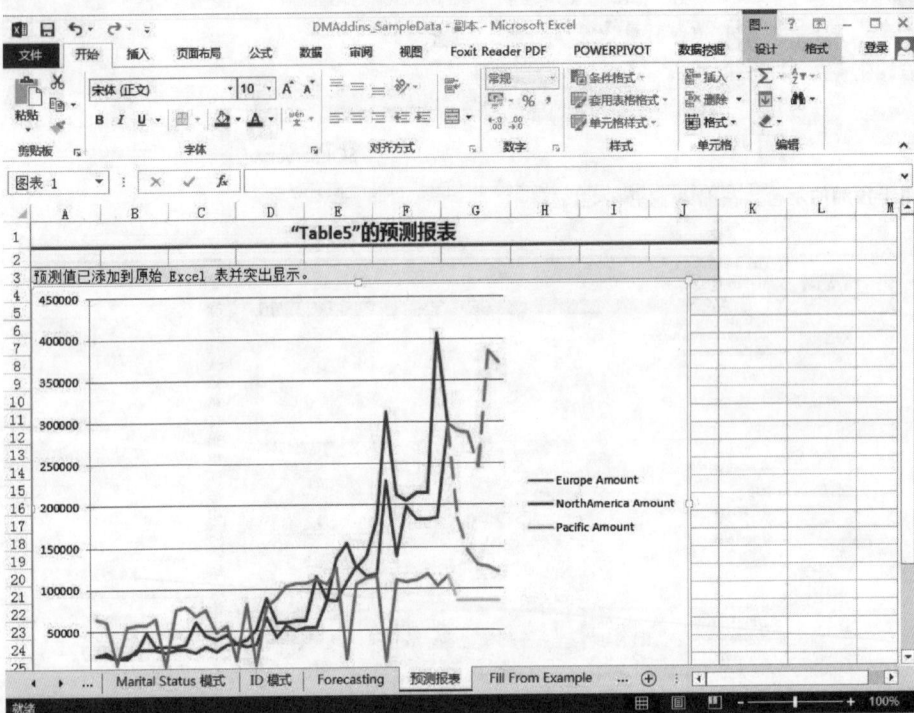

17.5 突出显示异常值

突出显示异常值工具使用 Microsoft 聚类分析算法和模式分析来查找数据集中不正常的值。这些值可能处于大多数其他值所处的范围之外或缺失,甚至可能是错误的值,并因此可能会影响分析质量。例如,在 Excel 2013＋SQL 2012－DM 的 Table Analysis Tools Sample 范例数据表中,家长的年龄可能会列为 3 岁。突出显示异常值工具可帮助找到这些值,并对它们审查以便进行进一步的操作。

"突出显示异常值"工具适用于 Excel 数据表中的整个数据范围,也可以只选取几个数据列。并可以调整控制数据变化性的临界值,以寻找更多或更少的例外状况。

【步骤一】首先开启 Excel 2013＋SQL 2012－DM 的 Table Analysis Tools Sample 范例数据表。菜单栏中点选"分析",进而点选"突出显示异常值"。

【步骤二】出现"列选择"窗口，因为 ID 为因变量，所以不再对 ID 列进行异常值分析，点选"运行"。

【步骤三】在查看突出显示的单元格之后，可以回到摘要报表，并更改"异常阈值"。由于这个值会指示特定单元格包含异常值的概率，所以当增大这个值时，它会筛选掉概率较低的值。相反地，当减小这个值时，将会看到更多突出显示的单元格。摘要图表会显示每一个数据列中在例外状况临界值以上的单元格数目。

17.6 应用场景分析

应用场景分析有两个子工具,分别是"目标查找"工具和"假设"工具,二者是互补的。"假设"工具会显示变化的影响,而"目标查找"工具则会显示为了实现目标的变更所必须变更的因素。

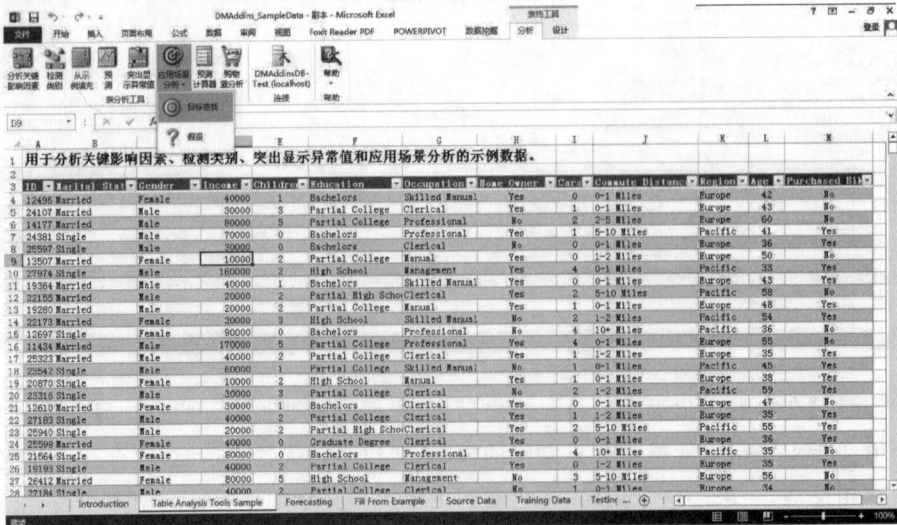

17.6.1 目标查找

完成分析时，目标查找会在源数据表中建立两个新的数据列。这些数据列会显示预测的成功及建议的变化（如果有的话）。具体操作步骤如下：

【步骤一】单击"应用场景分析"，然后选取"目标查找"。在对话框中，选取包含目标值的数据列，选择查找目标：Education。

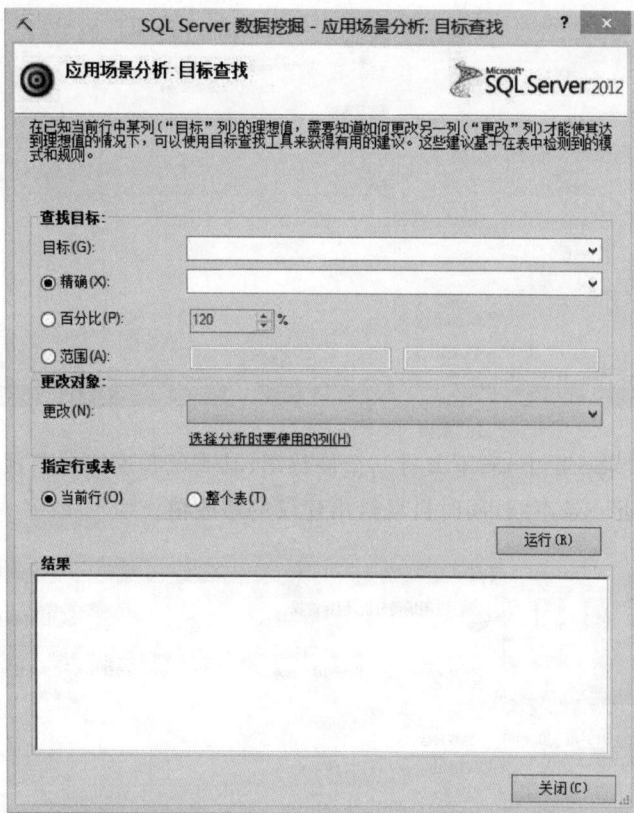

【步骤二】指定某一个具体的变量值。如果是数值型变量，还可以选定一个数据的范围当做目标。再指定要变化的数据列。可以选择性地单击"选择要用于分析的数据列"，并选取包含有用信息的数据列，或取消选取对于分析没有用处的数据列。指定要针对整份数据表还是只有选取的数据列做出预测。如果选取"整个表"选项，此工具会在源数据表后加入两个新数据列，用于存放预测值。如果选取"当前行"，分析的结果和建议会输出到对话框以供参考。在选取"当前行"状态下，对话框会一直停留，因此，不仅可以更换新的更改列，还可以在 Excel 2013 的数据表中点选不同的数据列进行预测。

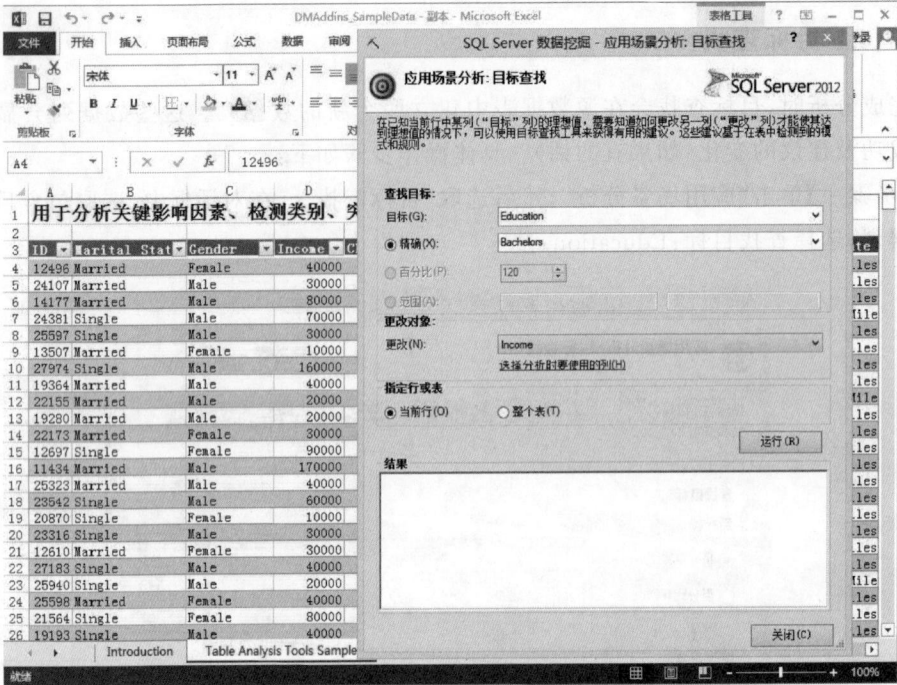

【步骤三】在结果一栏中,右下方有一个柱状图,其高低程度反映了预测效果。当预测结果不理想时,接近一条直线,同时自动给出建议的修改值。

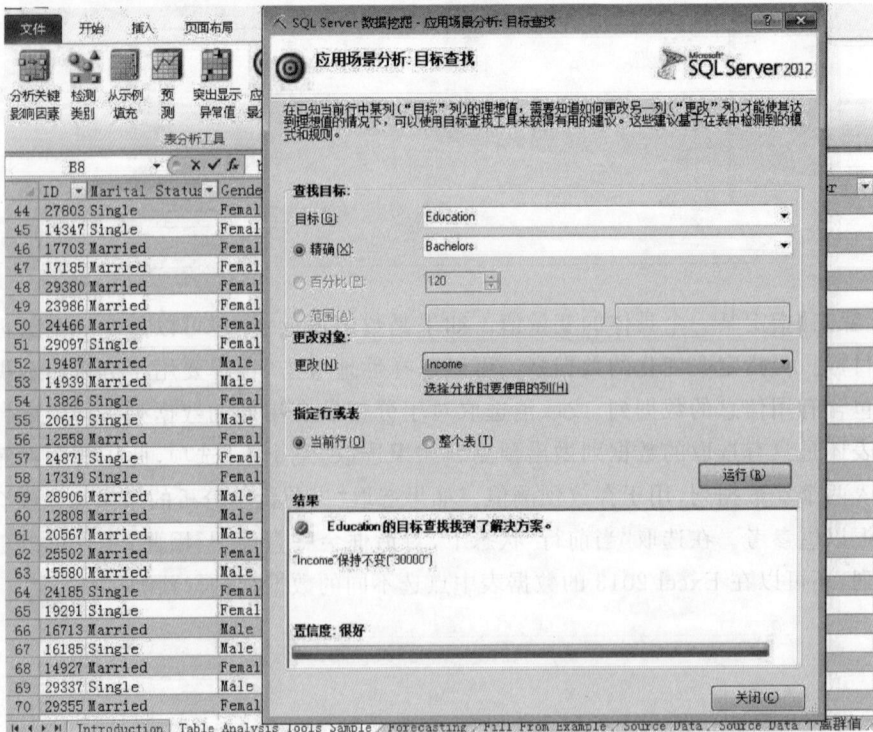

17.6.2 假设

"假设"工具会分析现有数据中的模式,然后评估一个数据列中的变化对其他数据列的影响。例如,可以评估涨价对总销售额的影响。此向导可自由设定预测期数,很有弹性。在完成初始分析后,还会让操作者选择是否要预测数据表中所有数据的结果,或者是否输入一组测试值。

【步骤一】菜单栏中点选"分析",进而点选"应用场景分析",进而"假设",出现假设窗口,在"应用场景分析"中选择"假设",在"假设"工具对话框中,选取要变化的数据列,并设定变更的目标值,或当前值的百分比(增加或减少)。在"后果"栏中,指定要评估的数据列。选择"当前行"或者"整个表"。也可以剔除一些不重要的数据行,例如 ID 或名称变量。指定评估当前数据行的影响,或是评估数据表中的所有数据。

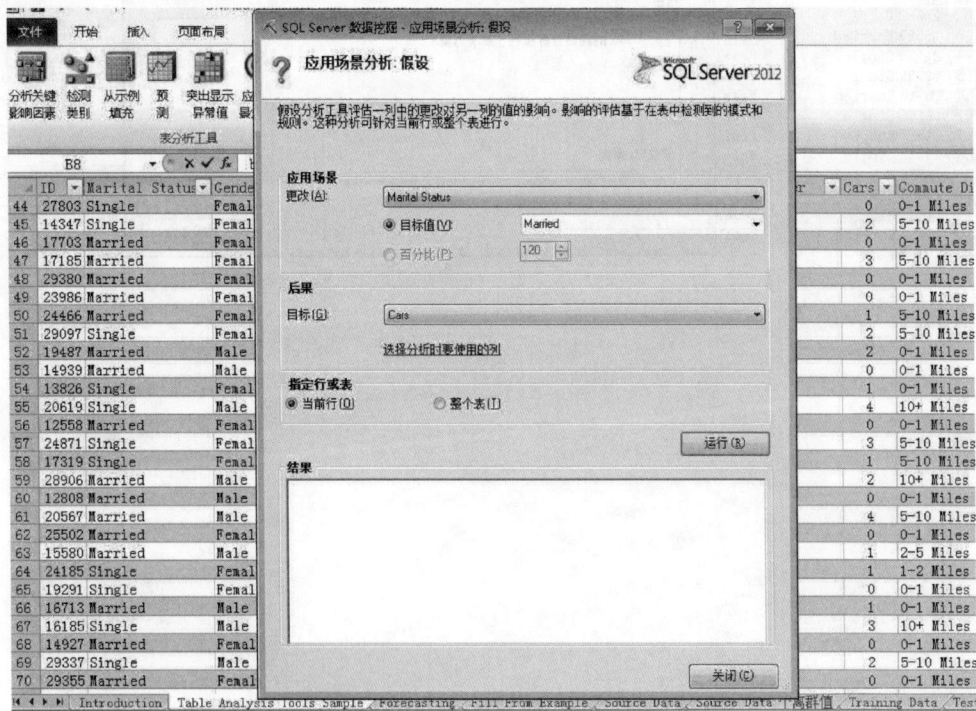

【步骤二】如果选取"当前行",点击"运行"后,对话框中就会显示结果。类似在目标查找,可以在数据表中自由选取一个数据行,分别预测。如果选取"整个表",运行结束后,会在对话框中显示状态消息,并将两个新的数据列加入原始数据表。单击"关闭"即可在工作表中查看所有结果。

文件 开始 插入 页面布局
分析关键影响因素 检测类别 从示例填充 预测 突出显示异常值
表分析工具
SQL Server 数据挖掘 - 应用场景分析: 假设
应用场景分析: 假设
SQL Server 2012
假设分析工具评估一列中的更改对另一列的值的影响。影响的评估基于在表中检测到的模式和规则。这种分析可针对当前行或整个表进行。
应用场景
更改(A): Marital Status
目标值(V): Married
百分比(P): 120
后果
目标(G): Cars
选择分析时要使用的列
指定行或表
当前行(O)
整个表(T)
运行(R)
结果
Cars的假设分析找到了解决方案。
"Cars" = 0
置信度: 很好
关闭(C)

BIG
DATA

实 例

BIG DATA

第十八章
台湾房屋信用贷款违约状况分析

纵观历史,台湾的房价本来一直处于涨跌相间的良性循环,循环周期大约为7～8年,但是由于台湾的利率相对较低,善于利用资本运作的投资者可以通过炒房来扩张资本,这导致最近十几年房价一直上涨。而台湾民众的收入并没有以相同的涨幅增加,相对于现阶段台湾人民的收入水平而言,房价处于高位。因此,在现代人"花明天的钱,圆今天的梦"的消费观念和台湾人民对住房的结构性需求的双重推动下,房屋信用贷款成为大多数购房者的唯一选择。而作为提供贷款的金融机构面对庞大的贷款需求,在向贷款者提供房屋信用贷款服务前,必须对贷款者的信用等级作出评估,对贷款者能否按时还款(是否违约)作出预判,从而保证贷出的款项能在未来约定的期限收回且赚取相应的利息收入。

数据挖掘从海量的数据中通过不同的算法寻找隐藏于数据背后的信息,供人们的特定需求使用。它的应用领域非常广阔,已经在数据资源比较丰富的银行、电信等领域得到了广泛地运用,本章就是数据挖掘在银行领域应用的一个例子。基于数据挖掘中的决策树、逻吉斯回归以及神经网络三种模型,对房屋信用贷款违约情况进行研究,建立个人违约预测模型。一方面,可以利用该预测模型对新的客户数据进行违约情况的预测从而决定是否向客户提供房屋信用贷款;另一方面,可以通过该预测模型了解影响客户违约行为的因素。

18.1 数据说明

各变量的取值如表18-1所示,在经数据预处理后,得到有效数据共24 923笔,其中违约样本共5 019笔,约占20%,相对于非违约样本较少,因此分别建构抽样比例为1：1,1：2,1：3的建模训练数据。在19 904个非违约样本中随机抽取4 984个样本,与4 984个违约样本组成"1比1模型数据集"。同理,抽取9 968个非违约样本和4 984个违约样本组成"1比2模型数据集"、抽取14 952个非违约样本和4 984个违约样本组成"1比3模型数据集"。分别对三个数据集建立挖掘模型,设定测试的数据百分比为30%。挖掘结构建立成功后,分别将决策树模型、逻吉斯回归模型和类神经网络模型加入到先前构建好的结构中。最后通过模型的准确性图表和分类矩阵对模型进行评估以及模型间的比较。

表 18-1　变量说明

变量名称	说　　明
核准期限(月)	整数
适用利率	连续
核准额度	连续
核准层次	1.董事会　2.总经理　3.消金总处　4.授信管理部　5.作业中心
有无保证人	0.无保证人　1.有保证人
风险等级	1.风险中等　2.应予注意风险　3.风险略高　4.风险偏高　5.风险极高
已缴期数	整数
违约注记	0.未违约　1.违约
地区别	1.北市区 2.北县区 3.桃园区 4.新竹区　5.台中区 6.嘉南区 7.高屏区
年收入	连续
职级	01.自营,02.高级主管,03.一般主管,04.职员,05.专业技术人员,06.公务人员,07.教职,08.军职,09.其他
是否愿接受交叉销售	N:不愿意　Y:愿意
出生	日期
学历	1.博士　2.硕士　3.大专　4.高中职　5.高中以下
是否为员工	N.不是　Y.是
性别	F.女　M.男
婚姻状态	1.未婚 2.已婚 3.离婚,丧偶
行业别	1.农林渔牧　2.矿业、土石业　3.制造业　4.水电煤气　5.营造业　6.商业　7.运输、仓储　8.通信　9.金融保险、工商服务　10.社会团体、个人服务　11.军公教、公营事业　12.学生　13.餐旅　14.新闻广告　15.卫生保健　16.娱乐、职业运动　17.家管　18.信息　19.其他

18.2 建立模型

(1)准确性图表(预测列"违约注记"=1)。

①抽样比例1:1下的模型

抽样比例1:1时,决策树模型较无模型情形提升了146.52%,逻吉斯回归模型较无模型情形提升了146.54%,神经网络模型较无模型情形提升了146.69%(见图18-1、18-2、18-3)三个模型间差距甚小。

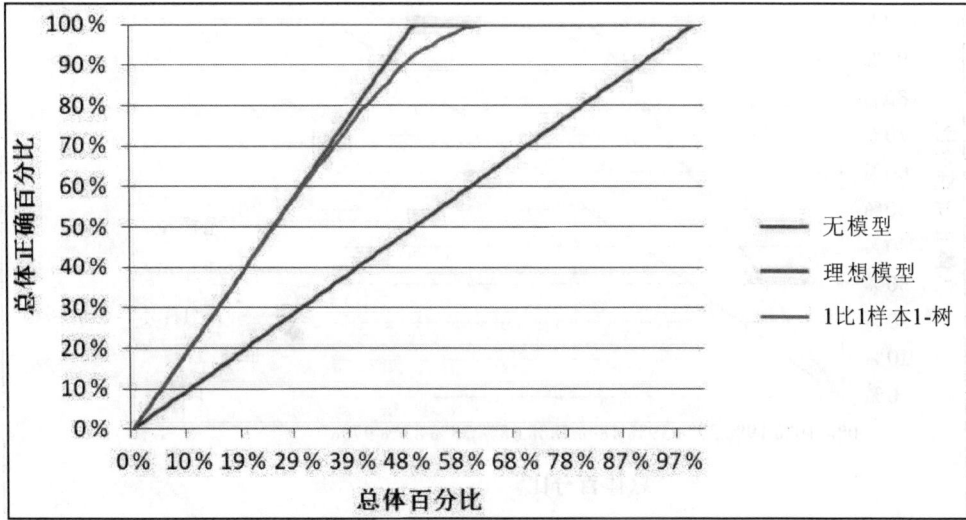

图 18-1　1∶1 决策树模型准确性图表

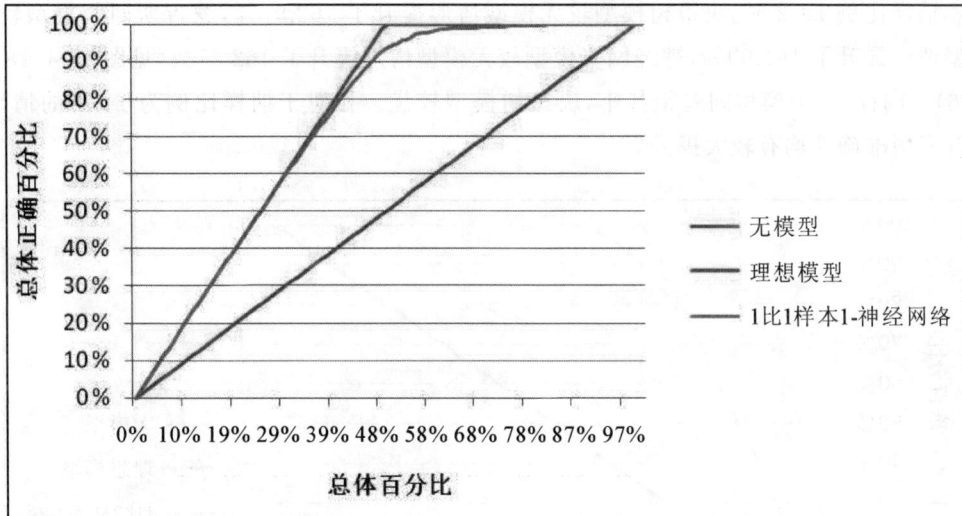

图 18-2　1∶1 神经网络模型准确性图表

259

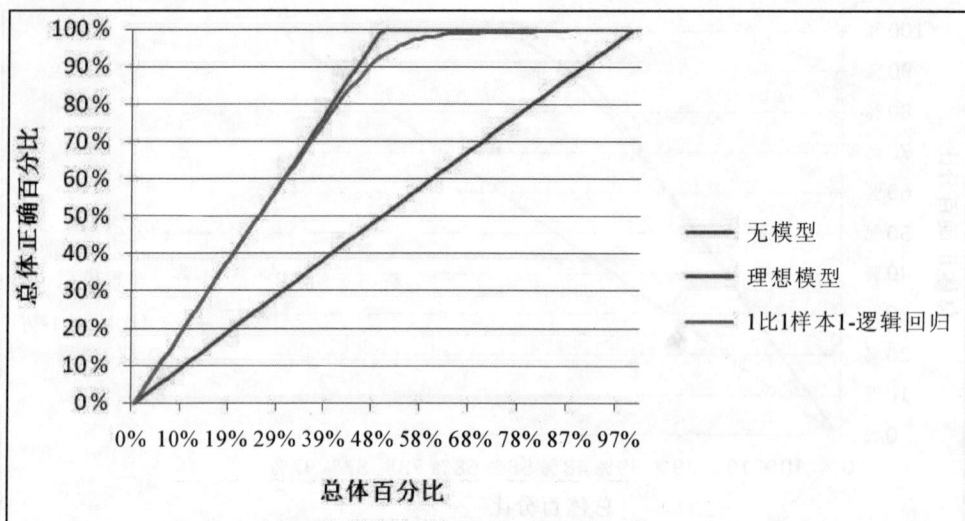

图 18-3　1：1 逻吉斯回归模型准确性图表

②抽样比例 1：2 下模型

　　抽样比例 1：2 时,决策树模型较无模型情形提升了 162.97％,逻吉斯回归模型较无模型情形提升了 161.99％,神经网络模型较无模型情形提升了 162.27％(见图 18-4、18-5、18-6)。同样,三个模型间差距甚小,决策树模型较优。相对于抽样比例为 1：1 的情形,所有模型准确性均有较大提升。

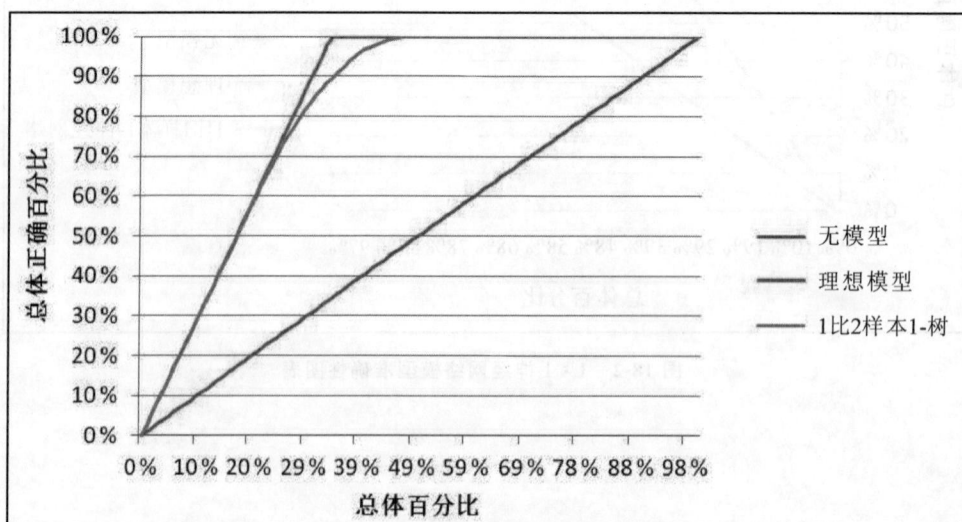

图 18-4　1：2 决策树模型准确性图表

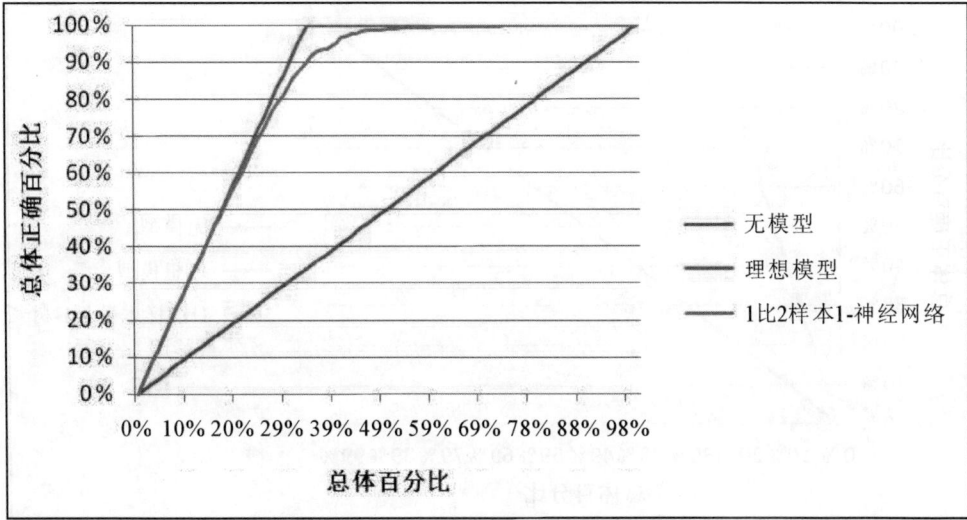

图 18-5　1∶2 神经网络模型准确性图表

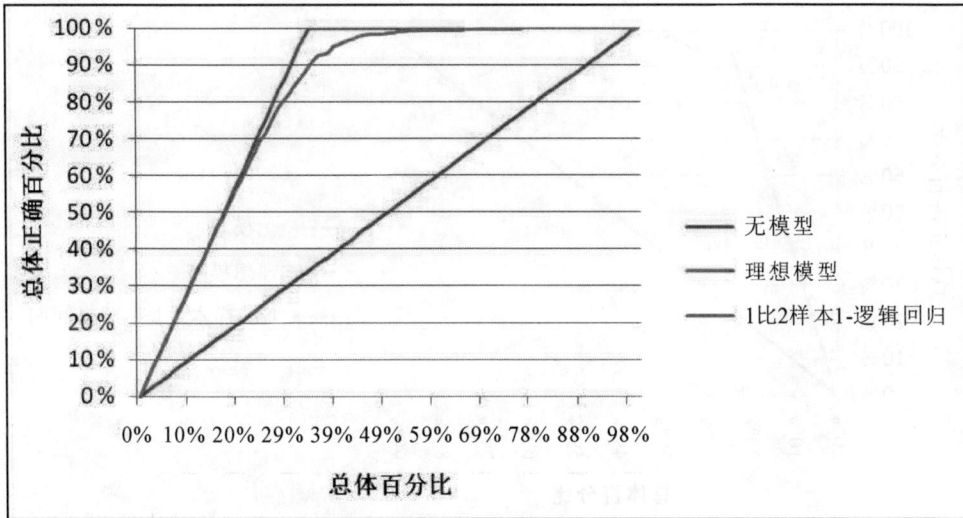

图 18-6　1∶2 逻吉斯回归模型准确性图表

③抽样比例 1∶3 下模型

抽样比例 1∶3 时,决策树模型较无模型情形提升了 171.48%,逻吉斯回归模型较无模型情形提升了 170.50%,神经网络模型较无模型情形提升了 170.86%(见图 18-7、18-8、18-9)。三个模型间差距依然很小,决策树模型较优。相对于抽样比例为 1∶2 的情形,所有模型准确性有较大提升。

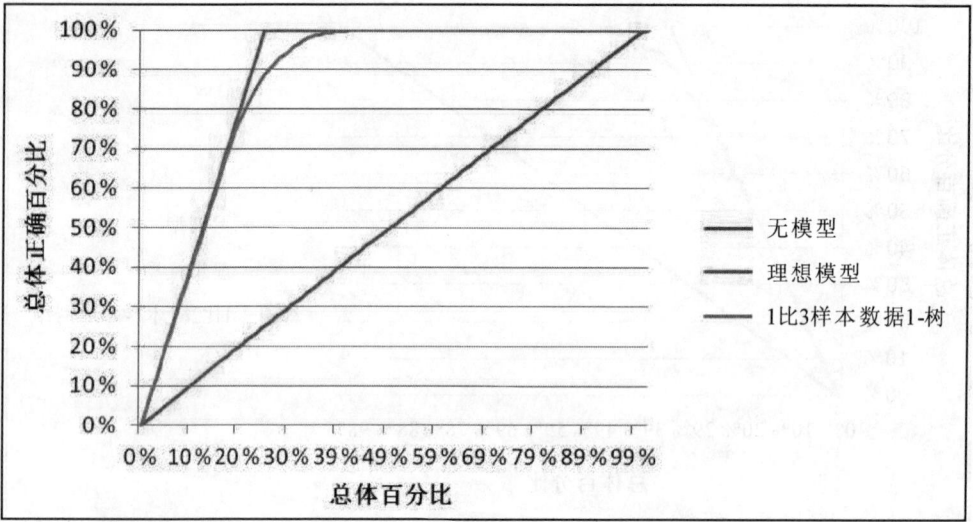

图 18-7　1∶3 决策树模型准确性图表

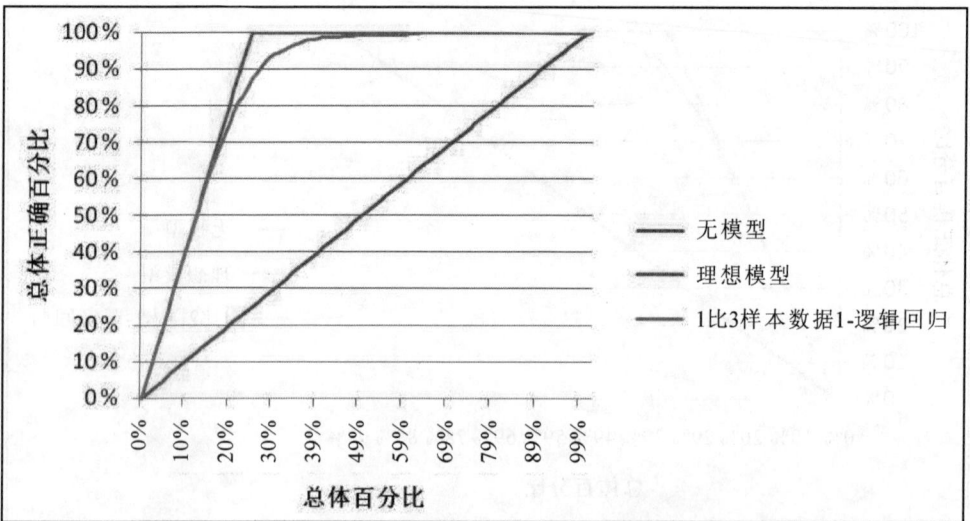

图 18-8　1∶3 逻吉斯回归模型准确性图表

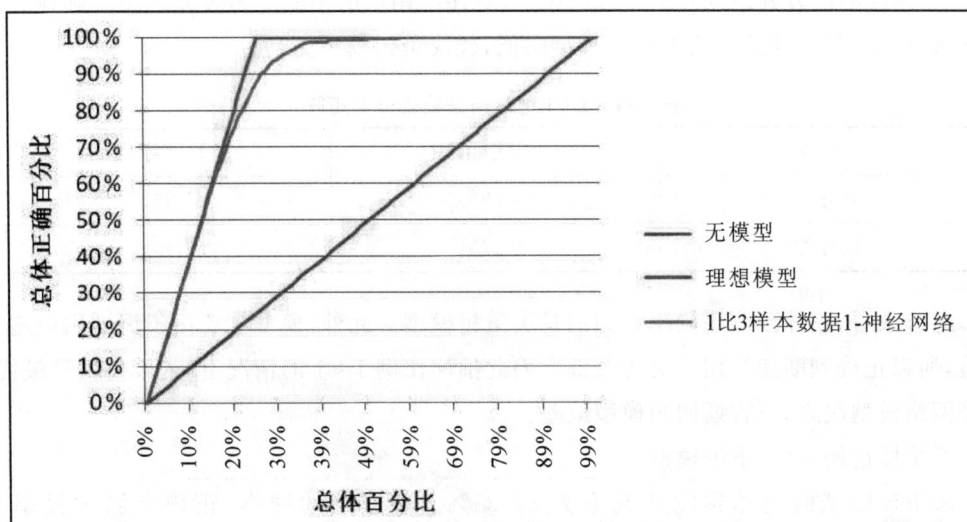

图 18-9　1：3 神经网络模型准确性图表

（2）分类矩阵

①抽样比例 1：1 下的模型

决策树模型的整体预测正确率为 91.94％。对非违约样本,正确预测的概率为 89.97％,错误率 10.03％;对违约样本,正确预测的概率为 93.91％,错误率 6.09％（见表 18-2）。将实际违约预测为非违约的错误较为关键。

表 18-2　1：1 决策树模型分类矩阵

取值	0（实际）	1（实际）
0（分类）	89.97％	6.09％
1（分类）	10.03％	93.91％

逻吉斯回归模型的整体预测正确率为 89.50％。对非违约样本,正确预测的概率为 97.59％,错误率 2.41％;对违约样本,正确预测的概率为 81.39％,错误率 18.61％（见表 18-3）,该模型能较好地预测出非违约用户,对违约用户的预测能力较差。将实际违约预测为非违约的错误率较决策树模型的更大。

表 18-3　1：1 逻吉斯回归模型分类矩阵

取值	0（实际）	1（实际）
0（分类）	97.59％	18.61％
1（分类）	2.41％	81.39％

神经网络模型的整体预测正确率为 90.07％。对非违约样本,正确预测的概率为 97.73％,错误率 2.27％;对违约样本,正确预测的概率为 82.40％,错误率 17.60％（见表

263

18-4)。该模型能较好地预测出非违约用户,对违约用户的预测能力较差。将实际违约预测为非违约的错误率比逻吉斯回归模型略低,较决策树模型更高。

表 18-4　1∶1 神经网络模型分类矩阵

取值	0(实际)	1(实际)
0(分类)	97.73%	17.60%
1(分类)	2.27%	82.40%

综合来看,整体预测正确率最高的是决策树模型。此外,模型主要用于识别用户违约风险,所以正确判断违约用户更为关键。因此抽样比例 1∶1 的情况下,决策树模型最优,神经网络模型次之,逻吉斯回归模型最差。

②抽样比例 1∶2 下的模型

决策树模型的整体预测正确率为 92.33%。对非违约样本,正确预测的概率为 96.89%,错误率 3.11%;对违约样本,正确预测的概率为 83.54%,错误率 16.46%(见表 18-5)。该模型能较好地预测出非违约用户,对违约用户的预测能力较差。

表 18-5　1∶2 决策树模型分类矩阵

取值	0(实际)	1(实际)
0(分类)	96.89%	16.46%
1(分类)	3.11%	83.54%

逻吉斯回归模型的整体预测正确率为 92.11%。对非违约样本,正确预测的概率为 95.09%,错误率 4.91%;对违约样本,正确预测的概率为 86.35%,错误率 13.65%(见表 18-6)。该模型能较好地预测出非违约用户,对违约用户的预测能力较差。将实际违约预测为非违约的错误率较决策树模型的更低。

表 18-6　1∶2 逻吉斯回归模型分类矩阵

取值	0(实际)	1(实际)
0(分类)	95.09%	13.65%
1(分类)	4.91%	86.35%

神经网络模型的整体预测正确率为 93.02%。对非违约样本,正确预测的概率为 95.40%,错误率 4.60%;对违约样本,正确预测的概率为 88.44%,错误率 11.56%(见表 18-7)。该模型能较好地预测出非违约用户,对违约用户的预测能力较差。将实际违约预测为非违约的错误率比逻吉斯回归模型、决策树模型的错误率都低。

表 18-7　1∶2 神经网络模型分类矩阵

取值	0(实际)	1(实际)
0(分类)	95.40%	11.56%
1(分类)	4.60%	88.44%

综合来看,整体预测正确率最高的是神经网络模型。同样,因为模型主要用于识别用户违约风险,所以正确判断违约用户更为关键。因此抽样比例 1∶2 的情况下,神经网络模型最优,决策树模型、逻吉斯回归模型较差。

③抽样比例 1∶3 下的模型

决策树模型的整体预测正确率为 94.35%。对非违约样本,正确预测的概率为96.12%,错误率 3.88%;对违约样本,正确预测的概率为 88.93%,错误率 11.07%(见表 18-8)。该模型能较好的预测出非违约用户,对违约用户的预测能力较差。

表 18-8　1∶3 决策树模型分类矩阵

取值	0(实际)	1(实际)
0(分类)	96.12%	11.07%
1(分类)	3.88%	88.93%

逻吉斯回归模型的整体预测正确率为 93.29%。对非违约样本,正确预测的概率为96.58%,错误率 3.42%;对违约样本,正确预测的概率为 83.23%,错误率 16.77%(见表18-9)。该模型能较好地预测出非违约用户,对违约用户的预测能力较差。将实际违约预测为非违约的错误率较决策树模型的更高。

表 18-9　1∶3 逻吉斯回归模型分类矩阵

取值	0(实际)	1(实际)
0(分类)	96.58%	16.77%
1(分类)	3.42%	83.23%

神经网络模型的整体预测正确率为 93.41%。对非违约样本,正确预测的概率为97.03%,错误率 2.97%;对违约样本,正确预测的概率为 82.35%,错误率 17.65%(见表18-10)。该模型能较好地预测出非违约用户,对违约用户的预测能力较差。将实际违约预测为非违约的错误率比逻吉斯回归模型、决策树模型的错误率都高。

表 18-10　1∶3 神经网络模型分类矩阵

取值	0(实际)	1(实际)
0(分类)	97.03%	17.65%
1(分类)	2.97%	82.35%

　　综合来看,整体预测正确率最高的是决策树模型。同样,因为模型主要用于识别用户违约风险,所以正确判断违约用户更为关键。因此在抽样比例 1 : 3 的情况下,决策树模型最优,逻吉斯回归模型、神经网络模型较差。

第十九章
台湾健康食品行业分析

根据市场调查,台湾民众重视的事情排序,财富第一,健康跃升到第二。对于生活富裕的现代人来说,早已脱离了饥饿的恐慌状态,随之而来的烦恼则是如何吃才能够得到更健康的身体。

一方面,"乐活"风潮已经袭卷台湾市场。消费需求市场的巨大潜力,使得整个健康保健品市场的发展前景十分光明,故也吸引了众多的厂商纷纷投身该产业。众多的厂商大体可以分为四类:传统食品及饮料厂商、药品厂商、生技厂商及直销经销商。

为呼应这股新兴消费趋势,台湾厂商投注在健康食品上的广告金额正扶摇直上,从2003年的新台币4亿多元,到2005年时达约新台币9亿元。在产业规模方面,2004年保健品市场规模约达新台币235亿元,至2007年达到400亿元,预估未来三年健康食品市场将以两位数持续增长,市场发展空间很大。

另一方面,因为健康食品厂商林立,且其部分产品标榜的医疗保健功能往往过于夸大,有意或无意地误导消费者,直接损害了健康食品在消费者心目中的形象,也不利于健康食品行业的发展,从1999年起台湾政府部门逐步"立法",促使整个保健品市场正朝着多样化的"规格基准型健康食品"发展。

随着政府对健康食品业的规范力度加强,相关政策法规相继出台,尤其是对健康食品的宣传、广告不断做出更为严格的要求。各项政策的出发点是打击生产商夸大产品疗效、防止健康食品标识不规范误导消费者。政策颁布后,台湾民众对健康食品以及政策的态度如何,这些政策是否达到了政府相关部门的预期效果,这些都是需要研究的问题。对这项政策的评价也关系到未来一段时间,台湾政府相关部门是否还需出台部分政策对健康食品业进行行业规范以及应从哪些方面着手解决该行业存在的问题。

19.1 数据说明

本研究以台湾健康食品的消费者及潜在消费者为研究对象,共130 223份有效调查问卷。变量说明见表19-1。对于消费者购买的分类进行预测,模型采用决策树、神经网络和逻吉斯回归，为了有效地验证我们的模型将数据分为训练集和测试集。

表 19-1　变量说明

类　　　型	变量名称	数据类型
广告管理与政策实施	(1)医药信息获取渠道	类别型(14 类,复选)
	(2)是否关注广告	类别型(4 类)
	(3)广告获取渠道	类别型(10 类,复选)
	(4)广告的影响	类别型(4 类)
	(5)购买原因	类别型(9 类,复选)
	(6)对政策的了解	类别型(2 类)
	(7)对政策的态度	类别型(3 类)
	(8)政策执行的评价	类别型(5 类)
	(9)销售地点	类别型(8 类,复选)
购　　　买	(10)是否买过	类别型(2 类)
购买以后的行为	(11)平均花费	类别型(8 类)
	(12)现在是否食用	类别型(2 类)
	(19)亲友推荐(理性)	类别型(6 类)
	(20)非自愿处理方式	类别型(6 类)
	(21)自我诊断	类别型(7 类)
	(22)无效果处理方式	类别型(6 类)
	(14)是否给亲人购买	类别型(2 类)
产品宣传	(13)对广告态度	类别型(4 类)
	(15)产品标示	类别型(12 类,复选)
	(16)广告内容	类别型(2 类)
	(17)宣传方式 1(研究报告)	类别型(3 类)
	(18)宣传方式 2(演艺)	类别型(3 类)
被调查者信息	(23)性别	类别型(2 类)
	(24)教育程度	类别型(6 类)
	(25)职业	类别型(8 类)
	(26)年龄	类别型(6 类)

19.2 建立模型

19.2.1 准确性图表（预测列"违约注记"＝1）

在 Microsoft SQL Server 数据挖掘加载项的准确性图表上会有三条曲线：包含理想模型曲线、实际模型预测曲线，以及随机模型预测效果的曲线，另外，我们也通过训练组与测试组的比较，来看出是否有过度配置的问题产生。

①决策树

利用决策树模型提取前 50％可能违约的卡户，就可以找出 61.69％，比没用模型高1.2363个百分点，见图 19-1。

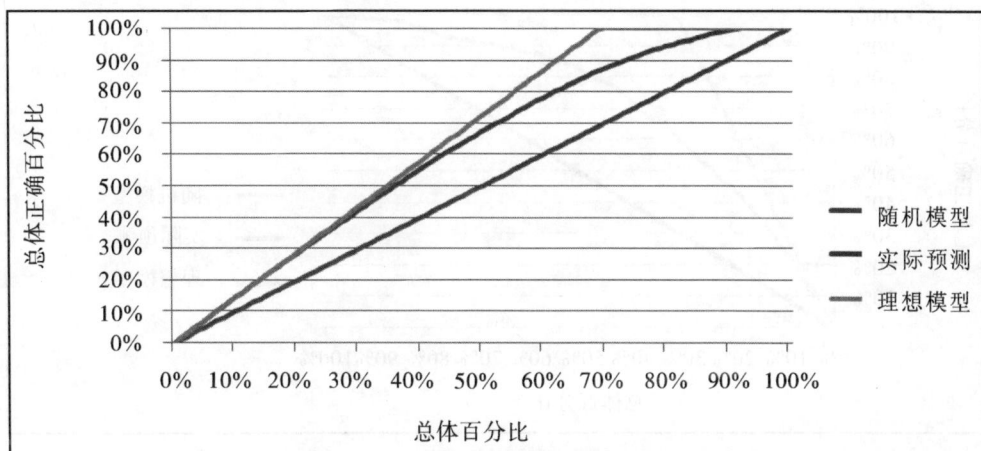

图 19-1　训练组上决策树的准确性图表

测试组的结果与训练组相似，可以看出利用决策树建立的模型，没有产生过度配置问题，且提升能力为 123.38％，与训练组的提升能力基本持平，说明模型并没有对数据产生依赖，见图 19-2。

②神经网络

利用神经网络模型，抽取前 50％的可能消费客户，就可以找出 70.92％，比没用模型高 1.4184 倍，见图 19-3。

测试组的准确性图表与训练组类似，可说明利用神经网络建立的模型没有产生过度配置，且提升能力为 141.58％，见图 19-4。

③逻吉斯回归

利用逻吉斯回归模型选取前 50％的可能购买客户，就可以找出 71.05％的真正购买客户，比没用模型高 1.4209 倍，见图 19-5。

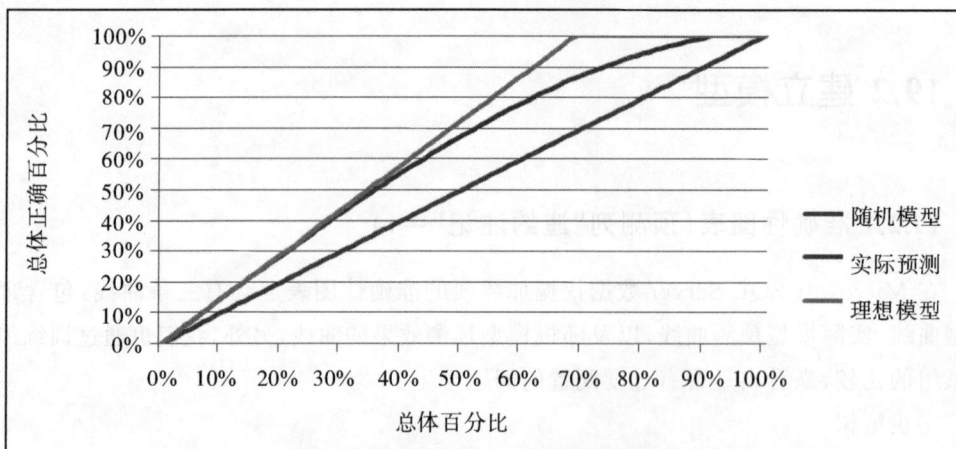

图 19-2　测试组上决策树的准确性图表

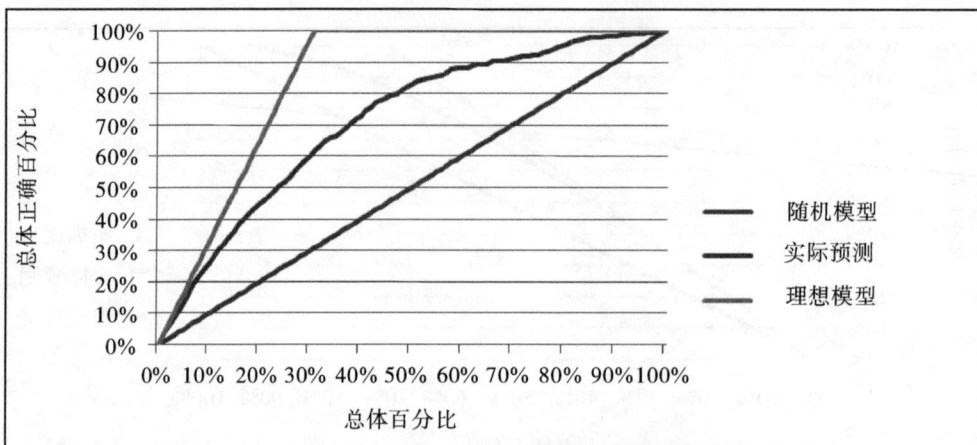

图 19-3　训练组上神经网络的准确性图表

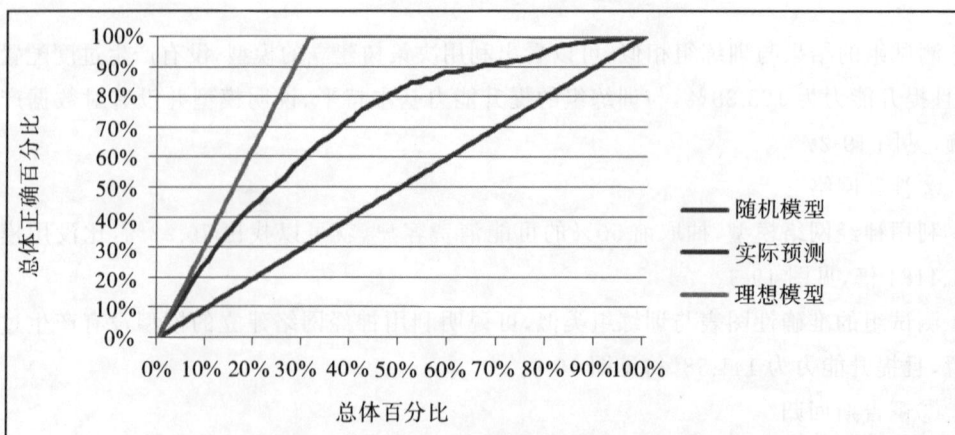

图 19-4　测试组上神经网络的准确性图表

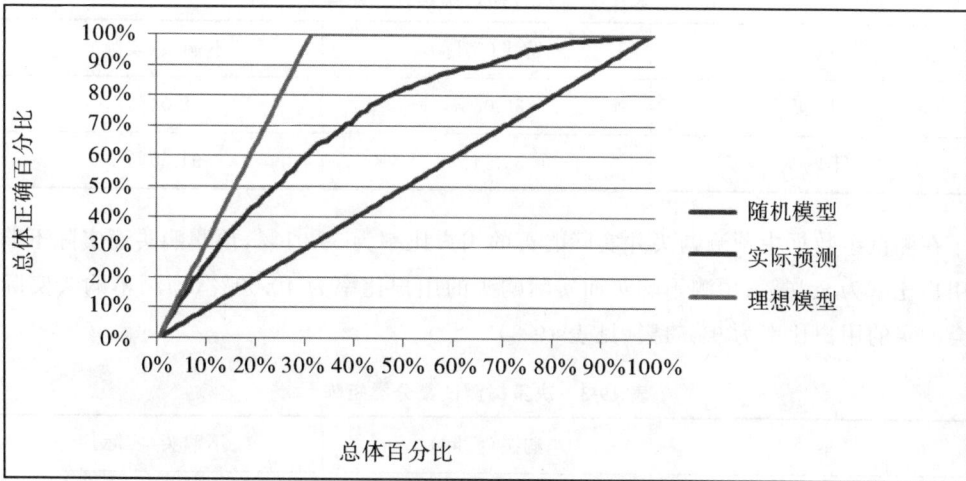

图 19-5 训练组上逻吉斯回归的准确性图表

　　测试组的准确性图表与训练组相似,可以说明利用逻吉斯建立的模型,没有产生过度配置的问题,且测试组的提升能力为 141.82％,见图 19-6。

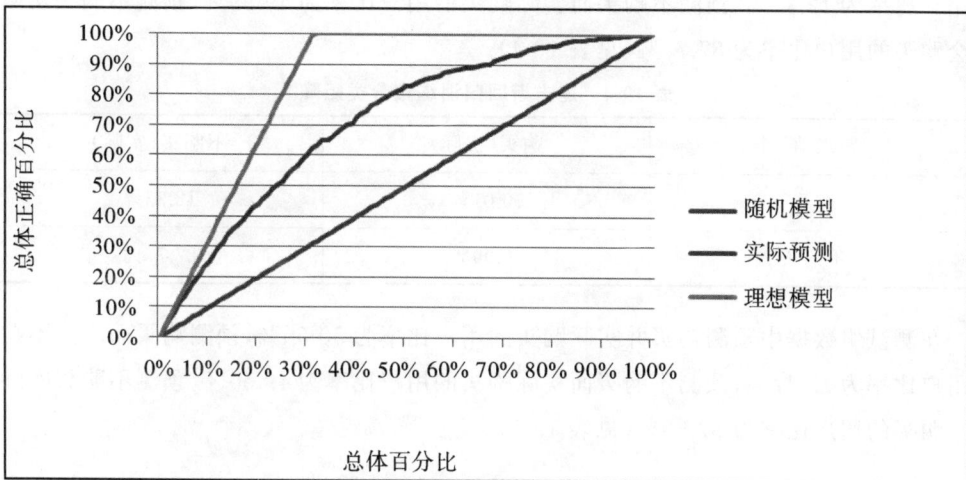

图 19-6 测试组上逻吉斯回归的准确性图表

19.2.2 分类矩阵

①抽样比例 1∶1 下的模型

　　在训练组数据中预测购买并实际购买的用户比率为 60.06％,预测购买而实际不购买的用户比率为 8.04％,预测不购买而实际购买的用户比率为 39.94％,预测不购买实际也不会购买的用户比率为 91.60％(见表 19-2)。

表 19-2 决策树训练集分类矩阵

取值	购买(实际)	不购买(实际)
购买	60.06%	8.04%
不购买	39.94%	91.60%

在测试组数据中预测购买并实际购买的用户比率为 59.91%,预测购买而实际不购买的用户比率为 8.46%,预测不购买而实际购买的用户比率为 40.09%,预测不购买实际也不会购买的用户比率为 91.54%(见表 19-3)。

表 19-3 决策树测试集分类矩阵

取值	购买(实际)	不购买(实际)
购买	59.91%	8.46%
不购买	40.09%	91.54%

在训练组数据中预测购买并实际购买的用户比率为 50.01%,预测购买而实际不购买的用户比率为 12.33%,预测不购买而实际购买的用户比率为 49.99%,预测不购买实际也不会购买的用户比率为 87.77%(见表 19-4)。

表 19-4 逻吉斯回归训练集分类矩阵

取值	购买(实际)	不购买(实际)
购买	50.01%	12.33%
不购买	49.99%	87.77%

在测试组数据中预测购买并实际购买的用户比率为 50.50%,预测购买而实际不购买的用户比率为 12.47%,预测不购买而实际购买的用户比率为 49.50%,预测不购买实际也不会购买的用户比率为 87.53%(见表 19-5)。

表 19-5 逻吉斯回归测试集分类矩阵

取值	购买(实际)	不购买(实际)
购买	50.50%	12.47%
不购买	49.50%	87.53%

在训练组数据中预测购买并实际购买的用户比率为 51.27%,预测购买而实际不购买的用户比率为 12.73%,预测不购买而实际购买的用户比率为 48.73%,预测不购买实际也不会购买的用户比率为 87.37%(见表 19-6)。

表 19-6　神经网络训练集分类矩阵

取值	购买（实际）	不购买（实际）
购买	51.27％	12.73％
不购买	48.73％	87.37％

在测试组数据中预测购买并实际购买的用户比率为51.45％，预测购买而实际不购买的用户比率为12.58％，预测不购买而实际购买的用户比率为48.55％，预测不购买实际也不会购买的用户比率为87.42％（见表19-7）。

表 19-7　神经网络测试集分类矩阵

取值	购买（实际）	不购买（实际）
购买	51.45％	12.58％
不购买	48.55％	87.42％

由于从准确性图表来看，逻吉斯回归的效果要好于决策树。但从分类矩阵来看，决策树的预测效果又要好于逻吉斯回归预测，无法判断到底哪个模型的预测效果更好。

然而当把两个模型用于整体数据时，结果如图19-7、表19-8、图19-8、表19-9所示。

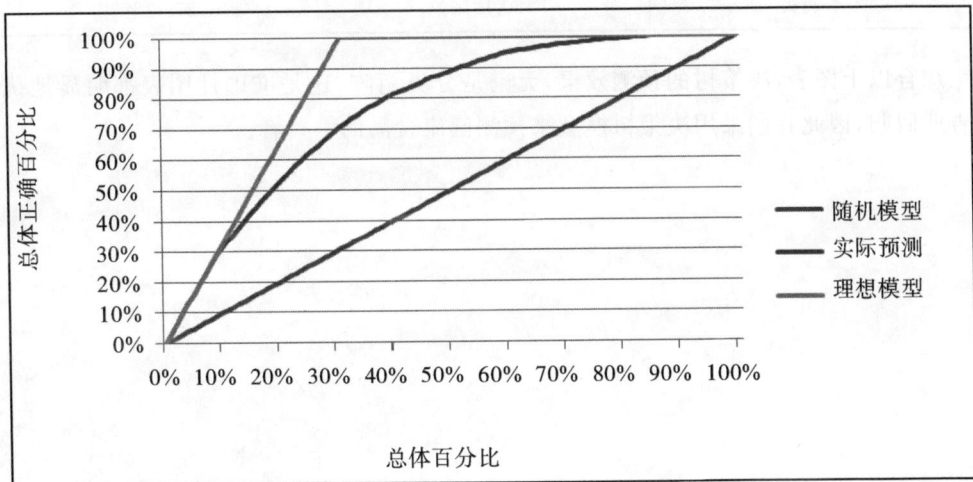

图 19-7　决策树准确性图表（提升率为 152.80％）

表 19-8　决策树的分类矩阵

取值	购买（实际）	不购买（实际）
购买	60.88％	8.55％
不购买	39.12％	91.45％

273

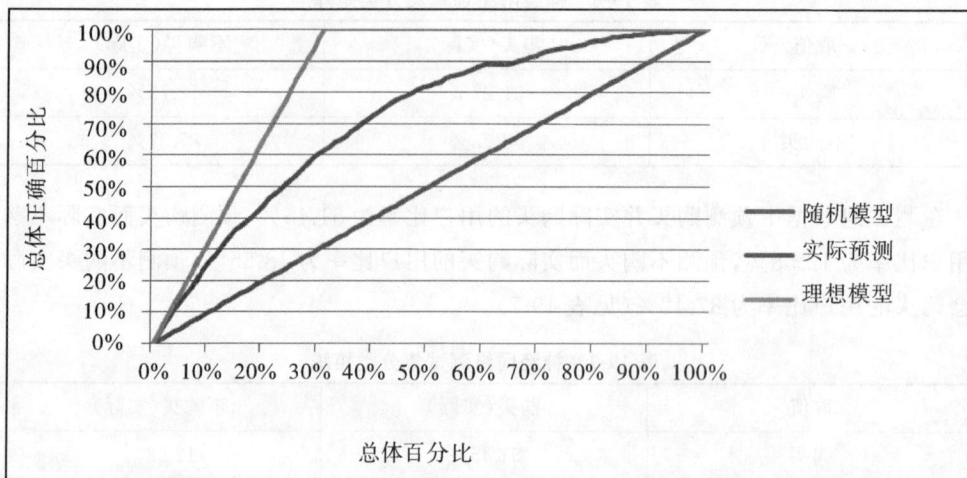

图 19-8　逻吉斯回归的准确性图表 (提升率为 141.88%)

表 19-9　决策树的分类矩阵

取值	购买 (实际)	不购买 (实际)
购买	49.88%	12.58%
不购买	50.12%	87.42%

　　综合以上图表,决策树的预测效果,无论是分类矩阵,还是准确性图表都明显地优于逻吉斯回归,因此我们采用决策树模型来预测健康食品的消费者。

BIG
DATA

附 录

BIG DATA

附录一
Power Query 简介

BIG
DATA

1.Power Query 简介

Power Query for Excel 通过跨多种源(包括关系源、结构化和半结构化源、OData、Web、Hadoop、Azure Marketplace 等)发现、组合和优化数据,以及直观、一致的体验,增强了适用于 Excel 的自助式商业智能(BI)服务。Power Query 还提供了从 Wikipedia 等源搜索公用数据的功能。

使用 Power Query,可以共享、管理查询及搜索数据。企业中的用户可以查找并使用这些共享查询(如果已与它们共享),以将查询中的基础数据用于数据分析和报告。

• 跨多种源查找和连接数据。

• 合并数据源并进行调整以匹配数据分析要求,或准备将其用于 Power Pivot 和 Power View 等工具进行进一步的分析和建模。

• 创建数据的自定义视图。

• 使用 JSON 分析程序通过大数据和 Azure HDInsight 创建数据可视化。

• 执行数据清理操作。

• 从多个日志文件中导入数据。

• 对以下源中的数据进行联机搜索,包括 Wikipedia 表在内的公用数据源的大型集合、Windows Azure Marketplace 的子集、Data.gov 的子集。

• 像呈现 Excel 图表一样,从 Facebook 创建查询。

• 将新的数据源(如 XML、Facebook 和作为可刷新链接的文件夹)中的数据提取到 Power Pivot 中。

2.Power Query 安装

支持的操作系统有:

· Windows 7，Windows 8，Windows Server 2008 R2，Windows Server 2012，Windows Vista

· Windows Vista(需要.NET 3.5 SP1)

· Windows Server 2008(需要 .NET 3.5 SP1)

· Windows 7

· Windows 8

· Windows 8.1

支持以下 Office 版本：

· Microsoft Office 2010 Professional Plus 和软件保障。

· Microsoft Office 2013 Professional Plus、Office 365 ProPlus 或 Excel 2013 Standalone。

· 用于 Excel 的 Microsoft Power Query 需要 Internet Explorer 9 或更高版本。

· 用于 Excel 的 Microsoft Power Query 可用于 32 位（x86）和 64 位（x64）平台。

安装过程可参考 http://www.microsoft.com/zh-cn/download/details.aspx? id＝39379

(1)选择语言，中文简体。

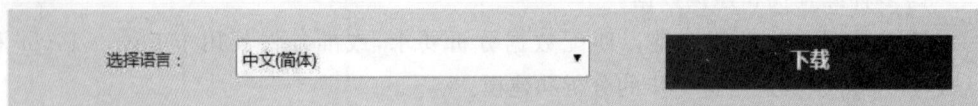

用于 Excel 的 Microsoft Power Query 是一个 Excel 外接程序，它可以在 Excel 中通过简化数据发现、访问和协作来增强自助式商业智能体验。

(2)根据自身计算机的配置，选择要下载的程序。

选择您要下载的程序

文件名	大小
PowerQuery_2.11.3625.144 (32-bit) [zh-CN].msi	11.2 MB
PowerQuery_2.11.3625.144 (64-bit) [zh-CN].msi	11.2 MB
Release Notes (English-only).docx	31 KB

(3)先关闭 Excel 2013，然后打开安装文件并按照安装程序步骤操作即可。

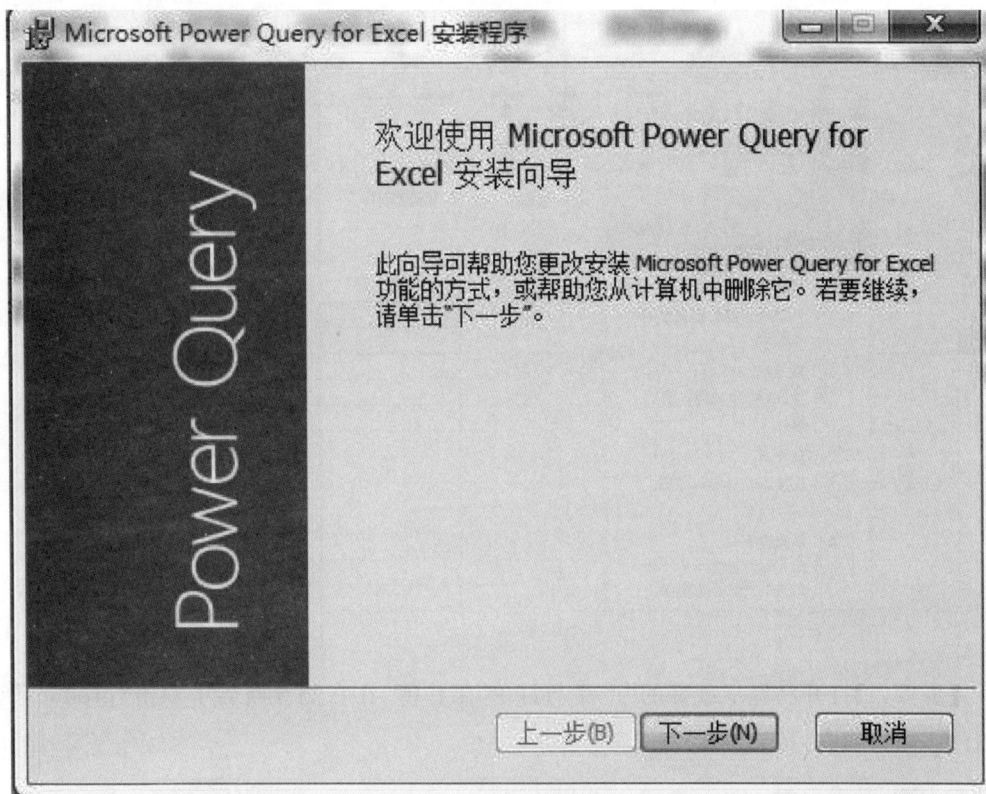

(4)安装完成后，打开 Excel 2013，菜单栏会显示 Power Query。

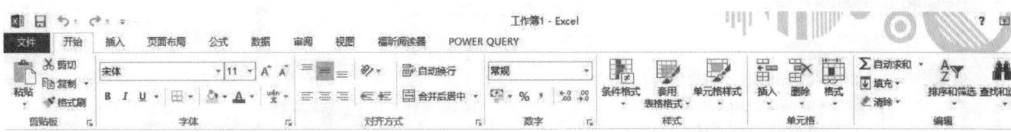

3.Power Query 进行数据分析实例

本例将从包含产品信息的本地 Excel 文件以及从包含产品订单信息的 OData 源导入数据。执行转换与聚合步骤，然后合并两个来源的数据，从而生成一份"每年每种产品总销售额报表"。

(1)将产品导入到 Excel 工作簿

【步骤一】打开 Excel 2013，单击菜单栏中"Power Query"选项，"从文件"中点击"从 Excel"。

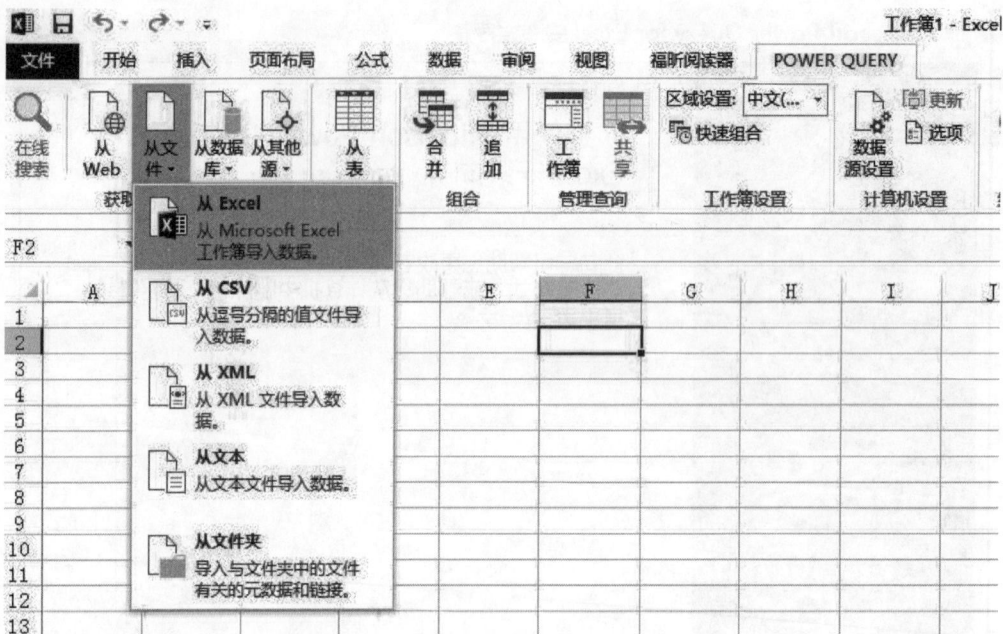

【步骤二】打开已经下载好的"产品与订单"工作簿,在右侧导航器中双击"product"或者右键"编辑"。

我们得到"Product 查询编辑器"。

【步骤三】按住"Ctrl"键,选择"Product ID""Product Name""Category ID""Quantity Per Unit"。右键某列的标题选择"删除其他列",即可删除其他列,只显示感兴趣的列。

ProductID	ProductName	CategoryID	QuantityPerUnit
1	1 Chai	1	10 boxes x 20 bags
2	2 Chang	1	24 - 12 oz bottles
3	3 Aniseed Syrup	2	12 - 550 ml bottles
4	4 Chef Anton's Cajun Seasoning	2	48 - 6 oz jars
5	5 Chef Anton's Gumbo Mix	2	36 boxes
6	6 Grandma's Boysenberry Spread	2	12 - 8 oz jars
7	7 Uncle Bob's Organic Dried Pears	7	12 - 1 lb pkgs.
8	8 Northwoods Cranberry Sauce	2	12 - 12 oz jars
9	9 Mishi Kobe Niku	6	18 - 500 g pkgs.
10	10 Ikura	8	12 - 200 ml jars
11	11 Queso Cabrales	4	1 kg pkg.
12	12 Queso Manchego La Pastora	4	10 - 500 g pkgs.
13	13 Konbu	8	2 kg box
14	14 Tofu	7	40 - 100 g pkgs.
15	15 Genen Shouyu	2	24 - 250 ml bottles
16	16 Pavlova	3	32 - 500 g boxes
17	17 Alice Mutton	6	20 - 1 kg tins
18	18 Carnarvon Tigers	8	16 kg pkg.
19	19 Teatime Chocolate Biscuits	3	10 boxes x 12 pieces
20	20 Sir Rodney's Marmalade	3	30 gift boxes
21	21 Sir Rodney's Scones	3	24 pkgs. x 4 pieces
22	22 Gustaf's Knäckebröd	5	24 - 500 g pkgs.
23	23 Tunnbröd	5	12 - 250 g pkgs.
24	24 Guaraná Fantástica	1	12 - 355 ml cans
25	25 NuNuCa Nuß-Nougat-Creme	3	20 - 450 g glasses

【步骤四】点击查询编辑器左上角"应用并关闭",结果将显示在新的 Excel 工作表中。

(2)从 OData 源导入订单数据

【步骤一】在菜单栏"从其他源"中选择"从 OData 数据源"。

【步骤二】在出现的对话框中输入以下网址，http://services.odata.org/Northwind/Northwind.svc。

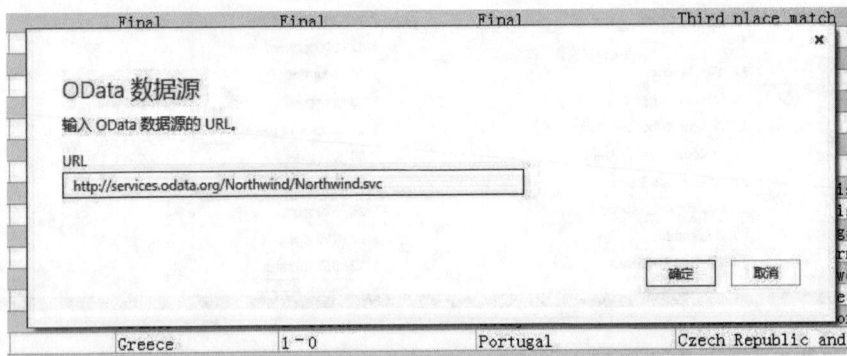

【步骤三】在工作表右侧出现的导航器中选择"orders"，即可得到我们所需要的数据。

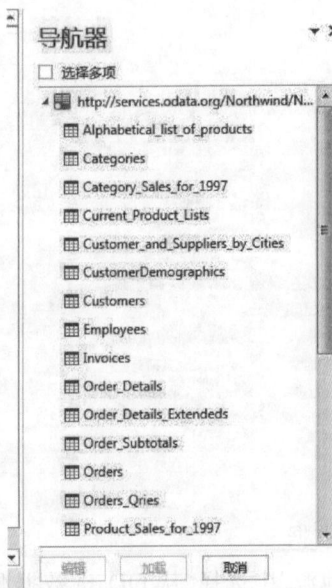

【步骤四】将"产品 ID""单价""数量"合并到"订单详情"在查询编辑器中,鼠标放在
"Order-Detail"处,点击"⇥",在下拉菜单中,依次点击"选择所有列""Product ID""Unit
Price""Quantity",单击"确定"。

【步骤五】删除除了"Order date""Product ID""Unit Price""Quantity"之外的所有列,
方法见"步骤三",得到下图所示的工作表。

【步骤六】计算订单详情的"行合计":点击左上角"插入"中的"插入自定义列"。

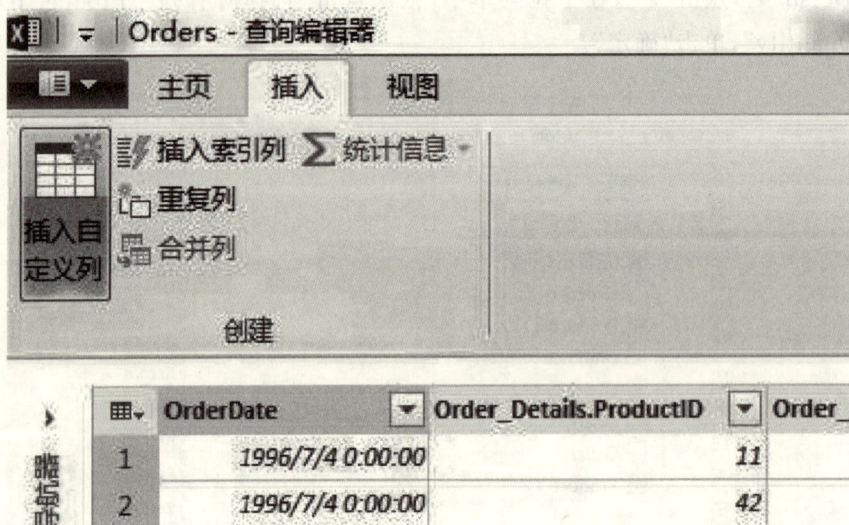

【步骤七】在出现的对话框中,将"新列名"改为"行合计","自定义列公式"中写为如下图所示的公式,点击"确定"。

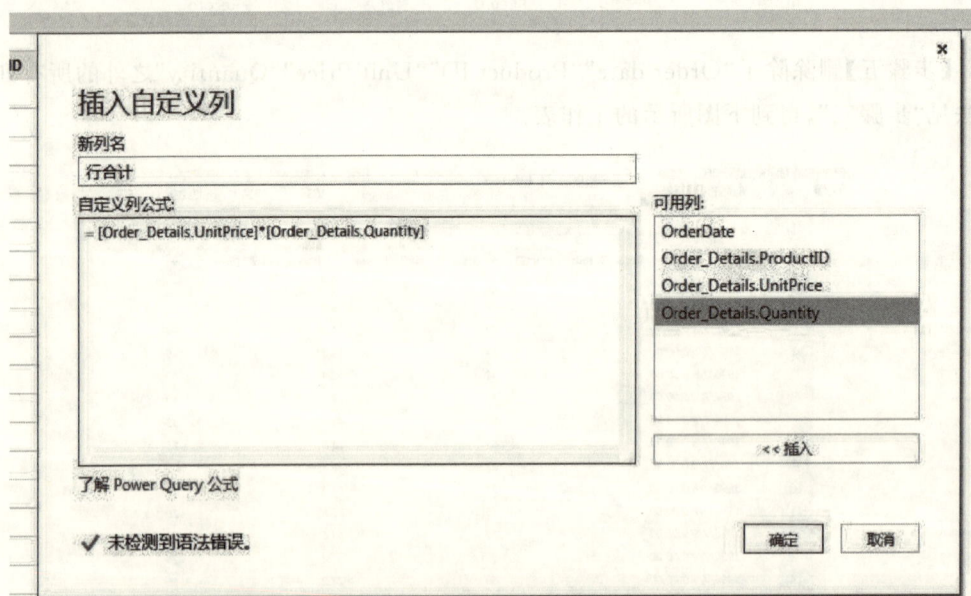

得到行合计显示在工作表中。

▦▾	OrderDate ▾	Order_Details.ProductID ▾	Order_Details.UnitPrice ▾	Order_Details.Quantity ▾	行合计 ▾
1	1996/7/4 0:00:00	11	14	12	168
2	1996/7/4 0:00:00	42	9.8	10	98
3	1996/7/4 0:00:00	72	34.8	5	174
4	1996/7/5 0:00:00	14	18.6	9	167.4
5	1996/7/5 0:00:00	51	42.4	40	1696
6	1996/7/8 0:00:00	41	7.7	10	77
7	1996/7/8 0:00:00	51	42.4	35	1484
8	1996/7/8 0:00:00	65	16.8	15	252
9	1996/7/8 0:00:00	22	16.8	6	100.8
10	1996/7/8 0:00:00	57	15.6	15	234
11	1996/7/8 0:00:00	65	16.8	20	336
12	1996/7/9 0:00:00	20	64.8	40	2592
13	1996/7/9 0:00:00	33	2	25	50
14	1996/7/9 0:00:00	60	27.2	40	1088
15	1996/7/10 0:00:00	31	10	20	200
16	1996/7/10 0:00:00	39	14.4	42	604.8
17	1996/7/10 0:00:00	49	16	40	640
18	1996/7/11 0:00:00	24	3.6	15	54
19	1996/7/11 0:00:00	55	19.2	21	403.2
20	1996/7/11 0:00:00	74	8	21	168
21	1996/7/12 0:00:00	2	15.2	20	304
22	1996/7/12 0:00:00	16	13.9	35	486.5

【步骤八】将"订单日期"转换为"年份":将鼠标置于"Order Date",右键单击,点"转换"→"年",即可将订单日期显示为年份。

▦▾	年份 ▾	Order_Details.ProductID ▾	Order_Details.UnitPrice ▾	Order_Details.Quantity ▾	行合计 ▾
1	1996	11	14	12	168
2	1996	42	9.8	10	98
3	1996	72	34.8	5	174
4	1996	14	18.6	9	167.4
5	1996	51	42.4	40	1696
6	1996	41	7.7	10	77
7	1996	51	42.4	35	1484
8	1996	65	16.8	15	252
9	1996	22	16.8	6	100.8
10	1996	57	15.6	15	234
11	1996	65	16.8	20	336
12	1996	20	64.8	40	2592
13	1996	33	2	25	50
14	1996	60	27.2	40	1088
15	1996	31	10	20	200
16	1996	39	14.4	42	604.8
17	1996	49	16	40	640
18	1996	24	3.6	15	54
19	1996	55	19.2	21	403.2
20	1996	74	8	21	168
21	1996	2	15.2	20	304

【步骤九】按照"Product ID"和"年份"对行进行分组：选中"年份"和"Product ID"两列，右键单击，选择"分组"，在出现的"分组依据"对话框中，按下图所示选择，单击"确定"。

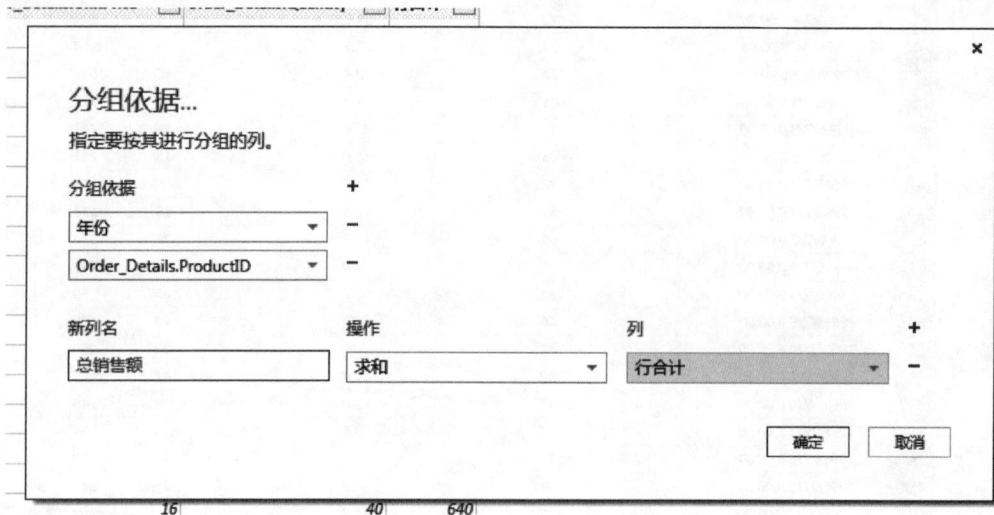

分组依据...

指定要按其进行分组的列。

分组依据   +

| 年份 | ▼ | − |

| Order_Details.ProductID | ▼ | − |

| 新列名 | 操作 | 列 | + |
| 总销售额 | 求和 ▼ | 行合计 ▼ | − |

确定   取消

16   40   640

【步骤十】重命名：在右边的"查询设置"中名称处输入"总销售额"。并在下面"加载设置"中取消勾选"加载到工作表"，禁止将查询下载到工作簿中。

查询设置   ×

▲ 属性

名称

总销售额

说明

▲ 应用的步骤

源   ⚙
Expand Order_Details
RemovedOtherColumns
InsertedCustom   ⚙
TransformedColumn
RenamedColumns
× GroupedRows

▲ 加载设置
☑ 加载到工作表
☐ 加载到数据模型

【步骤十一】点击左上方"应用并关闭"。此时工作簿右侧显示两个工作表。

（3）合并"产品"和"总销售额"查询

【步骤一】单击菜单栏中"查询"中的"合并"。

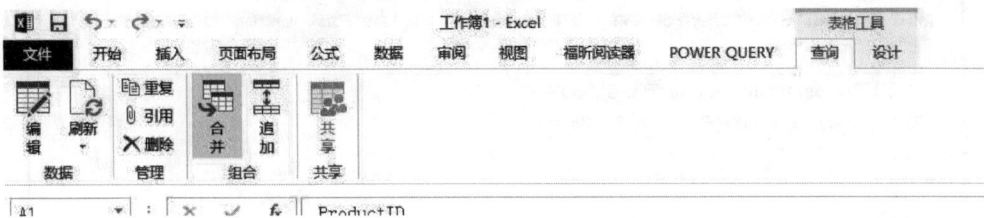

【步骤二】在出现的"合并"对话框中，选择"Product"作为主表，"总销售额"作为要合并的第二查询或相关查询，并分别选择"Product"和"总销售额"中的"Product ID"。单击"确定"。

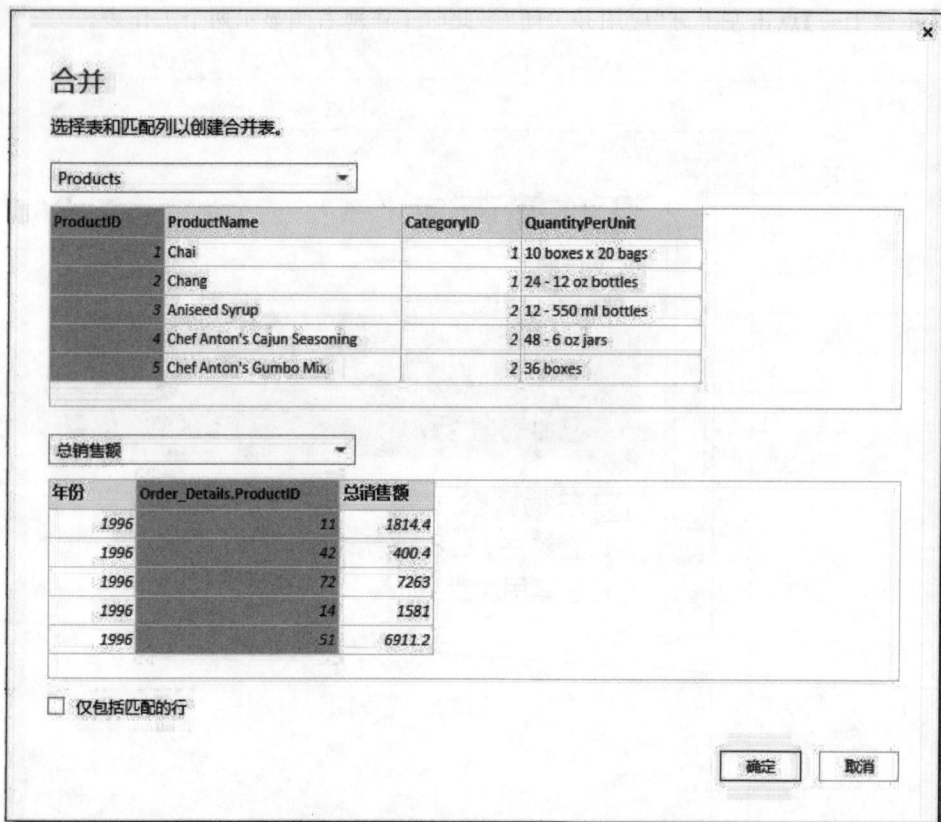

【步骤三】在出现的"隐私级别"对话框中,选择用于两个数据源的隐私隔离级别的"组织",单击"保存"。

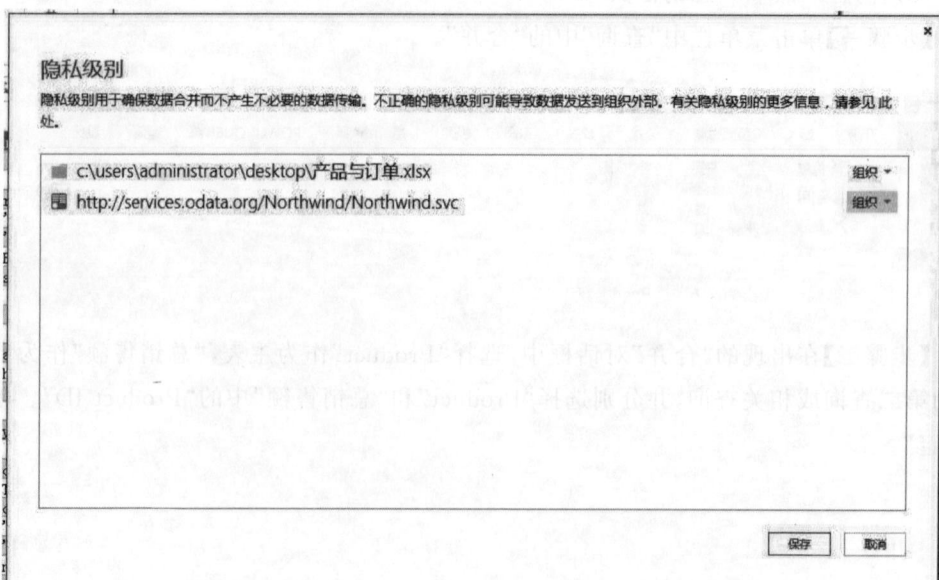

【步骤四】单击"确定"出现如下工作表。

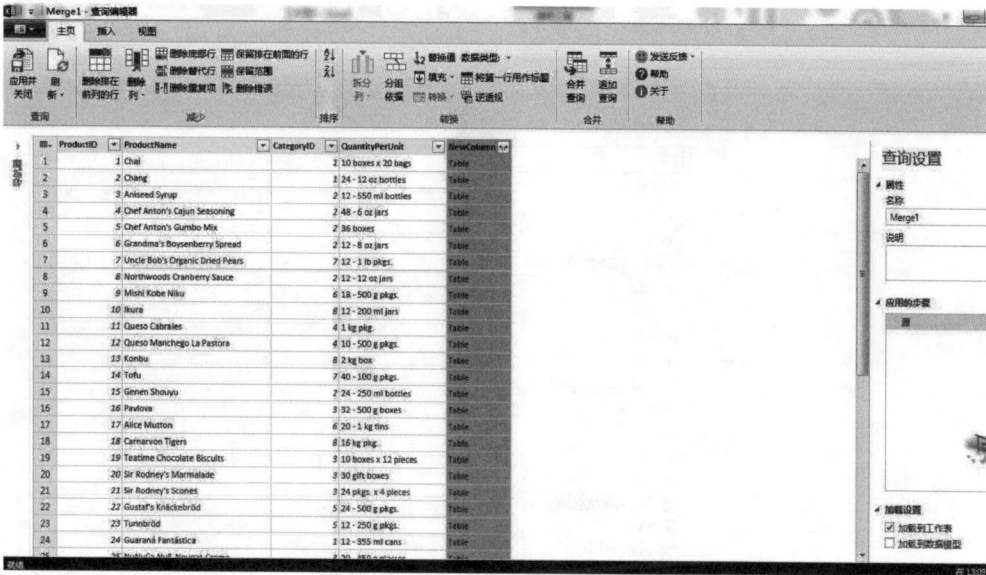

【步骤五】在新的查询编辑器中,将鼠标置于"New Column",并单击"⁜",在下拉菜单中依次选择"选择所有列""年份"和"总销售额",单击"确定"。

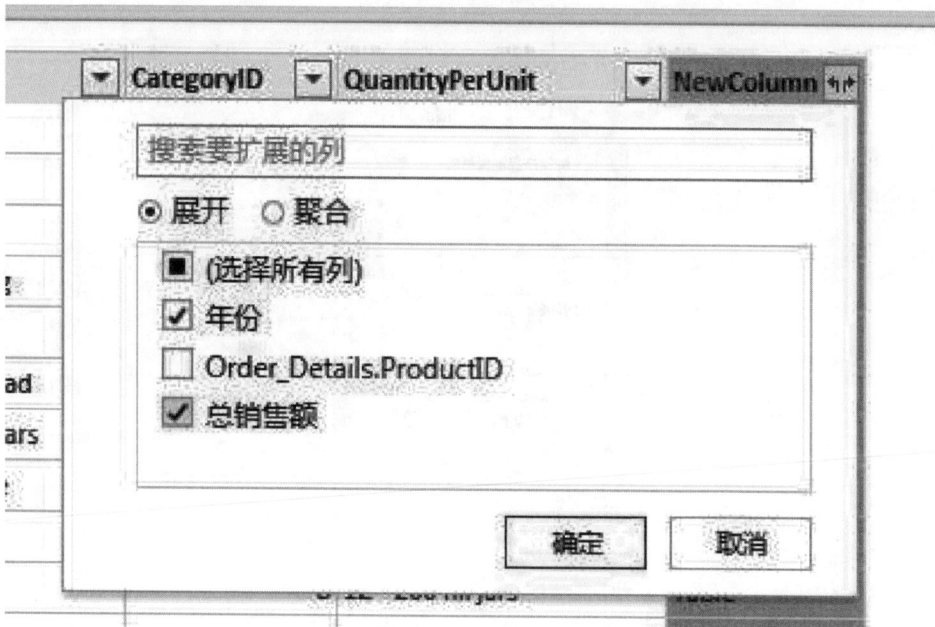

【步骤六】将这两列重新命名为"年份"和"总销售额",按照"总销售额"降序排列,以了解哪些产品以及在哪些年产品获得最高销售额。单击"确定"。

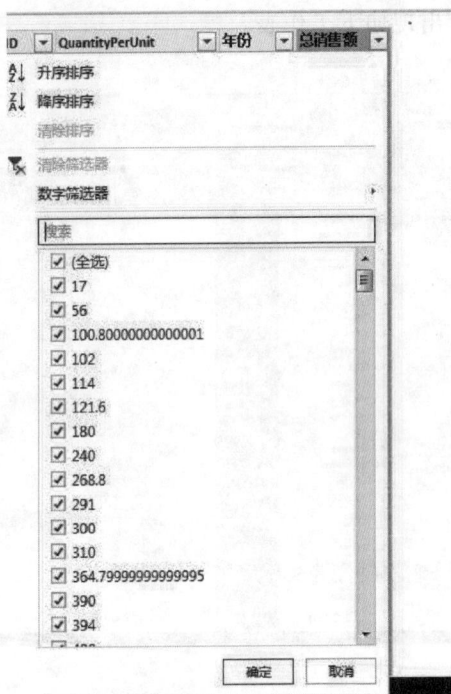

【步骤七】在右侧"查询设置"对查询工作表重命名为"每种产品销售总额"，并在下方"加载设置"中禁止"加载到工作表"。

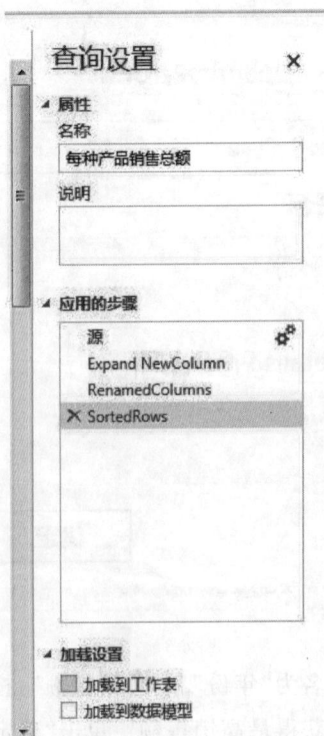

【步骤八】单击左上方"应用并关闭",此时,三个工作表均显示在工作簿右侧。

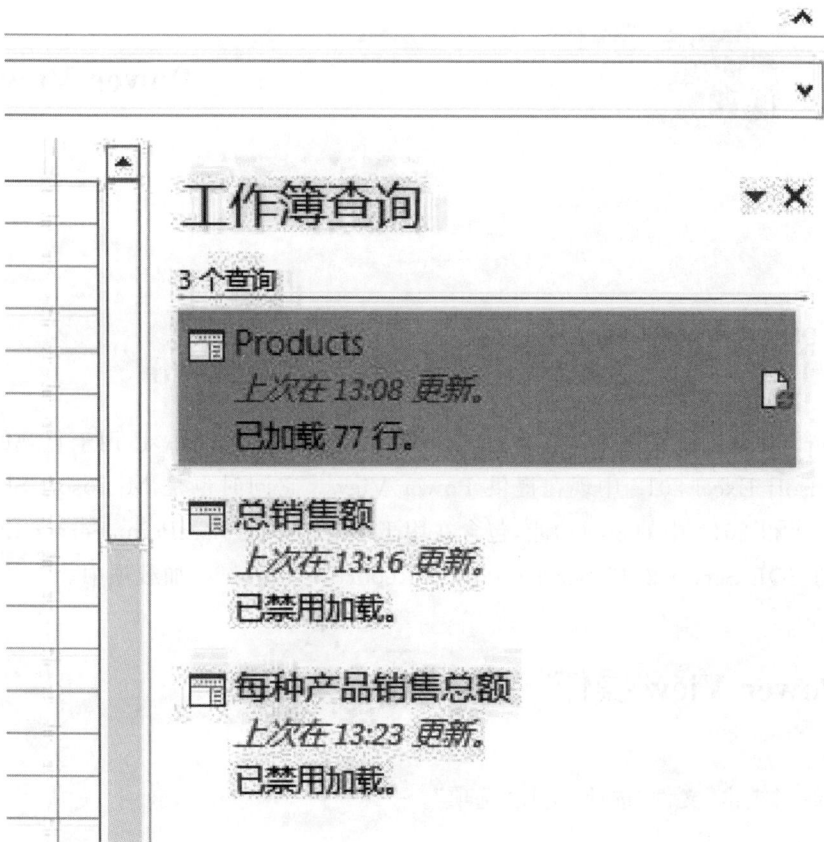

工作簿查询

3 个查询

Products
上次在 13:08 更新。
已加载 77 行。

总销售额
上次在 13:16 更新。
已禁用加载。

每种产品销售总额
上次在 13:23 更新。
已禁用加载。

附录二
Power View 简介

1.Power View 简介

Power View 是一种交互式数据浏览、可视化和演示体验软件,适用于直观的临时报告。Microsoft Excel 2013 中现在提供 Power View。它同时也是 Microsoft SharePoint Server 2010 和 2013 中的一项功能,包含在用于 Microsoft SharePoint Server Enterprise Edition 的 SQL Server 2012 Service Pack 1 Reporting Services 加载项中。

2.Power View 操作

【步骤一】点击"文件"选项,选择"选项"。

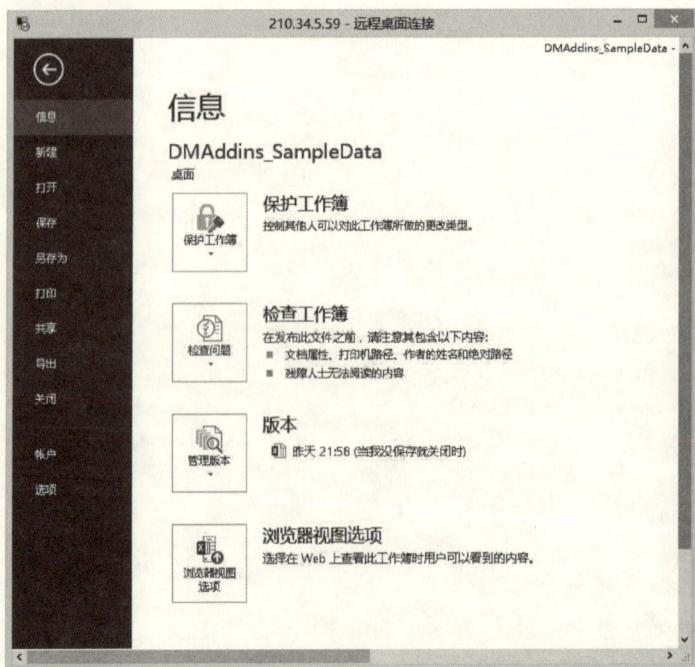

【步骤二】点击"加载项"。

【步骤三】在"管理"处选择"COM 加载项"。

【步骤四】点击"转到"。

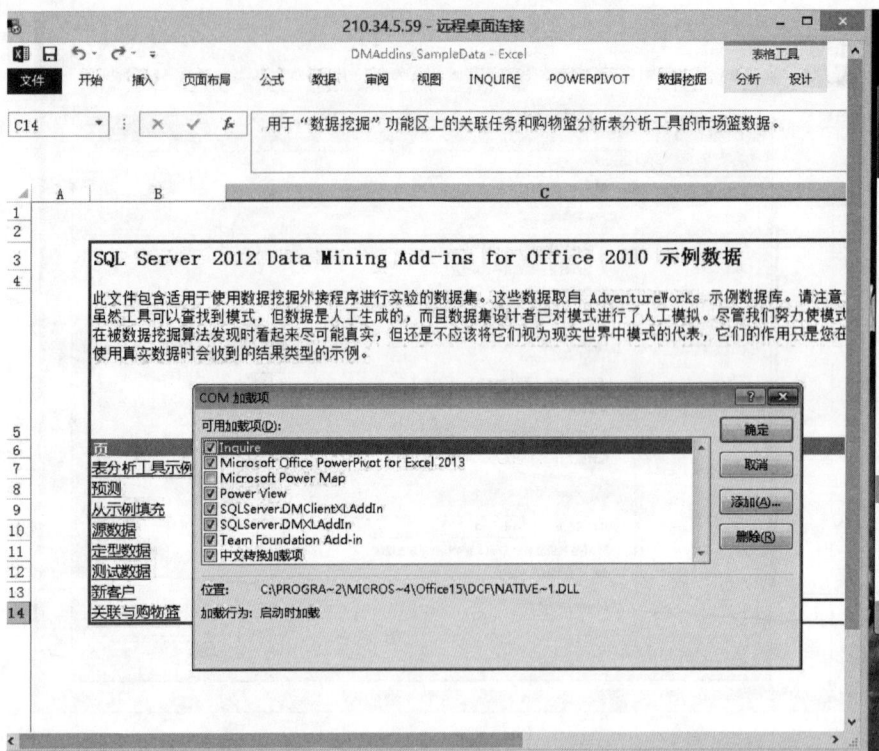

【步骤五】选择勾选"PowerView"点击"确定"。在插入菜单下出现 PowerView 操作图标。

【步骤六】进入 Table Analysis Tool Sample 工作表，选中数据，点击"PowerView"图标。

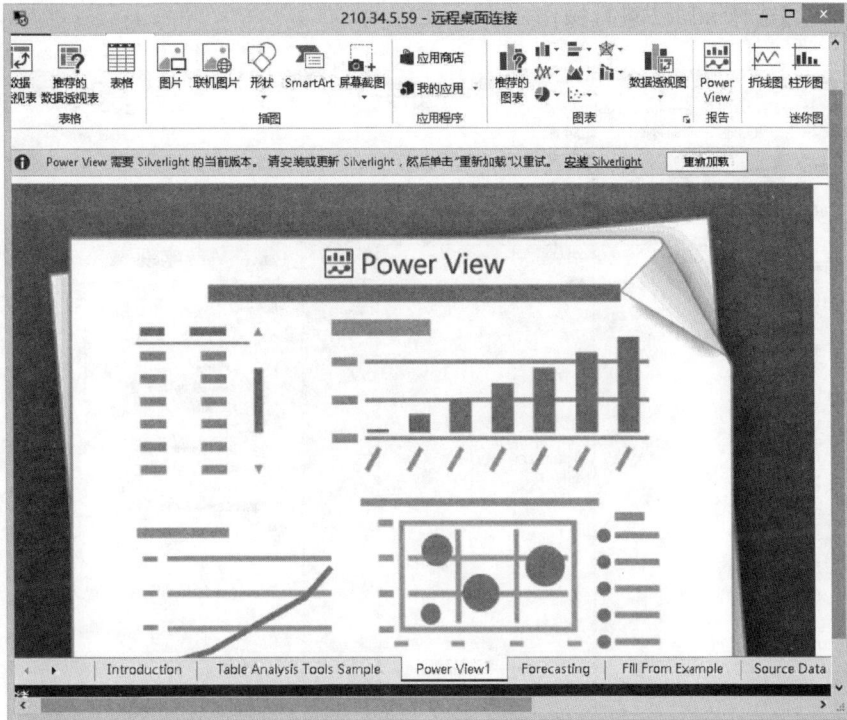

【步骤七】点击"安装 Siverlight",装好后点击"重新加载",进入 PowerView 界面。

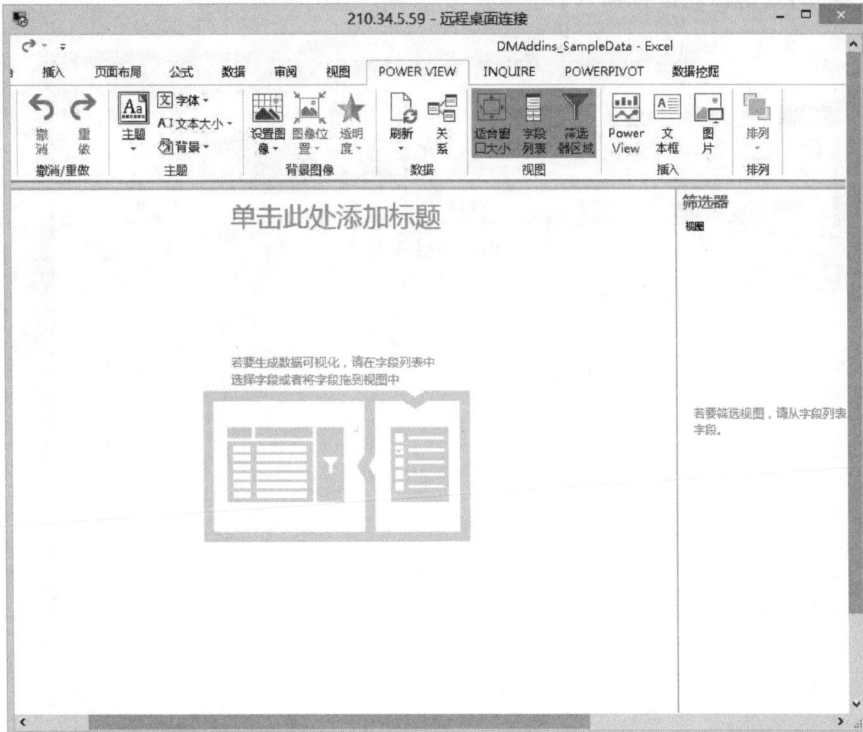

【步骤八】选择 table2 进行操作。

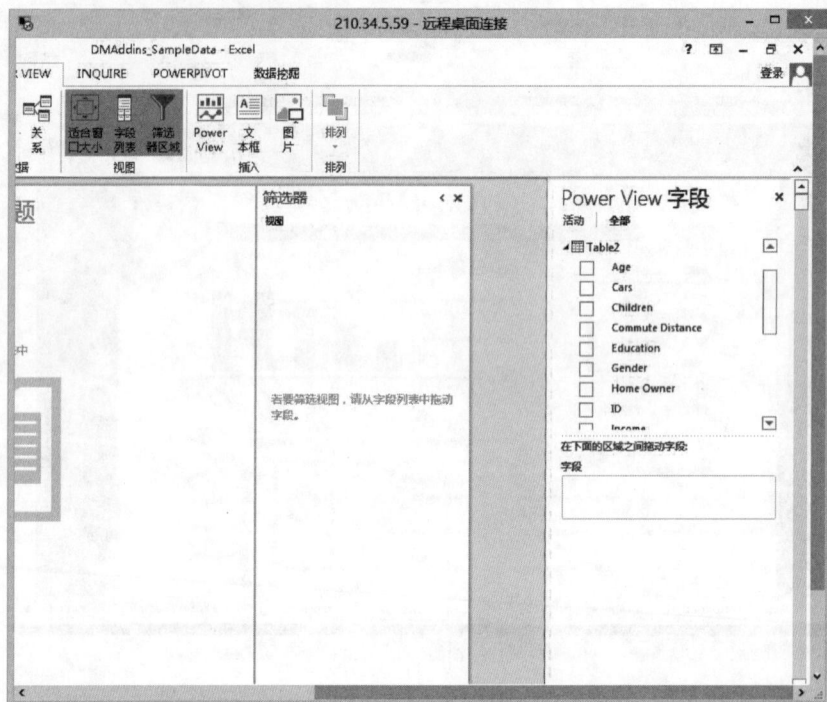

【步骤九】点击标题进行输入。

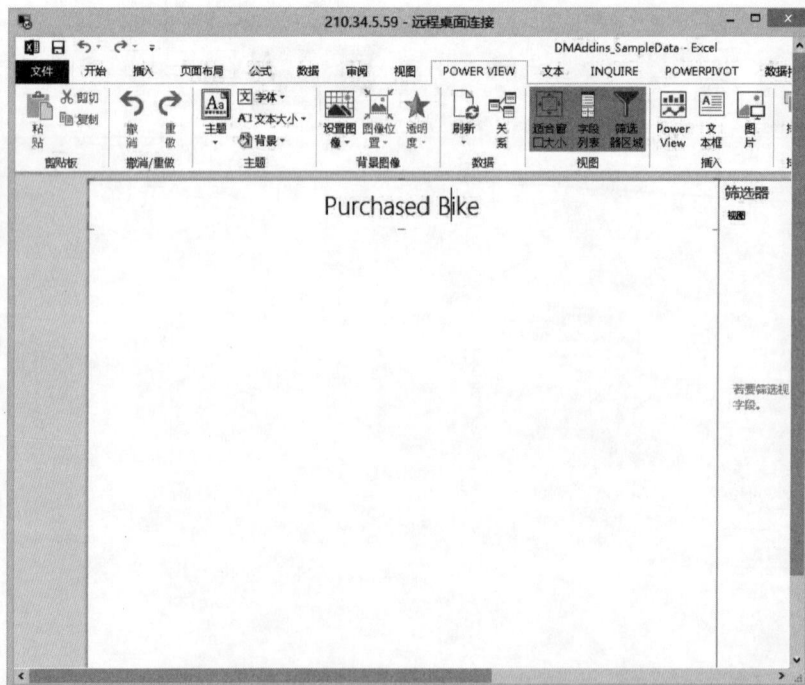

【步骤十】在右侧的 PowerView 字段中，选择要研究的变量，一次选择 Purchased Bike、Age、Car、Children，在下方的字段中出现所选字段。在左侧出现数据表。

【步骤十一】点击字段上各个变量后的倒三角。选择不汇总，右方的表格内出现原始数据。

【步骤十二】为了研究买自行车与否与其他各个变量的关系，我们将 Purchased Bike 选择为不汇总，其他选择为平均值。

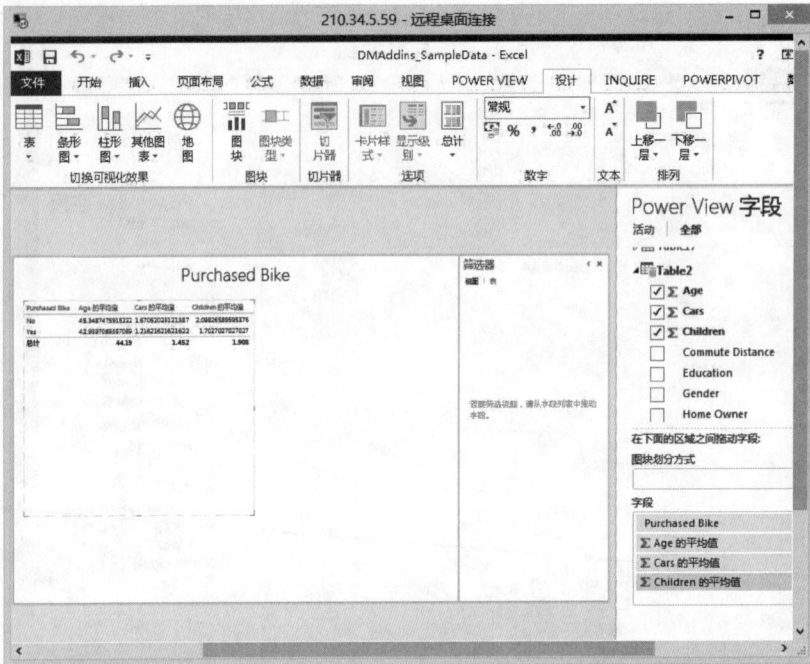

【步骤十三】为研究买自行车与否与孩子数目的关系，我们删除 Age 和 Cars，保留 Children 字段。点击 Age 和 Cars 后面的倒三角，选择删除字段。

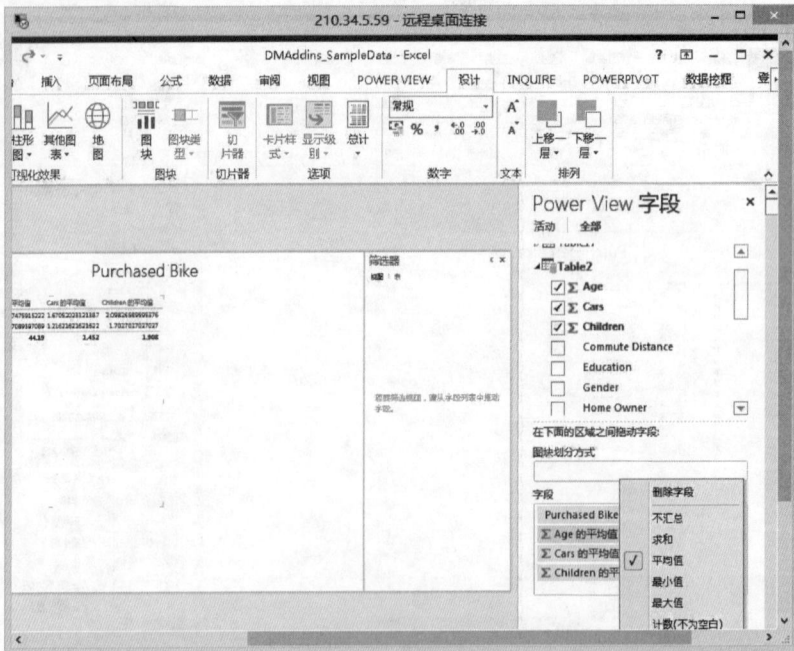

【步骤十四】点击"柱形图",选择簇状柱形图。

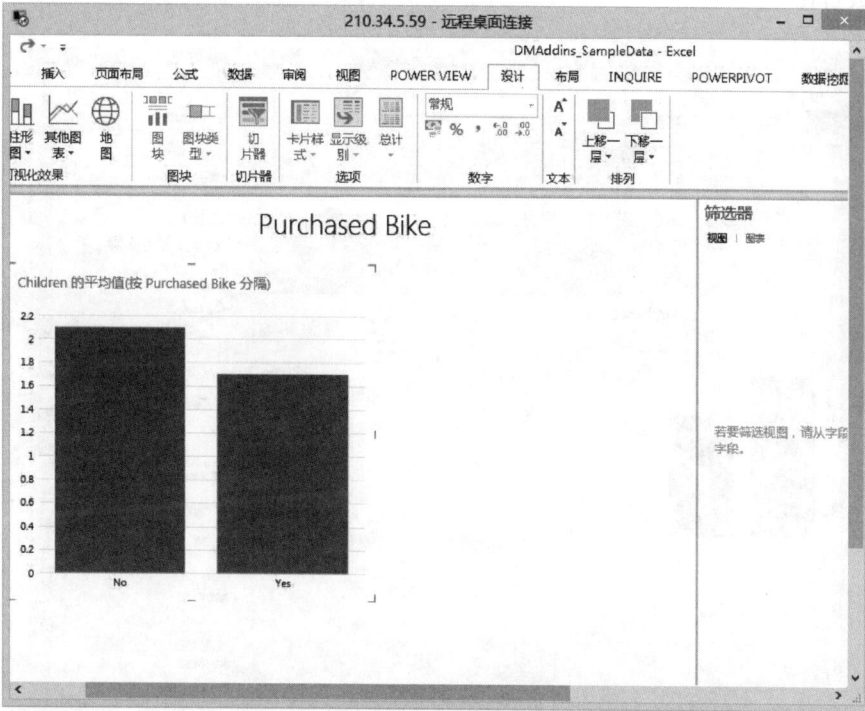

【步骤十五】将 Gender 字段拖到筛选器里。

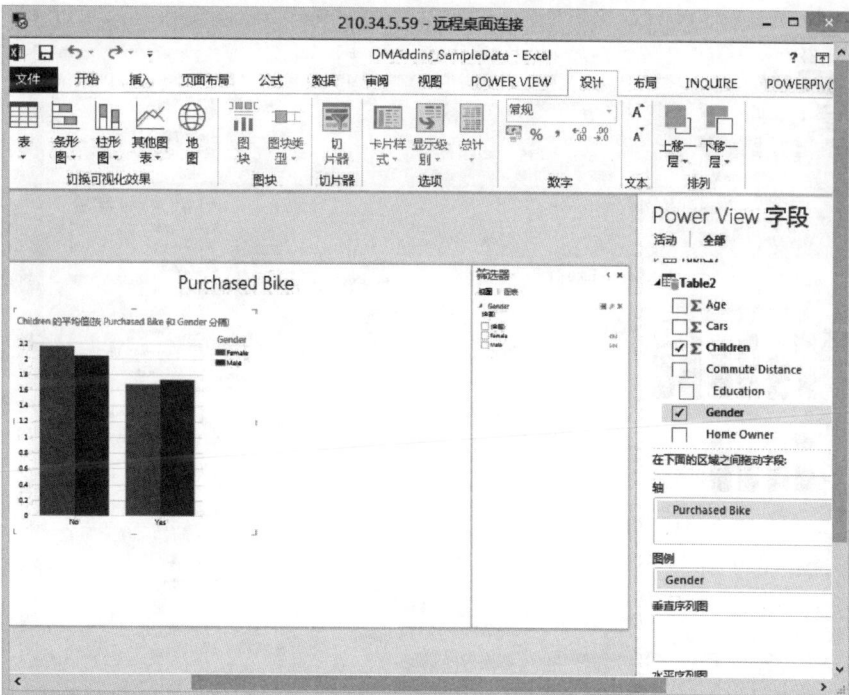

【步骤十六】点击"Female"出现买自行车的女性平均孩子数目和不买自行车的女性的孩子数目比。

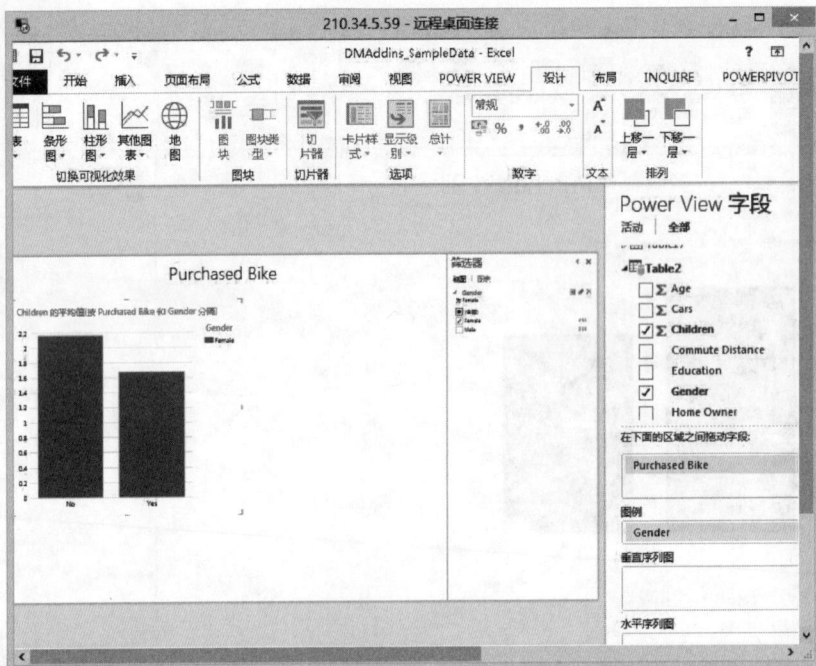

【步骤十七】将 Education 拖到垂直序列图,选择所有 Gender 的全部类别。

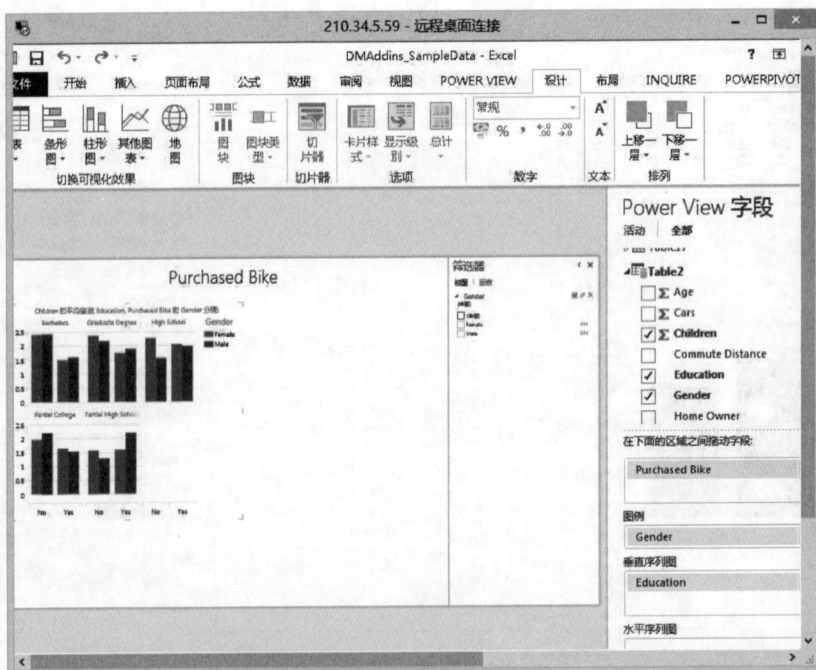

附录三
Power Map

1.Power Map 简介

Microsoft Power Map for Excel 是 Microsoft Excel 2013 中提供的一个 3D 可视化工具,该项技术将 Excel 的资料与 Bing 地图结合,通过 3D 互动图表呈现。不同于传统的 2D 图表,使用者可以利用 Power Map 将地理数据和时序数据在 3D 球面上可视化,还可以考察数据随着时间的变化过程,方便使用者既能按照地理位置来查询数据,又能以立体的角度全方位审视数据。

使用 Power Map,你可以:

• 可视化数据。在 Bing 地图上将 Excel 工作表中的数据以 3D 的方式呈现出来,可处理超过 100 万行的数据。

• 发现数据规律。从数据的 3D 图中直观地发现数据的地理规律,并探索数据的动态时间发展趋势。

• 结果共享。Power Map 允许使用者进行结果的动态演示,也允许将结果以视频的形式导出,或者对当前页面进行截屏,方便共享。

2.数据要求

Power Map 所使用的数据必须是 Excel 数据或者是使用 Excel 和 Power Pivot 建立的数据模型,它不能使用外接数据源,也不支持数据模型中的分类数据。另外 Power Map 要求数据中至少有一列的地理变量,Power Map 的准确性取决于地理变量所提供的图层数量信息。当使用的是时序数据时,还要求有一列时间变量。

Power Map 支持以下几种地理变量格式,示例数据格式如图 1 所示。

• Latitude/Longitude

• Street address

301

- City
- Country
- State/Province
- Zip Code/Postal Code
- Country/Region

State	County	Capacity (Megawatts)
CA	Butte	5.5
WI	Marinette	2.2
MI	Chippewa	0.5
MI	Chippewa	0.6
WI	St Croix	0.8
WI	St Croix	0.8
WI	St Croix	0.8
CA	Placer	1
CA	Placer	1
NY	Lewis	0.4
CA	Siskiyou	0.5
CA	San Bernardino	1
CT	Litchfield	1.2

图 1　Power Map 示例数据

3.安装 Power Map

Power Map 只能在 Excel 2013 Professional Plus 中运行,因此在安装 Power Map 之前必须确保 Office 版本为 Microsoft Office 2013 Professional Plus。

首先在 Microsoft Office Download Center 下载 Power Map,安装完毕后,打开 Excel 2013,在插入菜单栏下可以找到 Power Map 项,如图 2 所示。

图 2　Excel 2013 菜单栏

如果在插入菜单栏下找不到 Power Map 项,打开 Excel 文件→选项→加载项→COM 加载项→转到,在加载项中找到 Microsoft Power Map,点击"确定"。

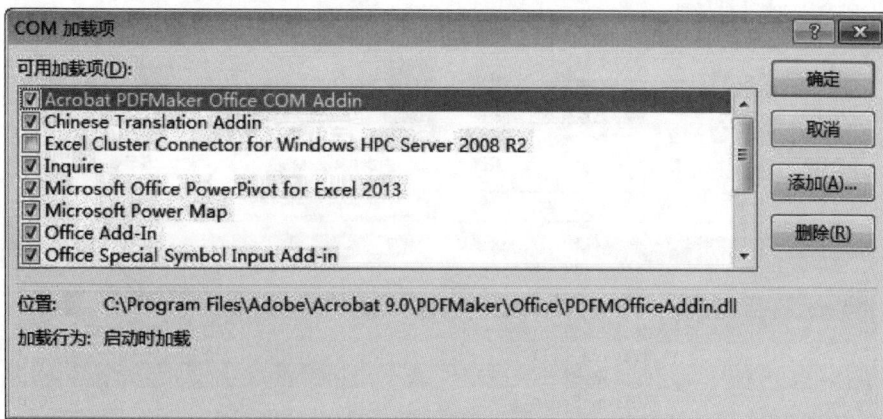

图 3　Excel 中的 COM 加载项

4.Power Map 的功能实现

使用 Microsoft Power Map site 中的示例数据 Growth of US Electrical Power Generation 1900－2008.xlsx。

【步骤一】打开 Power Map，会出现一个空白的地图界面，回到 Excel 工作表中，将选定数据添加到 Power Map 中。

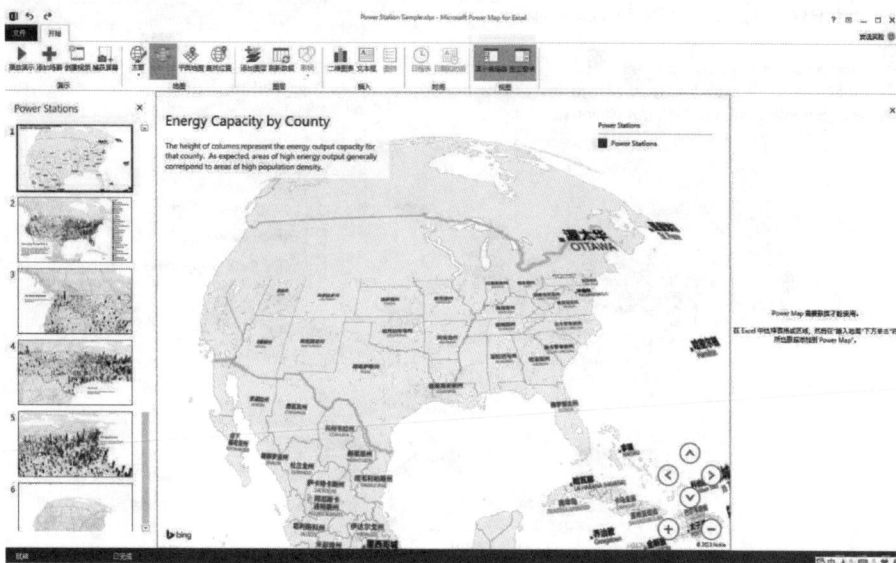

图 4　启动 Power Map

图 5 将选定数据添加到 Power Map

【步骤二】对数据进行地理编码。

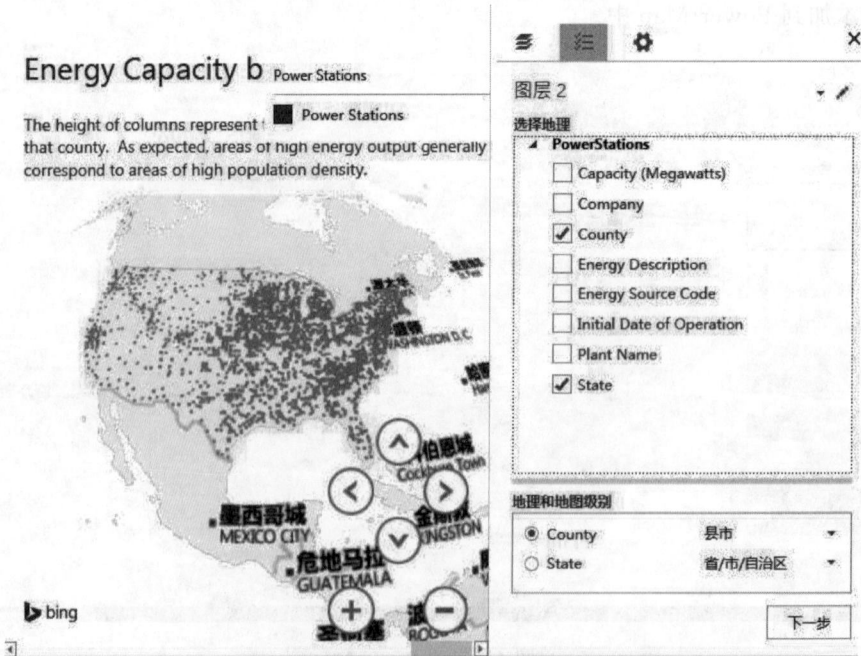

图 6 以 county 为地理变量生成的样本点分布图

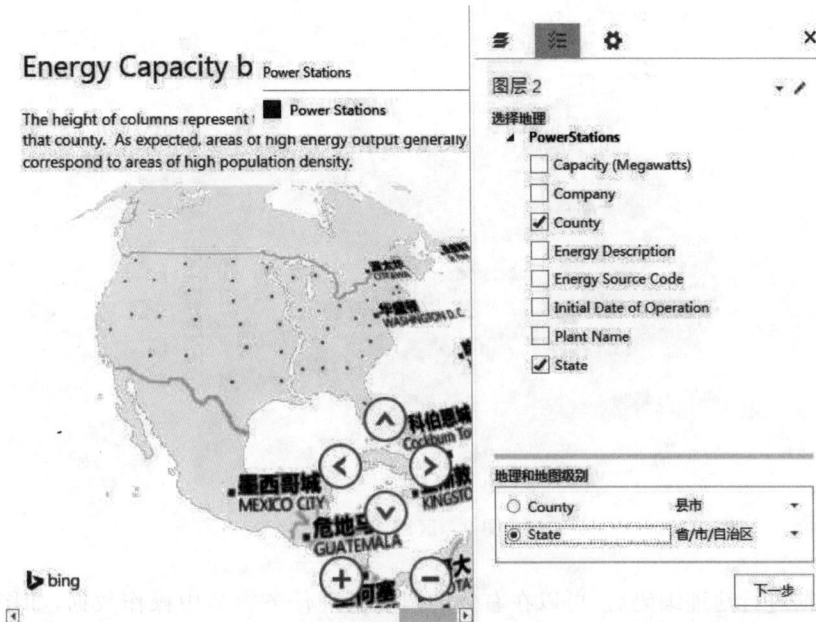

图 7 以 state 为地理变量

Power Map 会自动地检测地理变量,被识别的地理变量在右下角"地理和地图级别"中显示,Power Map 自动将 county 定义为县市,将 state 定义为省/市/自治区,若自动识别有误可在右侧栏中手动修改。在"地理和地图识别"下选择地理变量,Power Map 根据该地理变量,在 Bing 地图上生成基本的样本点分布图,点击"下一步"。

【步骤三】数据的 3D 可视化。

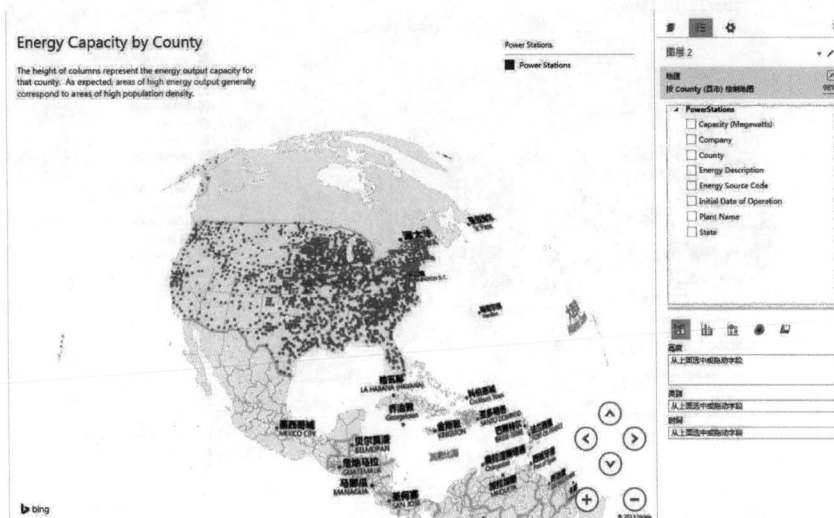

图 8 在图层管理窗格中选择变量和图表类型

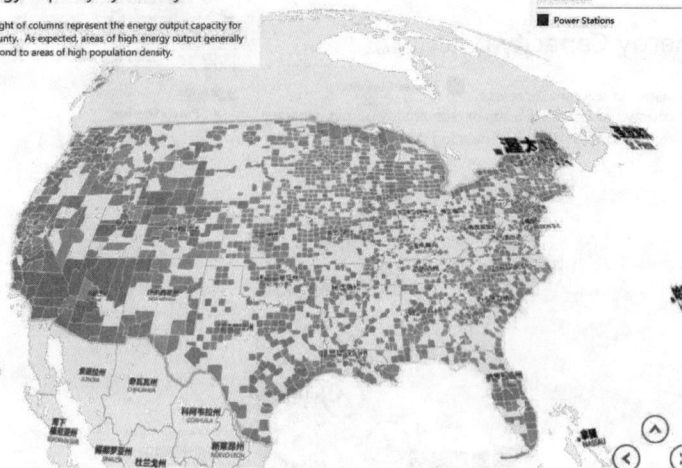

图 9　区域图示例

对数据进行地理编码后,可以在右侧的图层管理任务窗格中操作数据,如图 7 所示,在图层 2 的窗格上方选择变量,数值变量显示在下方"高度"中,分类变量显示在"类别"中。在"高度"中,可选择变量值的函数,包括求和、平均、计数等。窗格中间栏选择图表类型,可供选择的图表类型有堆积柱形图、柱状柱形图、泡泡图、热图和区域图。如图 9 的区域图,描述了 energy capacity 在 county 中的分布情况,颜色越深表示对应 county 的 energy capacity 越大。也可以直接将窗格上方的变量拖动到下方"高度""类别""时间"中。

【步骤四】数据的动态时间可视化。

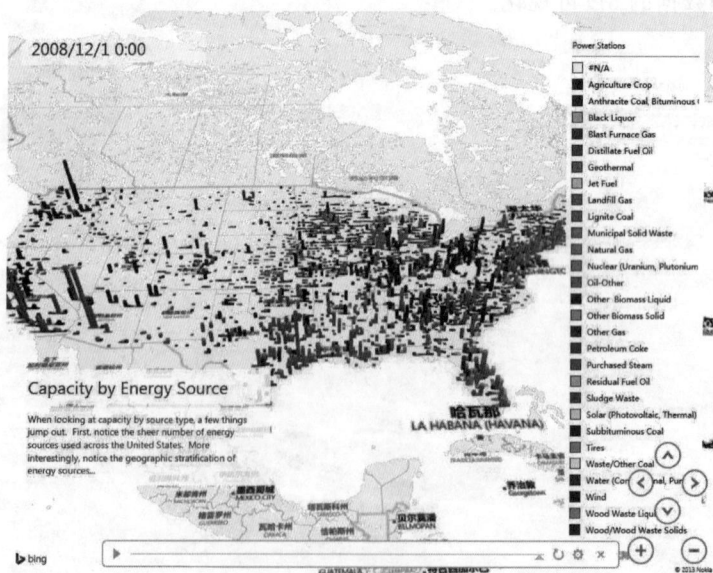

图 10　时间轴

Power Map 还可以用于观察各地理位置的数据动态变化过程。在图层管理窗格加入时间变量后,如在该例子中,勾选 initial date of operation 时间变量,地图下方会出现一个时间轴栏,Power Map 会根据该时间变量实现数据的动态演示。

【步骤五】更新数据。

Power Map 允许数据的更新。当 Excel 中的数据变动后,在 Power Map 菜单栏中选择"刷新数据",则地图会根据数据自动更新。另外也可以回到 Excel 工作表界面,重新选定加入 Power Map 数据区域。

【步骤六】插入 2D 图表。

图 11　插入 2D 图表

2D 图表可以展示排名前 100 位的值和排名后 100 位的值。点击菜单栏中的"二维图表"创建 2D 图。图 12 为按 county 排序的 capacity 前 100 名 2D 图,点击 2D 图标题下方"最前 100 个位置"可以在前 100 位和后 100 位之间切换,点击"排序按 capacity"可以切换所要排序的变量。另外当加入分类变量后,2D 图右上角还可改变图的类型。

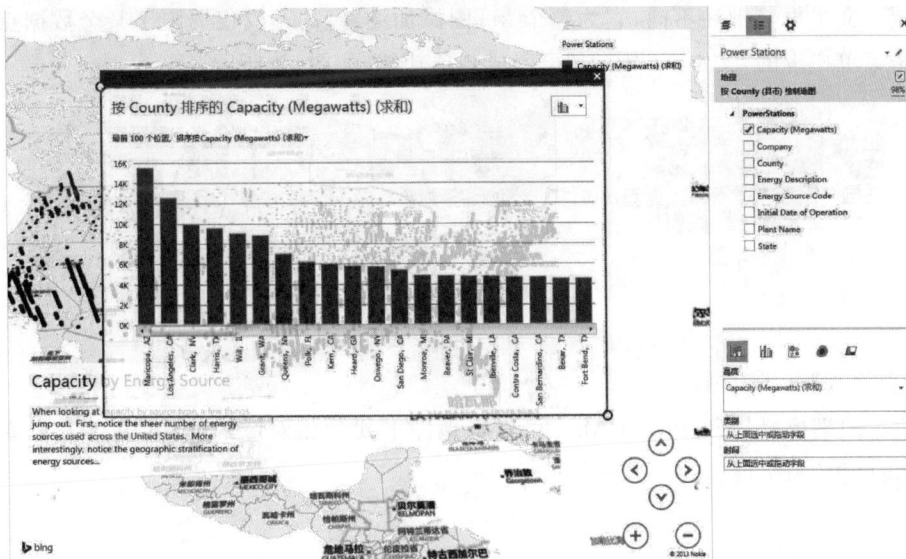

图 12　按 county 排序的 capacity 前 100 名

【步骤七】插入批注、文本框和图例。

Power Map 可以在地图上为数据添加批注,便于突出该数据点,或者为该数据点添加说明。首先在图上选择一个数据点,然后右键选择"添加批注"。在弹出的批注窗口中输入标题和内容,点击"确定",如图 13 所示。

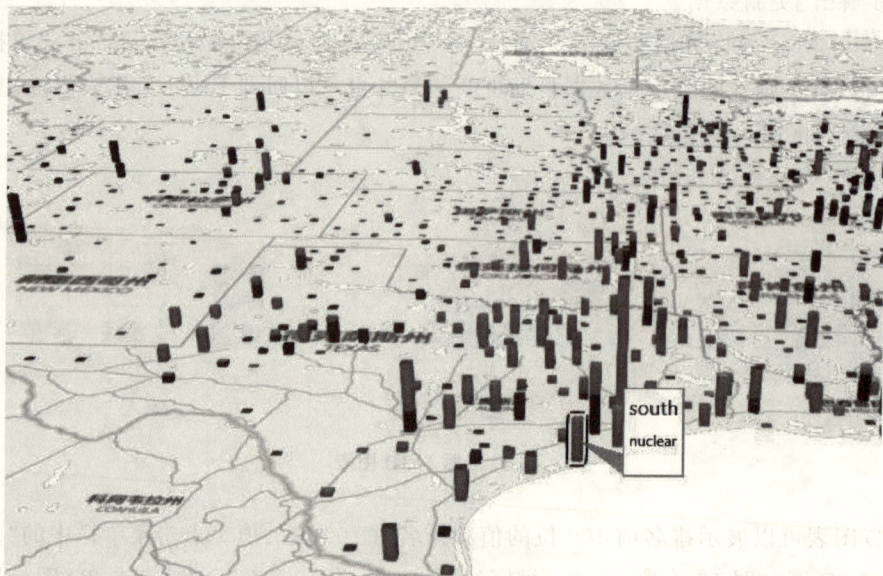

图 13　添加批注

Power Map 还可以实现插入文本框和图例,插入的文本框和图例均显示在 3D 图的最上层。文本框与批注不同,它为整个 3D 图添加注释,而不仅仅局限于某个数据点。通过点击菜单栏上的"文本框""图例"可完成各项功能,如图 14 所示。

图 14　插入文本框、图例

【步骤八】查找数据点。

给定地理位置信息,Power Map 可以在地图上找到相对应的值,通过点击菜单栏中的"查找位置"来实现。

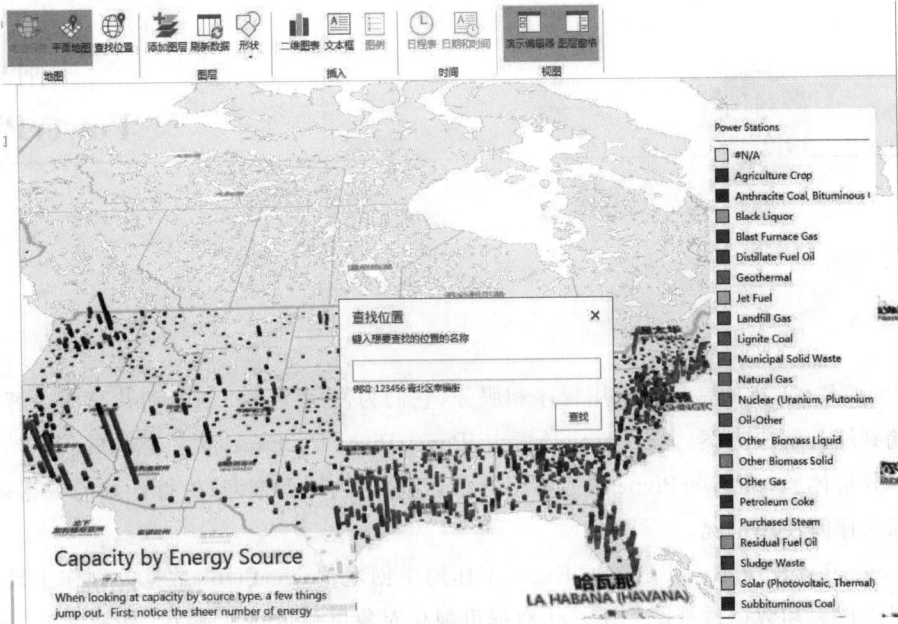

图 15　查找数据点

【步骤九】添加场景、更改主题和创建视频。

图 16　添加场景、更改主题和创建视频

Power Map 允许使用者根据需要添加场景，更改主题，"演示播放"在全屏下显示。另外可以将现有展示生成连贯的视频，方便使用者在 YouTube、Facebook 等发布共享。

Power Map 没有"保存"按钮，可以通过回到 Excel 工作表界面保存工作表，即可保存对应的 Power Map 内容。如果没有保存直接退出，下次启动 Power Map 时将显示空白地图界面。

附录四
PowerPivot

PowerPivot 指的是一组应用程序和服务，它们为使用 Excel 创建和共享商业智能提供了端到端的解决方案。在 Excel 环境中，PowerPivot for Excel 提供熟悉的工作站式的创作和分析体验。PowerPivot 服务器组件可加载数据、处理查询、执行计划的数据刷新，并跟踪工作簿使用情况。

PowerPivot for Excel 是用于 Excel 工作簿中创建 PowerPivot 数据的创作工具。使用数据透视表和数据透视图等 Excel 数据可视化对象可显示在 Excel 工作簿文件（.xlsx）中嵌入或引用的 PowerPivot 数据。

1.PowerPivot 加载

【步骤一】在 Excel 的操作界面中点击"文件"下的"选项"，之后点击"加载项"。

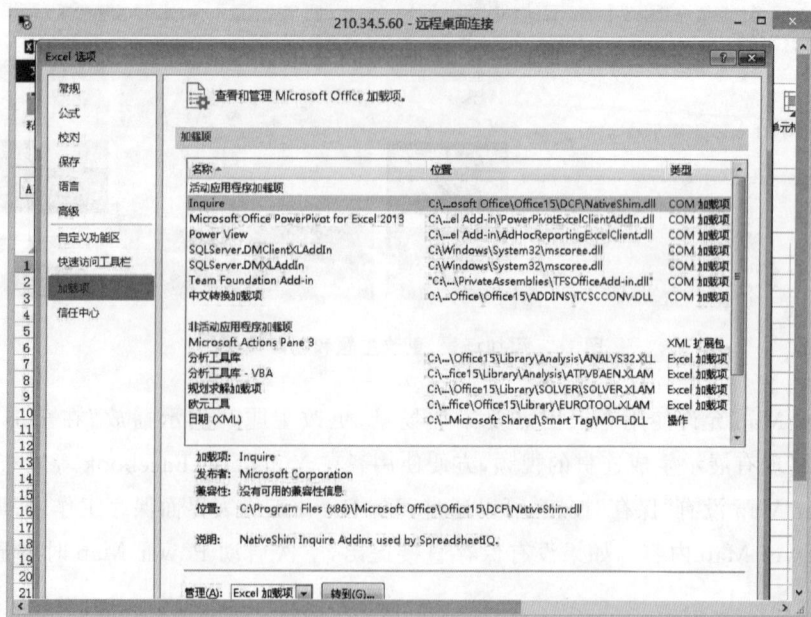

【步骤二】在"管理"中选择"COM 加载项",点击"转到"。

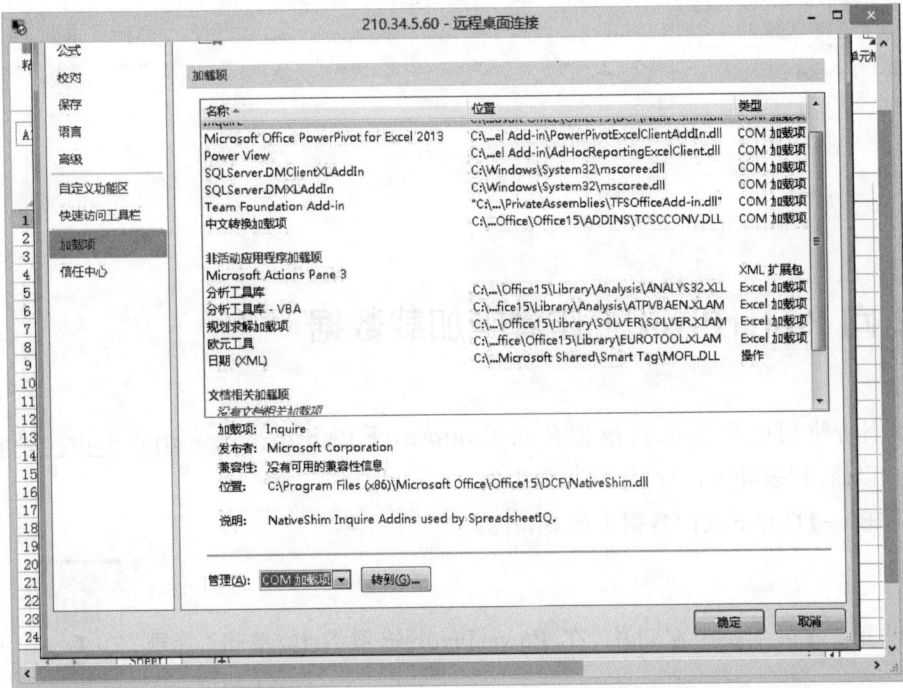

【步骤三】勾选"Microsoft Office PowerPivot for Excel 2013"。

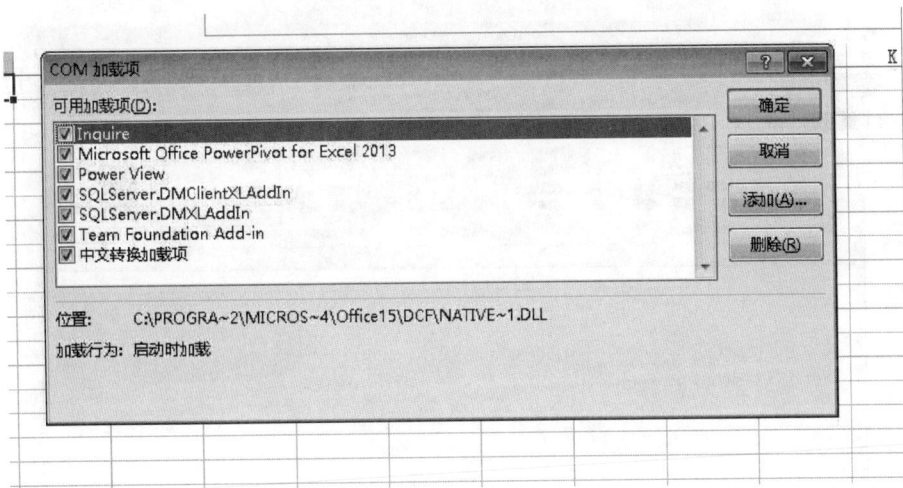

【步骤四】点击"确定",在操作界面出现 POWERPIVOT 选项。

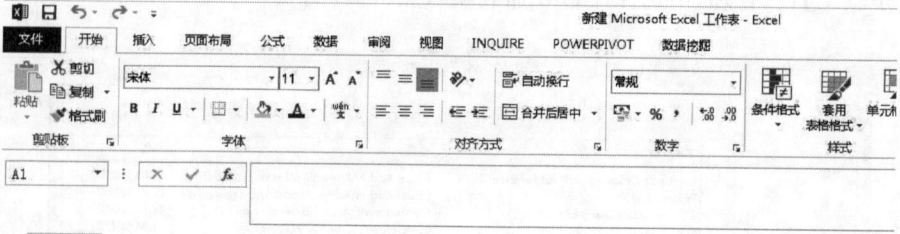

2.向 PowerPivot 工作簿中加载数据

本书所使用的数据来自虚拟公司 Contoso，下载 http://powerpivotsdr.codeplex.com/。以使用"表导入向导"添加数据为例：

【步骤一】打开下载的数据中的 Stores。

【步骤二】在 Excel 窗口中，在 PowerPivot 选项卡上，单击"管理"，进入

PowerPivot 窗口。

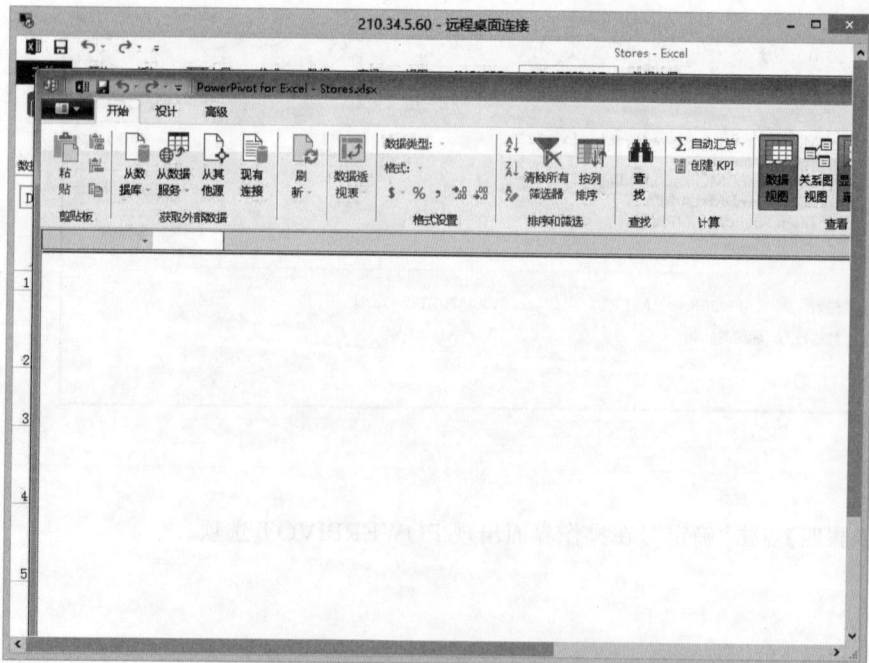

【步骤三】在 PowerPivot 窗口中,在"开始"选项卡上,单击"从数据库",然后单击"从
Access"。"表导入向导"将启动。

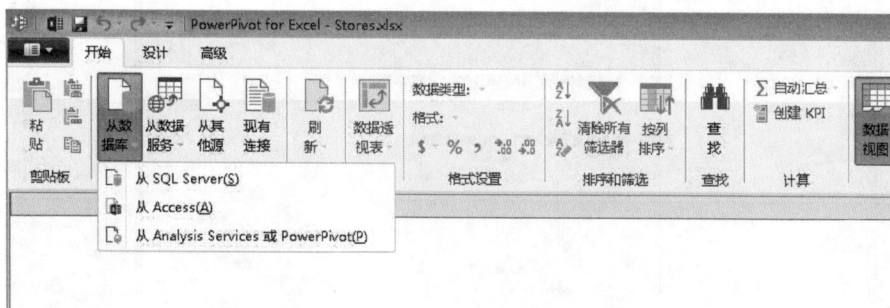

【步骤四】在"友好的连接名称"框中,键入"ContosoDB from Access"。在"数据库名
称"框的右侧,单击"浏览"。找到存放所下载示例文件的位置,选择"ContosoSales",单击
"打开",然后单击"下一步"以便继续。

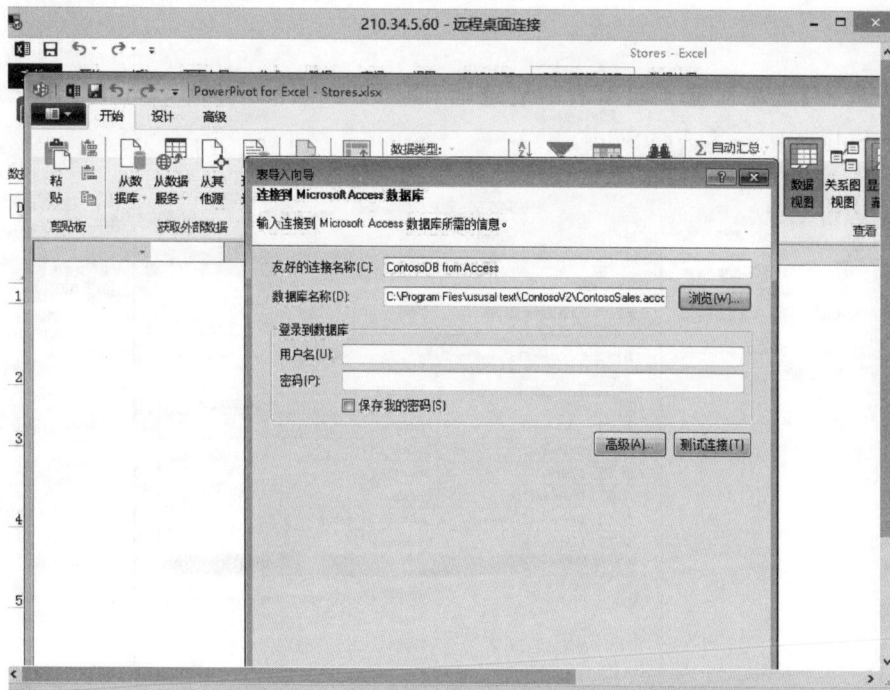

【步骤五】确认选择了"从表和视图的列表中进行选择,以便选择要导入的数据",然后
单击"下一步"以便显示数据库内所有源数据表的列表。

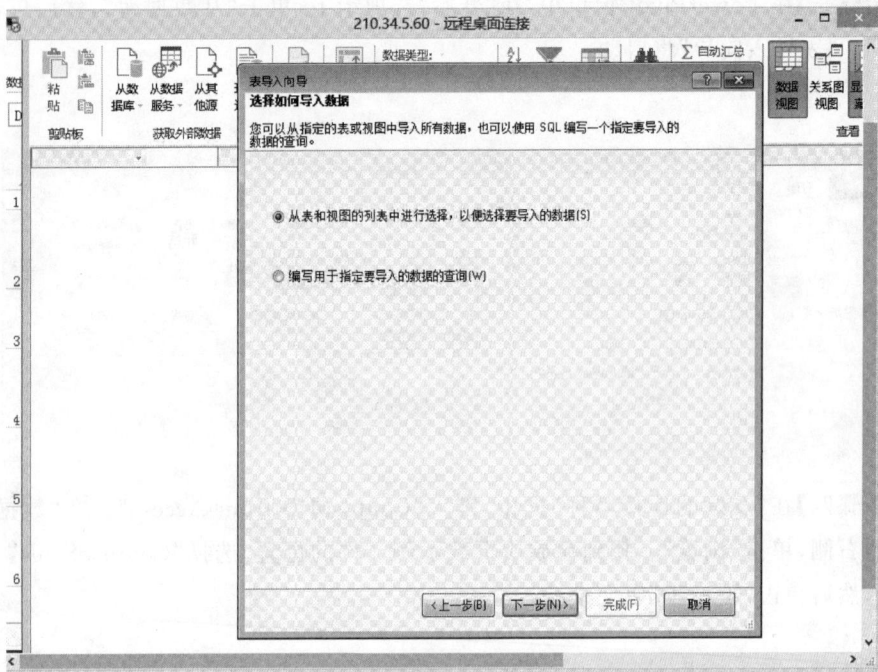

【步骤六】选中对应于以下表的复选框：DimChannel、DimDate、DimProduct、Dim-ProductSubcategory 和 FactSales。

【步骤七】导入之前对表数据进行筛选。选择 DimProduct 表中的列,然后单击"预览并筛选"。"预览选择的表"对话框将打开,其中显示 DimProduct 表中的所有列。

【步骤八】向右滚动,取消选中列顶部对应于从 ClassID 到 StockTypeName 的所有列(共 15 列,在 UnitCost 之前停止)的复选框,然后单击"确定"。

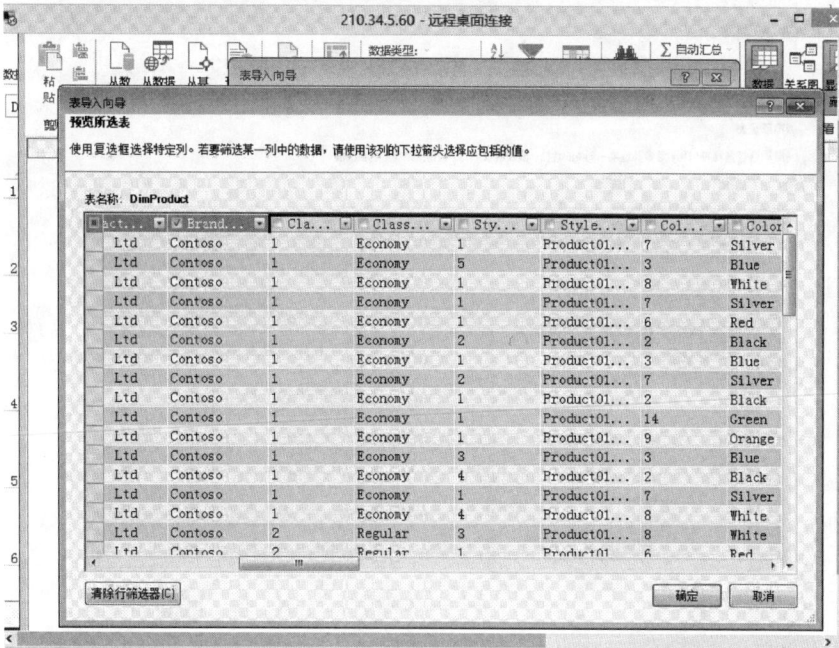

【步骤九】请选择对应于 DimProductSubcategory 的列,然后单击"预览并筛选"。

【步骤十】在 ProductCategoryKey 列的顶部,单击单元右侧的箭头,向下滚动,取消选择 7 和 8,然后单击"确定"。类别 7 和 8 中包括游戏和家用电器,如不想在分析中包括它们,该单元中的箭头将更改为筛选器图标。

【步骤十一】在 ProductSubcategoryDescription 列的顶部,取消选中单元左侧的复选框。由于说明与名称几乎是相同的,因此无须同时导入这两列,并且消除不需要的列将使工作簿更小且更易于导航。单击"确定"。

导入选择的表和列数据点击"完成",运行结果如下图:

3.在数据之间创建关系

【步骤一】在 PowerPivot 窗口中单击"设计"选项卡,然后在"关系"组中单击"管理关系",查看已存在的关系。

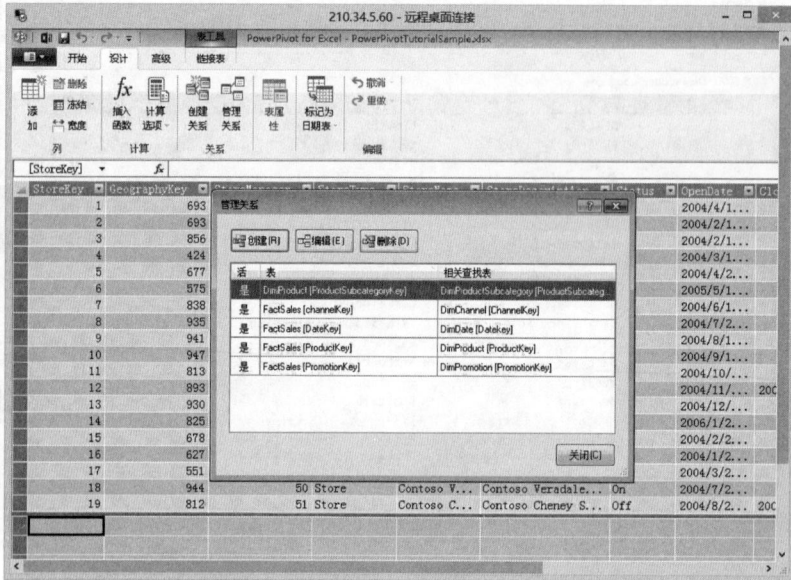

【步骤二】单击 Stores 工具表,右键单击 GeographyKey 列标题,然后选择"创建关系"。

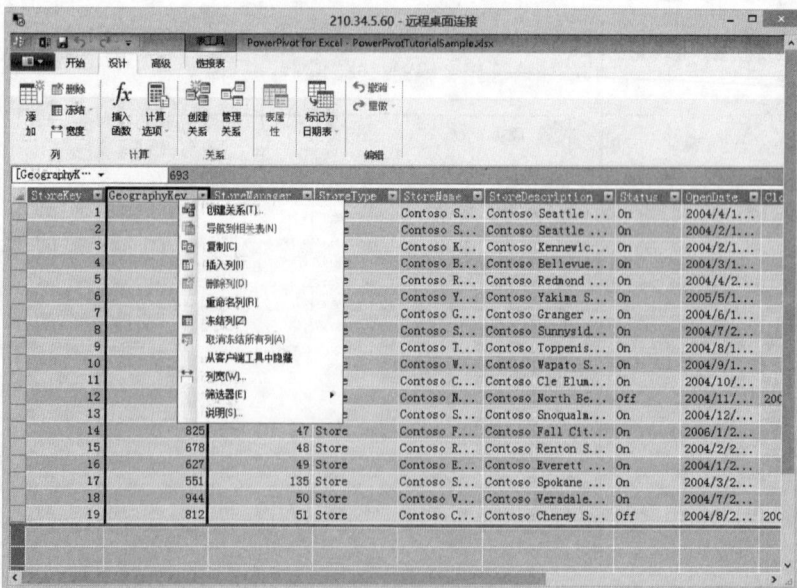

【步骤三】在"相关查找表"框中，选择"Geography"（从 Excel 工作表中粘贴后重命名的表）。在"相关查找列"框中，请确保选择"GeographyKey"，单击"创建"。

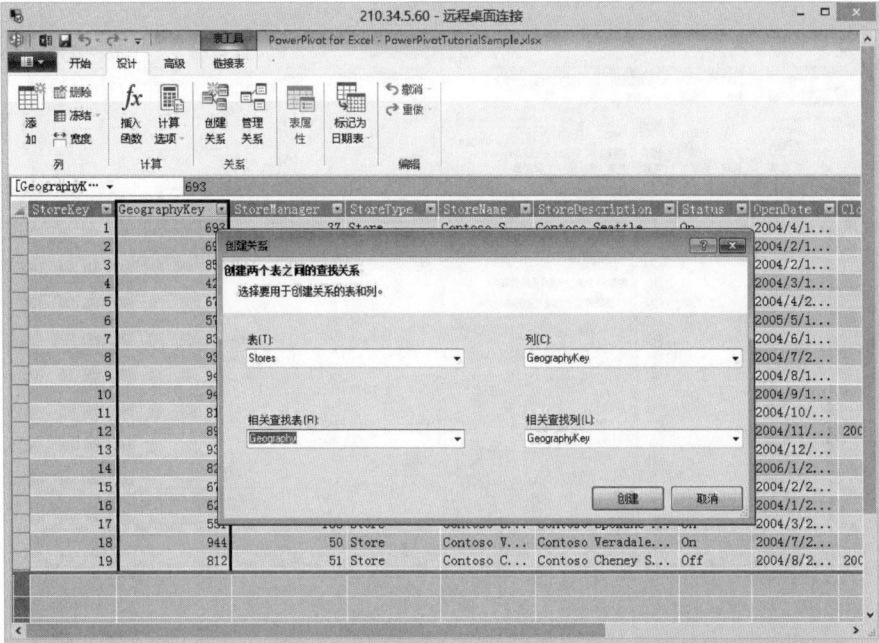

【步骤四】在创建了该关系后，在列顶部将显示一个图标。指向单元以便显示关系详细信息。

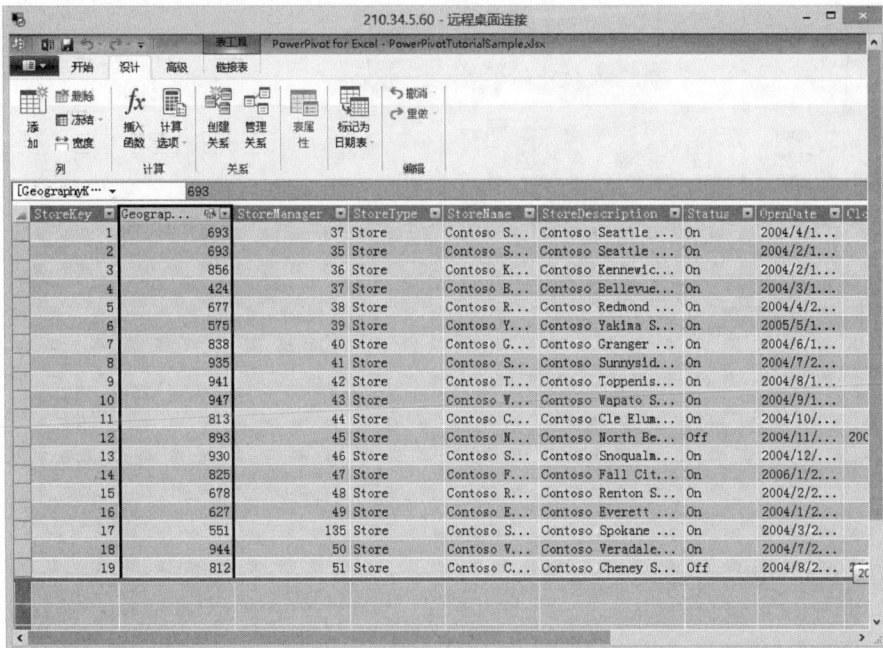

319

以下步骤介绍创建关系的方法。

【步骤五】单击 Stores 选项卡。选择 StoreKey 列。在"设计"选项卡上，单击"创建关系"。在"相关查找表"框中，选择 FactSales。在"相关查找列"框中，请确保选择 StoreKey。

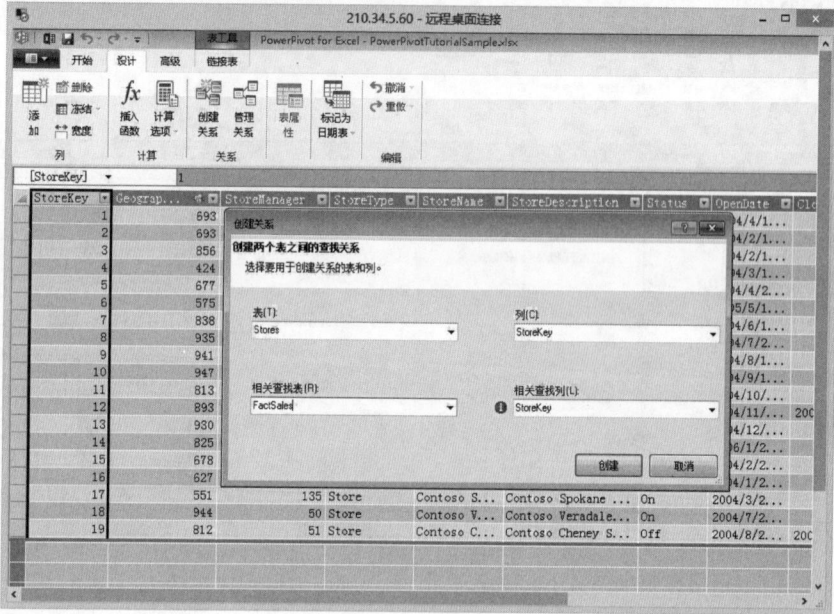

【步骤六】颠倒顺序。从"表"框中选择 dbo_FactSales，然后从"列"框中选择 StoreKey。选择 Stores 作为"相关查找表"，然后选择 StoreKey 作为"相关查找列"。单击"创建"。

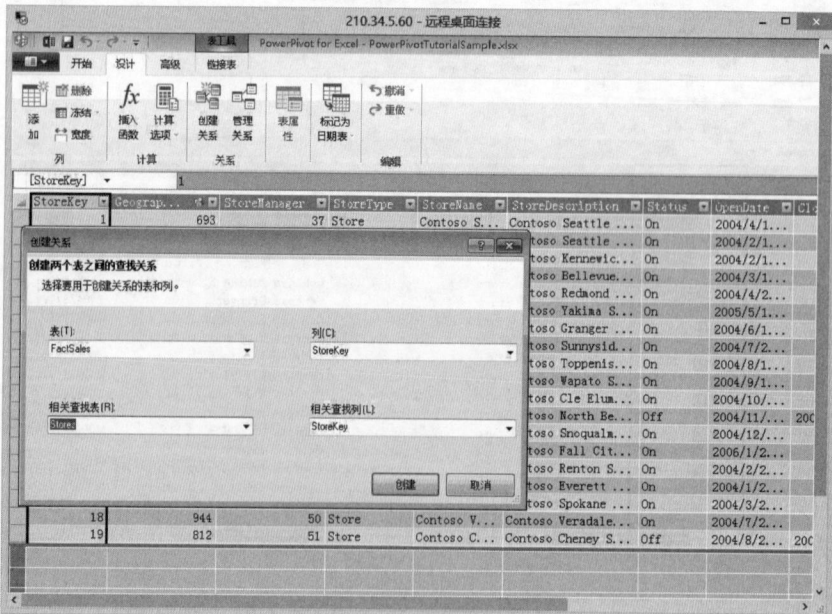

4.创建计算列

(1)创建总利润的计算列

【步骤一】在 PowerPivot 窗口中,切换回到"数据视图",然后选择 FactSales 表。

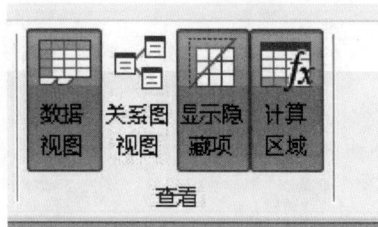

【步骤二】在"设计"选项卡上的"列"组中,单击"添加"。

【步骤三】在表上面的公式栏中，键入以下公式：＝[SalesAmount] － [TotalCost] － [ReturnAmount]。在完成公式的建立后，按 Enter 以接受该公式。

【步骤四】此时将为计算列中的所有行填充值。如果在表中向下滚动，将看到行对于此列可以具有不同的值（基于每行中的数据）。

【步骤五】右键单击"CalculatedColumn 1"并选择"重命名列"以重命名列。键入"To-talProfit"，然后按 Enter。

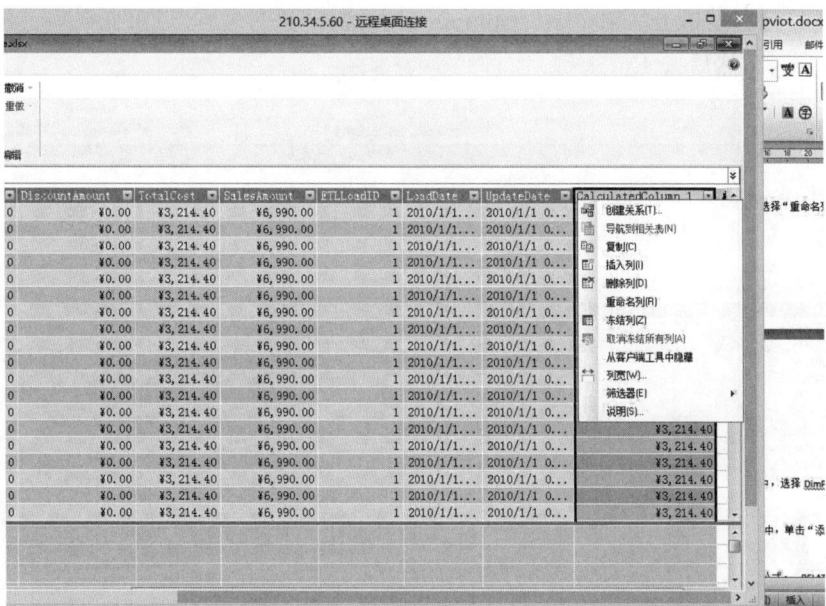

(2)创建相关数据的计算列

【步骤一】在 PowerPivot 窗口的数据视图中,选择 DimProduct 表。在"设计"选项卡上的"列"组中,单击"添加"。在表上面的编辑栏中,键入以下公式:＝RELATED(ProductCategory[ProductCategoryName])。RELATED 函数将返回相关表中的一个值。在这种情况下,ProductCategory 表包含产品类别的名称,在生成包含类别信息的层次结构时,在 DimProduct 表中包含这些将非常有用。有关该函数的详细信息,请参阅 RELATED 函数。在完成公式的生成后,按 Enter 以接受该公式。

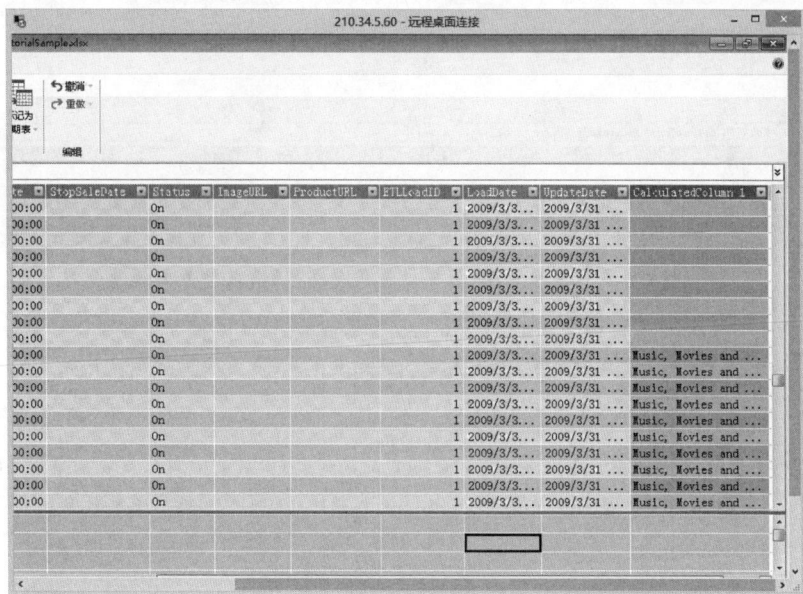

【步骤二】右键单击"CalculatedColumn 1"并选择"重命名列"以重命名列。键入"Pro-ductCategory",然后按 Enter 键。

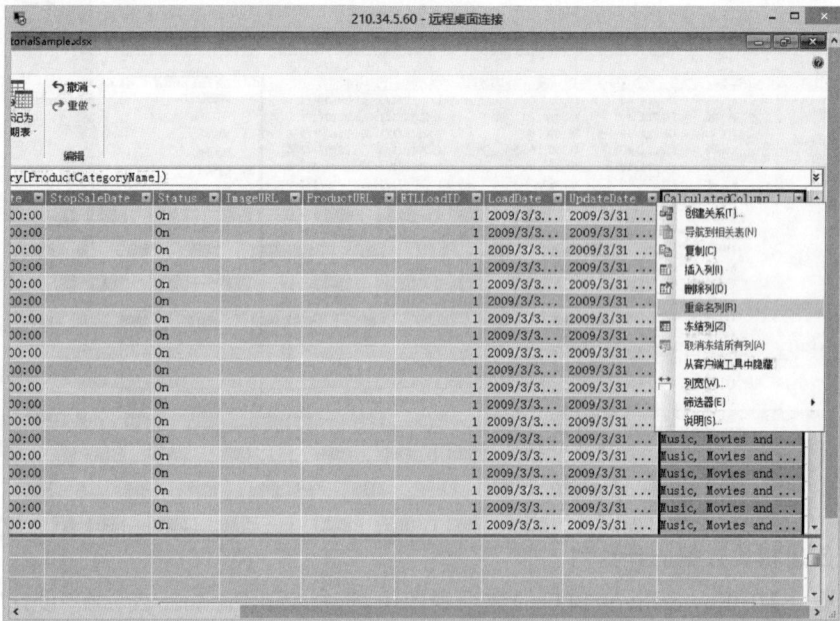

【步骤三】在"设计"选项卡上的"列"组中,单击"添加"。

【步骤四】在表上面的编辑栏中,键入以下公式:＝RELATED(DimProductSubcate-gory[ProductSubcategoryName]),然后按 ENTER 键以接受该公式。

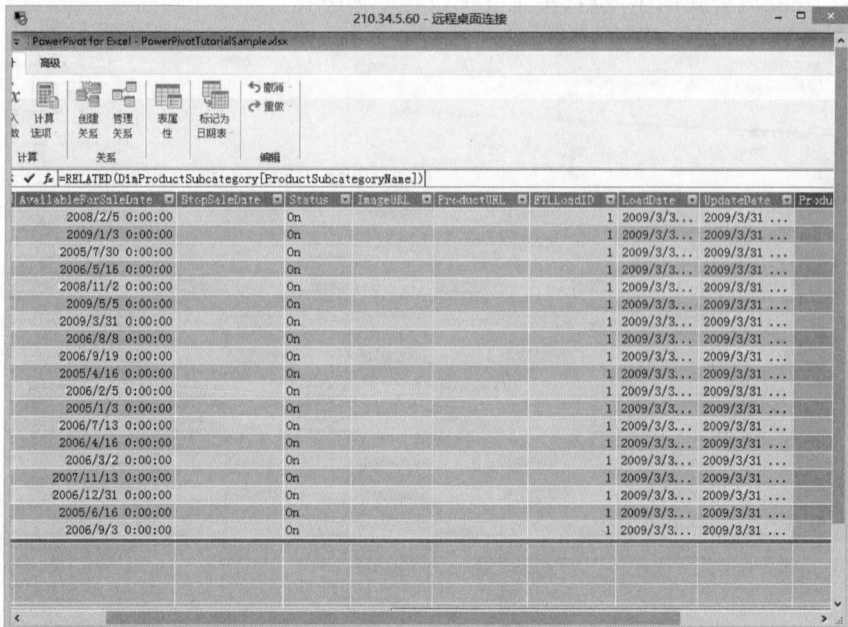

【步骤五】右键单击"CalculatedColumn 1"并选择"重命名列"以重命名列。键入
"Product Subcategory",然后按 Enter 键。

5.创建数据透视表

【步骤一】在 PowerPivot 窗口中的 PowerPivot"开始"选项卡上,单击"数据透视表"。

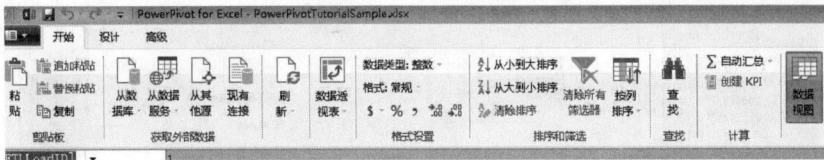

【步骤二】选择"新建工作表"。

【步骤三】点击"确定"。

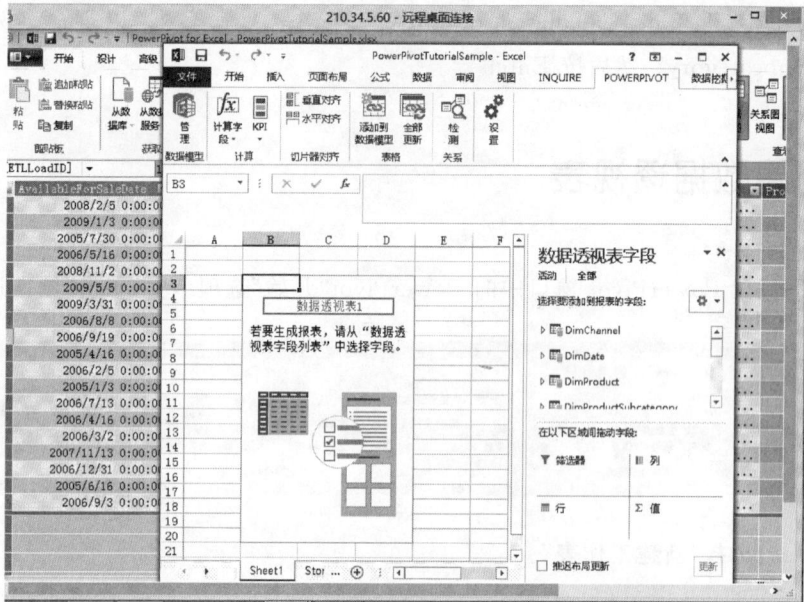

【步骤四】选择空数据透视表。出现数据透视表字段。在 PowerPivot 字段列表中,向下滚动并且找到 FactSales 表。选择"SalesAmount"字段。请确保此字段显示在字段列表的"值"窗口中。在 DimChannel 表中,选择 ChannelName 字段。将此字段移动到字段列表的"列标签"窗口中。在 DimDate 表中,选择 Dates 层次结构。如果需要,将该层次结构移动到"行标签"框。

【步骤五】通过在第一个单元中双击"Sum of SalesAmount",清除当前文本,然后键入"Sales by Channel",重命名数据透视表。

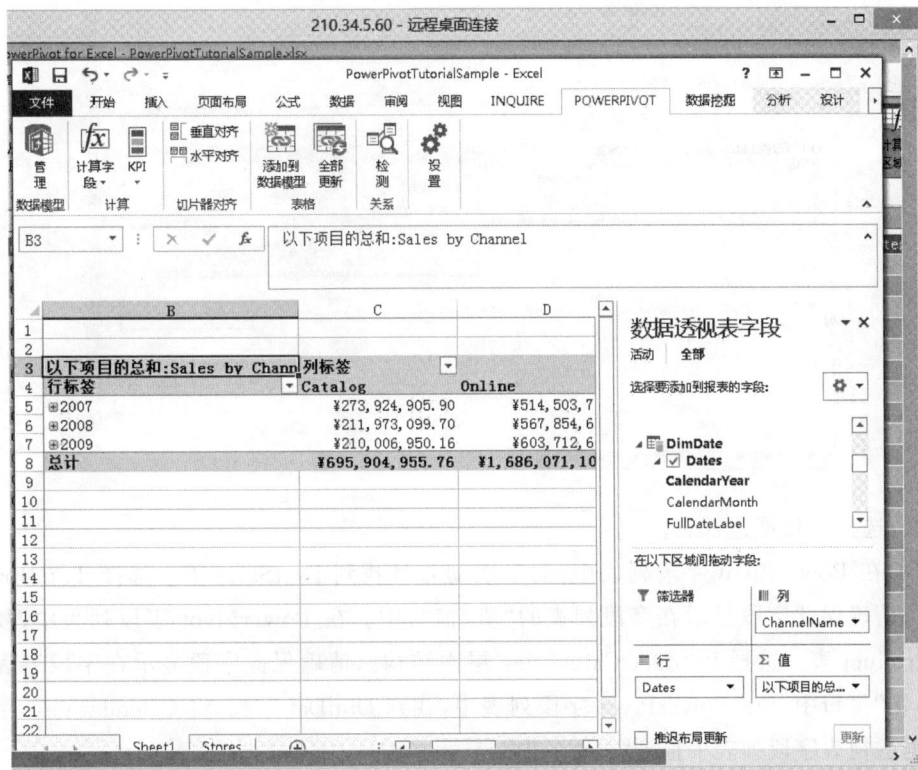

【步骤六】用同样的方法添加其他数据透视表。

（a）在 PowerPivot 窗口中的 PowerPivot"开始"选项卡上,单击"数据透视表",选择"新建工作表"。

（b）Excel 会将空的数据透视表添加到指定的位置,并且显示 PowerPivot 字段列表。

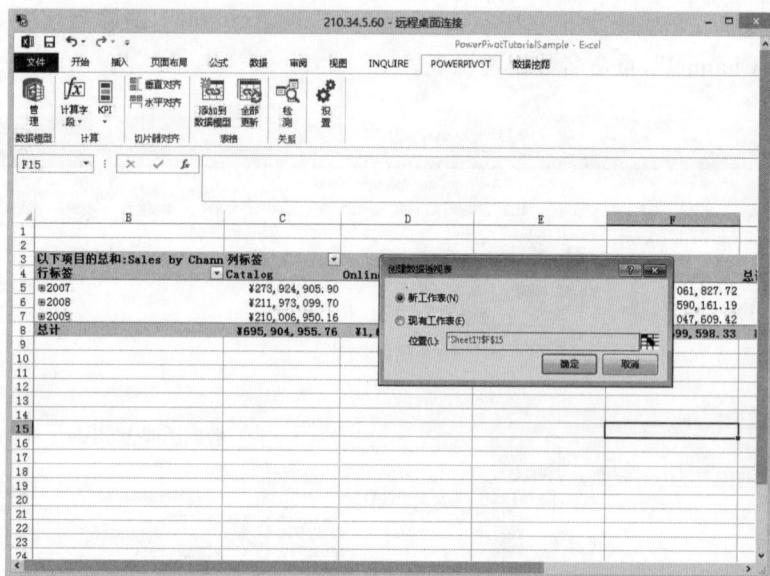

(c)选择空数据透视表。

(d)在 PowerPivot 字段列表中，向下滚动并且找到 FactSales 表。选择 TotalProfit 字段。请确保此字段显示在字段列表的"值"窗口中。在 PowerPivot 字段列表中，找到 DimProduct 表。选择 Product Categories 层次结构。请确保此字段显示在字段列表的 "行标签"窗口中。在 PowerPivot 字段列表中，找到 DimDate 表。将 CalendarYear 字段 从数据透视表字段列表中拖到"列标签"窗口。

(e)通过在第一个单元中双击"Sum of TotalProfit"，清除当前文本，然后键入 Profit by Category，重命名数据透视表。